高等职业教育电子商务类专业系列教材

U0771929

网络营销

WANGLUO YINGXIAO

主　编　邢淑萍　杜志琴　黄　澄
副主编　邓琳佳　李旭晴　朱丽娜

新形态
教材

本书另配：教学资源

中国教育出版传媒集团
高等教育出版社·北京

内容提要

本书基于典型工作任务,围绕网络营销实战进行项目化设计,系统地介绍了网络营销基础、网络营销方法、网络营销数据分析等相关知识,围绕实战设计任务,任务实施包含详细的流程与方法。全书共8个项目,分别为:网络营销基础认知、网络营销市场分析、短视频营销、直播营销、内容营销、搜索引擎优化与营销、网络广告营销和网络营销数据分析。根据行业发展和岗位需要,科学设计项目,每个项目的脉络结构为:学习目标—案例导入—任务背景—知识准备—任务实施—知识拓展—任务思考—素养提升—技能自测,支持闭环式基于工作情境的教学过程,能够有效支撑职业院校开展对应课程的教学。本书另配有在线课程、教学课件、习题答案等资源,供教师教学参考。

本书可作为高等职业本科院校、高等职业专科院校网络营销、市场营销、电子商务等专业的教学用书,也可作为相关从业人员学习或参考。

图书在版编目(CIP)数据

网络营销 / 邢淑萍, 杜志琴, 黄澄主编. -- 北京:
高等教育出版社, 2024. 9. -- ISBN 978-7-04-062409-0

Ⅰ. F713.365.2

中国国家版本馆CIP数据核字第20249GN334号

策划编辑 毕颖娟 蒋 芬		**责任编辑** 蒋 芬	**封面设计** 张文豪	**责任印制** 高忠富	

出版发行	高等教育出版社		网 址	http://www.hep.edu.cn
社 址	北京市西城区德外大街4号			http://www.hep.com.cn
邮政编码	100120		网上订购	http://www.hepmall.com.cn
印 刷	上海当纳利印刷有限公司			http://www.hepmall.com
开 本	787 mm×1092 mm 1/16			http://www.hepmall.cn
印 张	16			
字 数	344千字		版 次	2024年9月第1版
购书热线	010-58581118		印 次	2024年9月第1次印刷
咨询电话	400-810-0598		定 价	36.00元

FOREWORD
前 言

　　数字化大背景下,网络营销已从最初的门户网站展示、邮件营销、搜索营销等营销方式,逐渐演化为以新媒体为渠道,集短视频营销、直播营销、内容营销、网络广告营销等多种形态聚合的全域营销方式,新技术、新应用、新方法、新趋势等对新型网络营销人才提出了新的需求。培养熟悉各种新媒体平台特性,能够洞察消费者与市场变化,善于运用数据和借助各类营销工具开展全域营销分析与策划,能够创新营销方式与内容,具有创新能力的高素质复合型、技术技能型人才成为重要任务。

　　网络营销是高等职业教育电子商务、市场营销类专业的核心课程,旨在使学生具备从事相关岗位所需的网络营销基本理论知识,掌握网络营销的方式方法,训练学生使用网络媒介进行网络推广的能力。本书运用先进的教育理念,遵循职业教育的规律,以项目任务设计为主线,遵循企业网络推广专员的实际工作流程,分析其典型工作任务,进而确立相应的素质、知识和能力要求,在此基础上,构建基于工作过程的内容体系,将理论与实践相结合,注重职业素质培养与专业技能提升,在职业情境中培养学生爱岗敬业、遵纪守法、求真务实等职业素养。

　　本书具有以下特色:

　　(1)课程思政与技能教育互助互长,共同实现育人目标。为实现思政教育与技能教育的有机统一,结合互联网营销师国家职业技能标准、职业道德要求,教材紧扣网络营销新时代精神,对应28个技能点体系性挖掘思政元素,形成了基于ADDIE(分析、设计、开发、实施和评价)模型的"五步四维三段递进"的思政育人模式,构建动态课程思政资源库1个,通过案例分析、问题引入、体验式融入、互动讨论等方式将思政教育贯穿项目、渗透任务。

　　(2)项目任务驱动,"岗课赛证"融合。编写团队深入企业调研,根据网络推广专员岗位的需要,梳理典型工作任务,科学设计学习项目,并将完成任务所需的理论知识贯穿其中。融合"岗课赛证"内容,基于企业真实项目,对应1+X中级证书(直播电商、网店运营推广)要求,对接职业技能大赛内容,让学生在真实的任务中掌握理论、提升技能,实现多维度发展。

　　(3)配套资源丰富,便于开展线上线下混合式教学。为充分满足学生个体及社会发展的需要,促进课程在教学内容和教学方法上的改革,探索以学生为中心的课程教学组织新模式，教学团队不断深耕的"网络营销"课程，2022年被评为山西省职业教育线上线下混合式金课。我们为本书同步另配了丰富的教学资源，包括网络教学空间、教学视频、教学课件、课程思政微课等资源100多个，支持智慧职教、学银在线线上教学，也可以借助现有资源组织校内SPOC教学。

（4）遵循学习规律，重构学习内容，大进程小循环设计，融独立性与整体性为一体，利于强化巩固。根据学生认知规律和工作实际，在项目和任务的安排上，由简单到复杂，设计相应的职业情境，选取贴近实际的案例，便于学生由浅入深，反复练习。每个项目具有相对独立性，项目之间有机关联，保证了教材的完整性，便于学生举一反三，融会贯通，进而全面提升专业能力。

本书由山西机电职业技术学院邢淑萍、武汉职业技术学院杜志琴、厦门南洋职业学院黄澄担任主编，山西机电职业技术学院邓琳佳、长治幼儿师范高等专科学校李旭晴、长治职业技术学院朱丽娜担任副主编，本书的编写还得到了山西晋阳佳鑫商贸有限公司、陕西恒捷睿达信息技术服务有限公司、陕西中锐捷诚网络科技有限公司等多位企业专家、网络营销一线人员的大力支持与帮助，在此对各位专家、教师们的辛勤工作表示衷心感谢！

尽管我们在编写过程中力求准确、完善，但书中可能还有疏漏与不足之处，恳请广大读者批评指正，在此深表谢意！

编　者

2024年7月

CONTENTS 目 录

项 目 一

网络营销基础认知

学习目标

 **知识目标**
- ❖ 了解网络营销的内涵及优势
- ❖ 掌握网络营销的基础理论
- ❖ 了解不同类型的网络营销岗位及其职责
- ❖ 熟悉网络营销的相关法律法规

 能力目标
- ❖ 能够梳理网络营销实施的基本流程
- ❖ 能够初步掌握网络营销基础理论的应用
- ❖ 能够搜集并了解网络营销的相关岗位及其岗位职责
- ❖ 能够解读并理解网络营销的相关法律法规

 素养目标
- ❖ 具备良好的网络营销职业素养
- ❖ 遵守网络营销相关法律法规,能够在网络营销活动中坚持正确的道德观念

学习导图

网络营销基础认知
- 网络营销认知
  - 认识网络营销
  - 了解网络营销的优势
  - 梳理网络营销的流程
- 掌握网络营销的基础理论
  - 认识网络营销基础理论
  - 分析网络营销基础理论的实际应用
- 网络营销岗位认知
  - 了解网络营销的岗位类型
  - 了解网络营销岗位及岗位职责
  - 了解不同网络营销岗位的岗位要求
- 熟知网络营销法律法规
  - 搜集网络营销相关法律法规
  - 整理并归纳网络营销相关法律法规

案例导入

　　某饮料品牌在确立了产品的基本形态之后,为了使产品能够更快地被市场和消费者所接受,决定借助网络营销手段对产品进行推广。由于消费者在购买饮料时,存在热爱甜味和恐惧糖分的矛盾心理,而这种心理在年轻人中非常典型,尤其是女性消费者。该品牌的产品正好能够抓住两者的平衡,于是以"健康、低卡、女性喜欢"作为营销口号,利用多渠道网络营销平台,对产品优势进行全面宣传,从而激发消费者的认同感。

　　在利用网络营销对产品进行宣传的过程中,该品牌围绕产品核心卖点策划多样化的内容营销方式,与网络红人合作,对产品进行测评、试用等,从而使更多用户了解产品,并迅速被产品的宣传卖点吸引而产生购买行为,进而为企业带来很大的销量。除此之外,该品牌还选择与部分头部主播进行合作,通过直播迅速提升销量,以至于多次直播断货。

　　该品牌这种精准的网络营销方式为企业创造了很高的收益,也建立了良好的品牌形象。根据相关数据显示,该品牌在当年的双十一活动中,仅用37分钟就突破了1 000万元销售额，42分钟即超过去年同日销售总额，较上一年同期增长了344%，销售总量更是突破2 000万瓶。同时，该品牌斩获平台水饮品类销量第一，推出的新品也大受欢迎。

案例思考：

通过阅读案例，思考并回答以下问题：

（1）该品牌在网络营销中运用了什么方式？

（2）对企业来说，网络营销的优势是什么？

任务一 网络营销认知

任务背景

小王是一名创业青年，为了帮助家乡的农产品打开销路，提升农民收入水平，小王想要通过网络营销的方式推广家乡农产品。但是，小王对网络营销的了解还不够深入。为了全面认识网络营销，小王需要了解其内涵、形式、优势及实施流程。

请问：什么是网络营销？网络营销实施的基本流程是什么？

知识准备

一、认识网络营销

网络营销是指企业利用互联网技术和网络平台，通过各种网络传播手段，为实现营销目的而开展的一系列营销活动。随着互联网技术的发展进步，网络营销的形式日渐丰富，已成为企业推广品牌、提升品牌知名度、增加销量和提高用户忠诚度的重要渠道。

常见的网络营销形式主要分为以下几种：

（一）短视频营销

短视频营销是指企业或品牌利用短视频平台，如抖音、快手、微信视频号，通过制作或上传短视频来推广产品或服务的一种营销方式。

（二）直播营销

直播营销是指企业或品牌利用直播平台，如淘宝直播、快手直播、抖音直播，在实时互动的方式下，推广和销售产品或服务的一种营销方式。

（三）内容营销

内容营销是指企业或品牌利用内容分享平台，如小红书、知乎，通过有价值、有趣或有用的内容来吸引潜在用户，提升品牌形象和知名度的一种营销方式。

（四）搜索引擎营销

搜索引擎营销是指企业或品牌利用搜索引擎系统，如百度、谷歌，通过优化网站内容、结构及购买关键词广告等方式，增加网站在搜索引擎结果页面的曝光率，增加点击率和转化率，以此达到推广和销售目的的一种营销方式。

（五）网络广告营销

网络广告营销是指企业或品牌在互联网上投放广告，如搜索引擎广告、社交媒体广告、横幅（banner）广告、移动广告等，通过富有创意的广告内容来吸引潜在用户，并推广产品或服务的一种营销方式。

二、了解网络营销的优势

网络营销是借助网络及新兴媒体帮助企业开展营销活动的一种形式，其优势如下：

（一）覆盖面广

网络营销不受时间和地域的限制，可以利用互联网的全球性和便捷性，更为广泛地覆盖目标用户，随时随地向各个地方的潜在用户介绍产品或品牌信息，进一步拓展了企业的营销范围和营销空间。

（二）传播性和互动性强

网络营销依托多种数字媒体渠道进行传播，包括短视频、直播、小红书、微博、微信、社群等，这些渠道有利于实现营销信息高效、广泛地传播，扩大品牌的曝光率和影响力，加强品牌形象塑造和维护。同时，网络营销具有较强的互动性，用户可以通过评论、留言等形式与企业进行互动交流，企业在及时了解用户真实反馈后，也能更好地优化营销策略，提升用户好感度与忠诚度。

（三）成本较低

网络营销是企业通过一系列数据分析之后，有针对性地制定营销方案，并精准实施营销行为的过程。因此，相较于传统的广告宣传方式，企业可以通过不断测试、优化和控制，对网络营销方案进行调整，从而有效降低营销成本，获得更高的效益和价值转化。

（四）定位精准

网络营销的实施及营销方案的调整，是以大数据分析结果为依据的，具有一定的科学性。通过各类数据分析，企业可以更为精准地定位目标用户，了解目标用户属性，并与其建立联系，提升营销效果。通过数据监控，企业可以及时了解广告效果以及用户反馈，并以此为依据，不断对营销方案进行优化和改进，为企业带来更大利润。

（五）管理便捷

网络营销具有数据化管理的优势，企业可以通过精细化管理对各种数据进行分析和跟踪，从而进行针对性调整和优化营销策略。此外，网络营销还能够进行实时管理，及时跟踪和响应市场变化，降低营销风险和损失，提高营销效率和精准度，从而为企业带来更好的商业价值和竞争力。

三、梳理网络营销的流程

网络营销实施的流程可分为以下几个步骤。

（一）明确营销任务

在进行网络营销之前,首先应该结合企业营销需求,通过市场调研分析、目标用户分析、竞争对手分析等,确定合理的目标,明确界定网络营销的任务,以便制定更有针对性和有效的营销方案。

（二）制定营销方案

在明确营销任务之后,就可以围绕任务来策划具体可实施的营销方案。其中,营销方案的策划包括营销渠道的选择、营销策略的应用、营销目标的设置、营销内容的编写、营销预算的分配等。企业运营人员在综合考虑各种营销因素之后,初步评估其可实施性,最终得到精准且实施性强的营销方案。

（三）实施营销计划

营销方案制定好之后,运营人员就可以按计划实施营销活动。在这个过程中,运营人员需要结合不同平台的特性,按照平台规则来投放营销推广内容,确保营销内容符合平台推广要求。同时,营销内容还需要具有一定的创新性,可以结合营销需求灵活变动,以达到更好的营销效果。

（四）跟踪并分析营销结果

网络营销的效果需要及时进行跟踪和分析。运营人员可以通过某些数据分析方式,例如网站流量统计、营销投入和效果分析,来了解营销活动的效果。运营人员再根据预期目标实时调整营销计划和策略,确保网络营销活动能够持续推进并取得预期效果。

 **任务实施**

步骤1:认识网络营销

在认识网络营销之前,小王首先需要了解网络营销的内涵及形式。请结合所学知识,通过互联网或查阅书刊等途径,搜集相关资料,总结概括网络营销的内涵及形式。

步骤2:了解网络营销的优势

在了解网络营销的内涵及形式后,小王还想了解网络营销的优势。请结合所学知识,通过互联网或查阅书刊等途径,搜集相关资料,总结概括网络营销的优势。

步骤3:梳理网络营销的流程

在对网络营销有了初步认识之后,小王需要掌握网络营销的基本流程。请结合所学知识,通过互联网或查阅书刊等途径,搜集相关资料,梳理网络营销的流程。

网络营销的职能

网络营销的职能不仅包括了网络营销的工作内容和作用,而且清晰勾勒了网络营销能够实现的目标和预期效果。网络营销的职能主要包括以下几点:

1. 网络推广

要想实现销售,首先需要让用户了解品牌或产品信息。网络推广就是企业以网络平台为载体,通过信息发布的方式对品牌或产品进行宣传,以提升品牌知名度和影响力,提高企业销售业绩的一种营销方式。

2. 销售促进

为了在激烈的市场竞争中获得发展并促进销售,企业开始不断探寻新的营销方式,拓展销售渠道。网络营销作为数字化时代背景下企业开展营销活动的一种新方式,可凭借其自身的优势,帮助企业实现广泛覆盖目标用户、刺激用户消费需求、提升产品销量、树立良好品牌形象的营销目的。

3. 网上销售

网络营销的主要作用之一是让企业在网络平台上开展销售活动,并达成交易。随着互联网信息技术的不断发展,网上销售作为企业销售渠道的延伸,已成为最为常见的企业经营模式。

4. 用户服务

互联网为企业更好地服务用户提供了更为便捷的方式。企业可以通过网络平台与用户直接进行联系,及时解答用户疑问,随时了解用户需求并提供个性化服务,提升用户消费体验。同时,企业还可以根据用户反馈,有针对性地对营销方案进行改进与优化,提升企业的市场竞争力,实现可持续发展。

5. 网上调研

在开展网络营销活动之前,需要从市场、竞争对手、目标用户等角度入手,围绕营销主题进行调研分析,以科学、客观的数据分析结果,为营销方案的制定提供指导。网上调研具有方便、高效、快捷的特点,有利于企业随时随地进行大范围调研活动,进而获取更加精准的调研结果。

任务思考

与传统营销方式相比,网络营销的优势表现在哪些方面?

任务二　掌握网络营销的基础理论

任务背景

在对网络营销有了初步认识之后，小王意识到，开展网络营销活动还需要具备一定的理论知识。为了使网络营销活动的实施更有针对性且更有效果，小王需要了解网络营销的基础理论，并掌握其在营销活动中的实际应用。

请问：在网络营销活动中，企业最常应用的基础理论有哪些？

知识准备

一、直复营销

直复营销是指商家通过个性化的沟通媒介直接向目标用户发送营销信息，以寻求对方直接回应（问询或订购）的一种营销策略。直复营销强调商家与目标用户之间的互动交流，主要内容如下。

（一）用户细分

用户细分是指将用户按照不同的特征和需求进行分类，以便更好地了解其需求和购买行为。例如，可以将用户分为高用户、潜在顾客、流失用户。

（二）数据分析

数据分析是指对用户数据进行分析，了解用户的购买历史、偏好、使用反馈等信息，以制定更加个性化和有效的营销策略。例如，可以通过数据分析了解用户的购买频率、购买时间和购买渠道等信息。

（三）个性化沟通

个性化沟通是指通过不同的沟通方式和渠道，向用户传递个性化的信息和服务，从而增强用户满意度和忠诚度。例如，可以通过邮件、电话、短信等方式向用户发送促销信息、节日祝福。

（四）交叉销售

交叉销售是指通过推荐相关产品或服务，引导用户进行跨品类购买，从而提高用户价值和销售收入。例如，可以向用户推荐与其购买产品相关的其他产品或服务。

（五）用户反馈

用户反馈是指定期向用户收集反馈信息，了解其对产品和服务的满意度，以便及时调整营销策略并改进产品和服务质量。

综上可知，直复营销的核心是"人性化、个性化、数据化"，即通过与用户建立更加紧密的关系,提高用户价值和忠诚度,从而实现销售的可持续增长和业务发展。

二、关系营销

关系营销是商家通过与用户、合作伙伴之间建立良好关系,并根据对方反馈不断完善经营方式,从而实现营销目的的一种营销策略。关系营销理论强调商家与用户之间的长期互惠关系和持续性沟通,主要内容如下。

(一)用户导向

用户导向是指将用户放在营销活动的核心位置,了解用户需求和偏好,并为其提供个性化的产品和服务,从而建立良好的用户关系。

(二)双方互利

双方互利是指通过双方合作和互惠关系,利用相关途径,实现长期稳定的业务合作关系。例如,可为用户提供定制化的服务,从而获得用户的长期支持和推荐。

(三)长期关系

长期关系是指将用户看作长期合作伙伴,通过持续的沟通和关怀,不断加强用户与企业之间的联系和信任,从而促进用户忠诚度的提高。

(四)用户满意度

用户满意度是指关注用户的满意度和反馈情况,及时处理用户和投诉和意见,提供高质量的售后服务,从而增强用户对企业的信任感和忠诚度。

(五)社交网络

社交网络是指通过社交媒体等新兴渠道,扩大企业和用户的社交网络,增加互动和沟通机会,从而建立更紧密的用户关系。

综上可知,关系营销的核心是"与用户建立长期、紧密、稳定的关系,提高用户忠诚度和满意度"。通过有效地运用关系营销,企业可以不断提高用户忠诚度和市场占有率,从而实现可持续发展。

三、软营销

软营销是指商家将品牌融入用户的日常生活中,通过传递品牌的情感和价值,吸引用户的关注和信任,并与用户建立起紧密和长久关系的一种营销策略。软营销强调用户体验和情感传播,主要内容如下。

(一)用户体验

软营销重视用户体验,强调让用户在购物过程中感受到愉悦和满足。通过提供高品质的产品和服务,优化网站设计和用户界面以及个性化推荐等方式,可提高用户体验的舒适度和便捷性。

(二)情感传播

软营销理论认为,用户的购买行为不仅是出自理性上的决策,而且受到情感因素的影响。因此,软营销注重情感传播,通过故事、音乐、图像等媒介,制造情感共鸣,让品牌更加感性化。

（三）互动沟通

软营销倡导品牌与用户之间的互动沟通，从而建立信任和忠诚度。例如，企业可通过社交媒体等渠道，与用户进行沟通和互动，了解其需求和反馈，并根据实际情况进行调整和改进。

（四）营销渠道

营销渠道应该多样化、个性化和一体化。通过多种渠道的整合，例如社交媒体、电子邮件、搜索引擎，可有效地传播品牌信息和价值，从而提升品牌知名度和美誉度。

（五）数据分析

软营销理论重视数据分析，需要企业了解用户的购买行为和偏好，以便精准推荐产品和服务，并根据用户反馈对产品和服务进行调整和改进。

综上可知，软营销的核心是"提供个性化、愉悦、有情感的购物体验，来吸引和维护用户"。通过价值情感营销，企业可以迅速拉近与用户之间的关系，从而增强用户黏性。

四、整合营销

整合营销是指商家将传统营销和数字营销相结合，通过多渠道、数据驱动、用户体验等方式提高营销效果和投资回报率的一种营销策略。整合营销强调不同营销手段的互补性和协作性，主要内容如下。

（一）多渠道营销

营销渠道应该多样化和具有互补性，以满足不同用户的需求和偏好。例如，企业可通过广告、公关、促销、直邮、社交媒体等多种方式对产品进行宣传和推广。

（二）数据驱动

整合营销强调数据分析和量化评估，以便更好地了解用户需求和行为，制定更加有效的营销策略和计划。例如，企业可通过网站流量分析、社交媒体监测、用户反馈等方式收集数据，从而对用户进行精准定位和个性化推荐。

（三）一致性品牌形象

品牌形象应该具备一致性和协调性，以便用户形成对品牌形象的认知和记忆。例如，品牌的视觉形象、口号和标志等都应该保持一致。

（四）用户体验

整合营销强调用户体验和情感传播，即应通过提供个性化、有价值的购物体验，提升用户忠诚度和口碑。例如，企业可通过网站排版设计、内容呈现、用户服务等方面提高用户满意度和忠诚度。

（五）营销团队

营销活动需要一支专业、协调、充满创造力的团队来执行。这些团队成员应该具备不同的营销技能和知识背景，以确保营销活动的成功。

综上可知，整合营销的核心是"在市场营销活动中运用多种营销手段，以最大限度地发挥不同营销手段的优势"。整合营销是一个复杂的过程,需要深入了解不同营销手段的特点和优势,从而制定有效的整合营销策略和计划。

🌀 任务实施

步骤1:认识网络营销基础理论

在认识网络营销基础理论之前,小王首先需要了解网络营销基础理论的形式、特点及主要内容。请结合所学知识,通过互联网或查阅书刊等途径,搜集相关资料,总结概括网络营销基础理论的特点及主要内容。

步骤2:分析网络营销基础理论的实际应用

对网络营销基础理论有了较为全面的了解之后,小王还想知道这些理论在实际网络营销活动中的具体应用。请结合所学知识,通过互联网或查阅书刊的途径,为每种网络营销基础理论列举一个实际的品牌网络营销案例,并对其具体应用进行全面分析。

知识拓展

网络营销思维

从事网络营销工作,需要具备以下几种网络营销思维方式。

1."互联网+"思维

"互联网+"思维是指利用互联网及相关技术的思维方式和创新模式,通过整合各行各业的资源,形成相互融合、协同发展的创新发展模式。它具有强调跨界融合、基于用户体验的创新、高度自主的自组织创新和创新合作等特点,是一种以企业为主体,充分利用互联网和先进信息技术,整合资源、提高效率、创造价值的商业思维和经营模式。在实践中,"互联网+"被广泛应用于多个领域,为各行各业的发展带来新的机遇和挑战。

2.极致思维

极致思维是指在面对和思考问题、挑战或机遇时追求极致的思维方式。它包括不断超越自我的挑战精神和对细节的精益求精,旨在达到最高水平、最高标准和最优结果。这种思维方式和目标的追求不仅能够激发创造力、提高效率,还有助于个人和组织实现长期可持续发展。在实践中,极致思维可以应用于各个领域,如产品设计、服务创新、管理交易和市场营销等,可帮助企业走向持续发展的成功之路。

3.用户思维

用户思维是指在价值链各个环节中都将用户置于中心地位,以用户为核心来考虑问题的思维方式。营销的核心在于理解并满足用户需求。用户思维涵盖了用户身份、用户需求及企业应如何满足用户需求等多方面的内容,通过梳理这些问题,有助于企业提升营销信息传播的精准度及运营效率。在运用用户思维进行网络营销时,需要深入研究用户的消费心理,分析用户需求并引导用户参与。

任务思考

除了上述网络营销基础理论之外,企业在实施网络营销活动时,还会用到哪些营销策略?

任务三 网络营销岗位认知

任务背景

在对网络营销有了更进一步的认识之后,小王看到了网络营销的复杂性。小王认为仅仅依靠自身的力量过于薄弱,于是他想组建一个团队,通过团队协作的方式来开展网络营销活动。小王想要搭建网络营销团队,那么首先需要了解网络营销的相关岗位及其岗位职责。

请问:网络营销的岗位有哪些?其岗位职责分别是什么?

知识准备

一、技术执行类岗位

技术执行类岗位主要负责网站开发、管理与优化,具体职位包括网站设计师、搜索引擎优化(search engine optimization,SEO)工程师等。

(一) 网站设计师

网站设计师主要负责网站系统、功能、模块和流程等的开发、设计、制作与编辑,最终完成企业网站搭建工作。

1. 网站设计师的岗位职责

(1)负责网站设计搭建及更新,打造既满足业务需求,又符合品牌格调的网站页面。

(2)不断优化设计规范和设计水平,使得对内部和外部设计具有指导性。

(3)负责网站信息内容的更新和维护。

2. 网站设计师的岗位要求

(1)拥有明确的设计理念,能够快速对各个设计方案的优劣作出全局判断。

(2)熟练使用Sketch/Figma等UI设计软件。

（3）熟悉使用 HTML 语言，熟悉 Photoshop、Dreamweaver、Frontpage 等软件工具。

（二）SEO 工程师

SEO 工程师主要负责研究搜索引擎，完成并丰富网站内容建设，向各大网站平台发布定量适当的外部链接和友情链接，帮助网站获得关键词排名，并进行数据分析和跟踪。

1. SEO 工程师的岗位职责

（1）负责企业官网在各搜索引擎的日常自然排名优化及提升。

（2）负责企业官网内容和专题页的策划、撰写与更新。

（3）负责网站流量数据监控和数据统计，通过各种数据分析及数据挖掘手段对网站进行持续分析和改进。

2. SEO 工程师的岗位要求

（1）精通各种搜索引擎的基本排名规律，了解搜索引擎技术变化及算法更新。

（2）熟悉网站分析工具如百度统计等，熟练使用网站测试工具、优化工具和流量分析工具。

（3）具备良好的逻辑思维能力、沟通能力、总结能力及较强的数据分析能力。

（4）熟悉各大运营平台的各种运营方式和推广手段。

二、市场营销类岗位

市场营销类岗位主要负责市场分析、销售策略制定及执行，产品或品牌市场开发与推广，用户沟通与销售机会创造，帮助企业获得更多的销售机会，具体职位包括：网络营销专员、商务拓展专员等。

（一）网络营销专员

网络营销专员主要负责企业产品或品牌在各个网络广告平台的推广与实施，帮助企业达成营销目标。

1. 网络营销专员的岗位职责

（1）通过网络进行企业业务渠道开发和业务拓展。

（2）积极开发和拓展客源，维护、跟踪与反馈用户需求，并协调处理用户反馈。

（3）按照企业计划和程序开展产品推广活动。

（4）负责收集行业信息，分析行业和销售数据，提出商品销售策略建议。

2. 网络营销专员的岗位要求

（1）熟悉网络营销渠道，拥有较丰富的网络推广经验和互联网资源。

（2）拥有一定的写作能力与策划能力，能够根据网站或产品写出推广方案。

（3）拥有良好的沟通表达能力，善于观察，有独立思考和解决问题的能力。

（二）商务拓展专员

商务拓展专员主要负责寻找与开拓企业业务相关的商业机会，帮助企业推广品牌、产品或服务，建立并维护客户关系。

1. 商务拓展专员的岗位职责

（1）通过竞品挖掘、行业拓展等多种方式，发展行业合作伙伴，达成深度合作。

（2）维护和深化现有合作伙伴关系，推动业务结构优化，促进企业业务提升。

（3）探索新的获客渠道与合作模式，参与构建和完善企业渠道体系。

2. 商务拓展专员的岗位要求

（1）愿意钻研和探究行业规律与事物本质，有一定的深度思考能力和战略思维。

（2）拥有细致专注、追求卓越，敢于决策、乐于挑战的能力，能够承受业务压力。

三、运营管理类岗位

运营管理类岗位主要负责企业整体运作流程的系统化操作及管理，例如生产计划、物料采购、生产流程管理、库存管理、供应链管理，需要考虑整体运作流程的平衡关系，并不断寻求提高管理效率和降低成本的方法，具体职位包括：数据分析师、文案策划编辑、新媒体运营专员等。

（一）数据分析师

数据分析师主要负责收集、分析及呈现网络营销活动和数据，为公司制定决策提供有价值的建议。

1. 数据分析师的岗位职责

（1）运用相关数据分析方法，对海量数据进行分析和处理，挖掘相关信息。

（2）完善业务监控体系和指标体系，进行核心指标监控。

（3）基于不同的用户兴趣、特征及算法为平台内容推荐策略制定有效的业务优化策略。

2. 数据分析师的岗位要求

（1）逻辑清晰、思维敏捷，能够独立完成数据清洗至业务分析的全过程，找到业务改进点。

（2）拥有丰富的数据分析经验与出色的数据可视化呈现能力，熟练使用数据分析工具。

（二）文案策划编辑

文案策划编辑负责撰写和协调多种类型的营销文案，并进行市场分析，协调团队成员以确保文案的质量和最终效果。

1. 文案策划编辑的岗位职责

（1）收集与研究网络热点话题，结合新媒体特性，运营微博、微信等公众平台。

（2）结合企业营销需求，完成项目的创意构思和文案撰写。

2. 文案策划编辑的岗位要求

（1）具有较强的文案写作能力、出色的文字组织能力及独立策划能力，能够根据提供的素材撰写文案。

（2）熟练使用新媒体工具，具备新媒体运营思维。

（3）了解国家相关法律法规，熟悉各大平台文案编写要求。

（三）新媒体运营专员

新媒体运营专员主要负责公司官网、微信公众号、微博、抖音等新媒体平台的运营管理，包括内容制作、影响力塑造、用户服务等。

1. 新媒体运营专员的岗位职责

（1）负责各个平台的日常运营工作，增加粉丝数量，提高关注度。

（2）完善公司电子商务平台及各个电商渠道，制订线上产品推广计划、活动促销及日常运营方案，定期对推广效果进行分析与调整。

（3）收集相关市场信息与竞争对手动态，定期制作营销效果分析报告，并及时调整与改善运营策略。

2. 新媒体运营专员的岗位要求

（1）具有热点敏感度，善于捕捉热点信息，善于创新，思维活跃。

（2）熟悉网络媒体传播特点，了解小红书、抖音等平台的投放机制，做好推广引流工作。

四、电子商务类岗位

电子商务类岗位主要负责完成企业电商平台运作过程中涉及的各项工作任务，具体职位包括：电商美工、电商客服、网店运营专员等。

（一）电商美工

电商美工主要负责平面设计和字体设计等视觉方面的创作，通过使用设计软件制作符合视觉、美学标准的高品质平面设计作品，为品牌树立良好形象给予有力支撑。

1. 电商美工的岗位职责

（1）负责各平台推广相关图片的制作。

（2）负责公司店铺整体形象设计、商品展示设计等。

2. 电商美工的岗位要求

（1）精通 PS、AI，熟悉 DW 等设计软件，拥有良好的美术设计理念和艺术欣赏能力。

（2）对互联网界面视觉规范、用户审美需求有深刻的理解，能把控公司整体的 UI 形象。

（3）较强的理解分析能力、创意设计能力、色彩搭配能力和统筹协调能力。

（二）电商客服

电商客服主要负责在电子商务平台为用户提供产品咨询服务和售后服务等。

1. 电商客服的岗位职责

（1）熟悉店内商品的相关情况，负责线上解答客户咨询，进行日常客户接待和引导下单，促成订单成交。

（2）熟悉店内销售活动，负责及时提醒顾客并备注其特殊要求，及时与仓库进行沟通。

（3）负责记录与整理买家疑问类型等资料并存档。

2. 电商客服的岗位要求

（1）具有较强的表达能力、沟通能力、亲和力、抗压能力与责任心。

（2）思维敏捷，反应迅速，具有较强的协调能力，能熟练操作电脑。

（三）网店运营专员

网店运营专员主要负责网店整体运营和专业管理，有效促进网店业务的可持续发展，吸引更多用户流量,为企业创造更多收益。

1.网店运营专员的岗位职责

(1)负责网店整体规划、营销、推广、客户关系管理等系统经营性工作。

(2)负责网店日常维护工作,保证网店的正常运作,优化店铺及商品排名。

(3)负责执行与配合公司的相关营销活动,策划店铺促销活动方案。

(4)负责收集市场和行业信息,提供有效应对方案。

2.网店运营专员的岗位要求

(1)熟悉各大电商平台的运作规则,熟练掌握网店运营与管理。

(2)拥有一定的数据分析能力,熟悉平台用户的购物习惯与心理。

任务实施

步骤1:了解网络营销的岗位类型

网络营销的岗位类型众多,小王首先需要根据工作内容和性质的不同,对网络营销岗位类型进行分类。请结合所学知识,通过互联网或查阅书刊等途径,划分网络营销岗位的类型。

步骤2:了解网络营销岗位及岗位职责

在完成网络营销岗位类型划分之后,由于不同类型的岗位对应的职业不同,其岗位职责也有所区别。小王需要接着了解不同网络营销职业岗位及岗位职责。请结合所学知识,按照步骤1划分好的网络营销岗位类型,在招聘软件上搜索不同的网络营销职业岗位,并对其岗位职责进行归纳。

步骤3:了解不同网络营销岗位的任职要求

每个岗位都有其特殊性,对专业能力及素质的要求也各不相同。小王还需要了解企业对不同网络营销岗位的任职要求。请结合所学知识,按照步骤2搜集到的网络营销职业岗位,在招聘软件上搜索企业对不同网络营销职业岗位的任职要求。

知识拓展

网络营销职业道德

网络营销职业道德是指网络营销从业者在进行网络营销活动过程中应该遵守的一系列行为规范和道德标准,其核心是拥有对用户负责的态度。网络营销人员除了具备一定的专业技术能力外,还应具备以下职业道德。

(1)诚信原则。网络营销从业者应该提供真实且客观准确的信息,不得夸大产品或服务的优点,也不得隐瞒缺点或作出虚假陈述。

(2)守法原则。网络营销从业者应该遵守国家法律法规和行业规范,禁止进行虚假和误导性广告、采用不正当手段竞争等违法行为。

（3）公正原则。网络营销从业者应该尊重竞争对手，避免抄袭或诋毁其他企业的产品或服务，开展公平、健康、文明的竞争。

（4）创新原则。网络营销从业者应该不断创新，提供具有鲜明特色的产品或服务，为消费者带来新的消费体验。

（5）环保原则。网络营销从业者应该尊重自然环境，推广环保产品或服务，积极实施企业社会责任。

坚守岗位
真诚服务

任务思考

不同类型的网络营销有哪些职业岗位，其岗位职责分别是什么？

任务四　熟知网络营销法律法规

任务背景

网络营销作为市场营销的另一种表现，在实施过程中，也需要遵循相应的法律法规要求。为了在今后开展网络营销活动时，能够符合相关规定要求，按准则办事，小王需要了解我国与网络营销相关的法律法规，以及不同法律法规中对网络营销活动的具体要求。

请问：我国与网络营销相关的法律法规有哪些？其中分别对网络营销作出了怎样的规定？

知识准备

一、《中华人民共和国广告法》

《中华人民共和国广告法》是我国对广告活动进行管理的基础性法律，旨在保护消费者合法权益、规范广告市场秩序、促进经济社会持续健康发展。该法涉及的网络营销内容主要包括以下几个方面。

（1）广告审核和发布：广告发布者应当对广告内容进行审查，审查内容包括广告的真实性、准确性、合法性、道德性等方面。广告发布者应当按照规定履行广告备案手续，未经备案的广告不得发布。

（2）广告语言文字及图片：广告语言文字应当简洁明了，不得使用虚假、夸大、误导消费者的用语,不得含有侮辱、诽谤、淫秽、暴力等内容。广告图片应当真实反映产品或服务的性质、质量、功能等,不得歪曲、夸张、假冒、冒用。

(3)广告费用和收益:广告费用应当合理,不得通过虚报广告费用降低纳税额度。广告收益应当按照约定及时支付给广告发布者,不得拖欠或克扣。

二、《互联网广告管理办法》

《互联网广告管理办法》是国家市场监督管理总局对互联网广告进行管理的办法,旨在保护消费者合法权益、规范互联网广告市场秩序,促进互联网行业的健康发展。

该办法主要规范了广告主体发布互联网广告的行为,除此之外还对广告内容、广告合同的订立及责任承担、广告监督管理等方面作出了详细规定。该办法的主要内容包括以下几个方面:

(1)广告主体的责任:互联网广告发布者应当对广告内容的真实性、合法性负责,不得发布虚假、夸大、误导、欺骗性广告。同时,互联网广告发布者还应当保证广告内容符合法律法规和行业自律规范,不得含有侮辱、诽谤、淫秽、暴力等内容。

(2)广告审核和发布:互联网广告发布者应当对广告内容进行审查,审查内容包括广告的真实性、准确性、合法性、道德性等方面。未经备案的广告不得发布。对于存在违法行为的广告,广告监管部门可以采取责令改正、罚款、暂停广告发布、撤销广告备案等行政处罚措施。

(3)广告信息的标识和提示:互联网广告发布者应当在广告信息前加上"广告"字样,以提示用户该信息为广告。同时,广告发布者还应当遵守相应的标识要求,如"广告推广""赞助商链接"等。

(4)用户个人信息的保护:互联网广告发布者应当遵守相关法律法规,保护用户个人信息的安全和隐私。未经用户同意不得擅自获取、使用、泄露用户个人信息。

三、《中华人民共和国电子商务法》

《中华人民共和国电子商务法》是我国对电子商务行为进行规范化管理的法律法规,旨在规范电子商务市场秩序,促进电子商务产业健康发展。该法律明确规定网络经营者应当依法取得经营许可证件或者备案登记,按照规定标明经营者名称、经营场所、经营项目、经营范围、经营期限等信息,明确网络营销的行为应符合法定规定,严格遵守相关法律法规。该法律的主要内容包括以下几个方面。

(1)经营者的责任:电子商务经营者应当依法注册登记,明确经营范围和经营方式,并对自己经营的商品或服务承担相应的质量和安全保证责任,不得发布虚假、夸大、误导、欺骗性信息。

(2)消费者权益保护:电子商务经营者应当保护消费者的知情权、选择权、公平交易权和个人信息等合法权益,不得限制消费者自由选择商品或服务,也不得侵犯消费者个人信息等合法权益。

(3)网络安全和信息保护:电子商务经营者应当加强网络安全管理,采取措施保护数据和信息的安全,防止网络攻击和滥用个人信息等行为。

（4）公平竞争和知识产权保护：电子商务经营者应当遵守公平竞争原则,不得进行虚假宣传、价格欺诈、恶意比价、不正当竞争等行为。同时,还应当尊重和保护知识产权,不得侵犯他人的知识产权。

四、《中华人民共和国反不正当竞争法》

《中华人民共和国反不正当竞争法》是我国在经济和贸易领域规范市场竞争秩序的一部综合性法律,对网络营销及其他市场竞争领域都有相应规定,旨在规范市场行为,保护消费者和企业的合法权益,促进良性竞争,维护市场秩序,保证市场经济健康发展。其中,该法律明确规定禁止虚假陈述、虚假宣传等不正当竞争行为,网络营销中出现的虚假陈述或虚假宣传行为将受到严厉处罚。该法律的主要内容包括以下几个方面：

（1）竞争行为的解释：规定什么是不正当竞争行为,明确哪些行为属于损害正常竞争的范畴。其中包括虚假宣传、恶意诋毁、商业贿赂等行为。

（2）节制名誉权的规定：明确商业名誉权是一种合法权益,必须受到法律保护。任何人都不得恶意攻击、贬低、抹黑某个企业或者商品的商业声誉。

（3）商品和服务广告的规定：规定广告必须真实、合法、合理,并且不能误导消费者。对于侵犯消费者权益的虚假广告,应给予惩罚性的赔偿规定。

五、《中华人民共和国网络安全法》

《中华人民共和国网络安全法》是我国规范网络安全行为的一部基础性法律法规,旨在有效规范和保护网络安全,保护个人、组织和国家利益不受网络攻击、网络侵害和其他网络安全威胁的侵害。其中该法律明确规定网络运营者、服务提供者应当采取必要措施,防范和应对网络安全风险,保障其系统和数据的安全可控,对于因网络营销行为引发的信息泄露、网络攻击等安全问题,企业将面临巨大法律风险。该法律的主要内容包括以下几个方面：

（1）基本原则：网络安全必须遵循的原则包括维护国家安全、保障公共利益、尊重和保护个人权利等。

（2）基础设施安全：应加强国家关键信息基础设施等网络基础设施防护,网络运营者必须采取安全措施防范网络安全事件。

（3）个人信息保护：网络用户个人信息的收集、使用、存储、传输等必须遵守相关法规,不得侵犯个人隐私权。

（4）网络安全监管：应明确网络安全监管的职责和权利,包括对网络安全事故的应急响应、网络安全技术评估、网络安全检查等方面。

（5）网络安全标准和认证：应制定网络安全标准,并开展相关的安全认证工作,以保障网络安全。

（6）网络安全责任：规定网络运营者的责任和义务,要求其加强网络安全保护,加强内部管理,制定安全方案并定期进行安全评估和形成报告。

步骤1：搜集网络营销相关法律法规

在了解网络营销法律法规之前，小王首先需要明确我国对网络营销活动作出规定的法律法规名称。请结合所学知识，通过互联网或查阅书刊等途径，搜集并整理出与网络营销相关的法律法规名称。

步骤2：整理并归纳网络营销相关法律法规

在明确了网络营销相关法律法规的名称后，小王接着需要对其内容进行深入阅读，了解其核心要点。请结合所学知识，通过互联网或查阅书刊等途径，搜集相关资料，结合搜集到的网络营销相关法律法规名称，对其主要内容进行整理归纳。

知识拓展

网络营销行业监管部门

网络营销行业监管部门主要负责对网络营销行业进行监督和管理，以保障广大消费者和企业的合法权益。我国网络营销行业监管部门主要包括以下几种：

1. 市场监督管理部门

市场监督管理部门是国家对市场经济进行监管的重要部门，负责对市场经济中的各种行为进行监督和管理。在网络营销行业中，市场监督管理部门的职责主要是管理和审批网络营销企业的商标注册、营业执照等资质，对虚假广告、虚假宣传、商誉侵权等违法行为进行监管和处理。

2. 互联网信息办公室

互联网信息办公室是国家的互联网管控部门，负责对网络舆论进行管理和控制。在网络营销行业中，互联网信息办公室的职责主要是对虚假宣传、违法言论等问题进行监管和处理，防止网络营销行业对公众造成伤害。

3. 行业协会和商会

行业协会和商会是网络营销行业中的自律组织，负责行业自律和规范化管理。这些组织通常由行业内企业和专业人士组成，可以促进行业健康发展，防范不良竞争和不法行为。同时，它们也负责建立行业标准和指导政策，协助政府部门进行监管。

4. 广告监测机构

广告监测机构是负责对广告进行监测和管理的组织，同样也适用于网络营销行业。这些机构通常从消费者的角度出发，对广告中可能存在的虚假、夸张、误导等问题进行监测和处理，从而保障消费者与企业的利益。

 **任务思考**

我国还有哪些法律法规对网络营销行为作出规范要求,其主要内容是什么?

 **素养提升**

遏制网络营销乱象,维护网络营销生态秩序

随着互联网技术的发展和普及,网络营销已经成为许多企业推广产品和服务、获取用户和市场份额的重要手段。然而,网络营销行业的快速发展也带来了一系列问题和挑战,部分企业忽视法律法规,开展虚假宣传活动或诱导消费者,这些不规范行为破坏了整个行业的生态秩序,给消费者带来了极大的损失和不良影响。面对这种情况,必须采取有效的措施来遏制网络营销乱象,维护网络营销生态秩序。

政府部门应该加强对网络营销企业的执法监管力度,通过加强对网络营销行为的监督,严厉打击虚假宣传、诱导消费等违法行为,建立健全网络营销行业的监管体系和制度。同时,需要加强对电商平台、社交媒体等网络营销渠道的监管,防止不法分子利用这些渠道从事非法网络营销活动。

企业应该树立诚信经营的理念,强化自律意识,自觉遵守法律法规和道德规范。企业应该把诚信、服务质量和客户体验放在营销的首要位置,不断提升自身的品牌形象和口碑,树立公信力和良好形象。对于那些故意进行虚假宣传的企业,应该严格追究其法律责任,让不诚信的企业得到应有的惩罚。

消费者也应该在网络营销中保持警觉,提高辨别能力。在购买产品之前,消费者应该寻找可靠的购买渠道,注意防范虚假、夸大宣传等营销手段带来的误导和欺骗。同时,消费者应该发扬公民责任意识,积极参与到相关监管和举报工作中,对不良的网络营销行为给予及时举报和监督,共同维护网络营销的健康生态。

规则意识
铭记于心

 **技能自测**

一、单项选择题

1. 下列关于网络营销的说法,错误的是(　　　　)。

    A. 网络营销是通过互联网技术和网络平台来开展营销活动的

    B. 网络营销的形式比较单一,并且不会产生变化

    C. 网络营销是企业推广品牌、提高品牌知名度的重要渠道

    D. 网络营销具有覆盖面广、交互性强等多方面的优势

2. 直复营销理论的核心是(　　)。

    A. 人性化、个性化、数据化

    B. 与用户建立长期、紧密、稳定的关系

    C. 提供个性化、愉悦、有情感的购物体验

    D. 运用多种营销手段,最大限度地发挥不同营销手段的优势

3. 下列关于网站设计师岗位职责的说法,错误的是(　　)。

    A. 负责网站设计搭建及更新

    B. 负责优化提高设计规范和设计水平

    C. 负责收集、研究网络热点话题,撰写文案

    D. 负责网站信息内容的更新和维护

4. 下列关于网络营销基本理论说法,正确的是(　　)。

    A. 关系营销是商家通过直接向目标用户发送营销信息,以寻求用户立即回应而实现营销目的的一种营销策略

    B. 软营销是商家通过与用户、合作伙伴之间建立良好关系,并根据对方反馈不断完善经营方式,从而实现营销目的的一种营销策略

    C. 直复营销是商家将品牌融入用户的日常生活中,通过传递品牌的情感和价值,吸引用户的关注和信任,并与用户建立起紧密和长久关系的一种营销策略

    D. 整合营销是商家将传统营销和数字营销相结合,通过多渠道、数据驱动、用户体验等方式提高营销效果和投资回报率的一种营销策略

5. 下列不符合网络营销法律法规要求行为的是(　　)。

    A. 互联网广告发布者应当对广告内容进行审查

    B. 在网络营销广告中,刻意夸大产品功效

    C. 未经用户同意不得擅自获取、使用、泄露用户个人信息

    D. 不得限制消费者自由选择商品或服务

二、多项选择题

1. 下列属于网络营销优势的有(　　　　)。

    A. 覆盖面广　　　　　　　　　　　　B. 传播性和互动性强

    C. 更为精准　　　　　　　　　　　　D. 管理便捷

2. 软营销的主要内容包括(　　　　)。

    A. 用户体验　　　　　　　　　　　　B. 情感传播

    C. 整合营销团队　　　　　　　　　　D. 互动沟通

3. 关系营销是与(　　　　)之间建立良好关系,并根据对方反馈不断完善经营方式的一种营销策略。

    A. 竞争对手　　　　　　　　　　　　B. 用户

    C. 商家　　　　　　　　　　　　　　D. 合作伙伴

4. 下列属于电商美工岗位要求的有(　　　　　)。

　　A. 精通 PS、AI,熟悉 DW 等设计软件

　　B. 具有较强的理解分析、创意设计和色彩搭配能力

　　C. 具有良好的美术设计理念和艺术欣赏能力

　　D. 具有丰富的数据分析经验和出色的数据可视化呈现能力

5.《中华人民共和国广告法》对网络营销活动的规定包括(　　　　　)。

　　A. 广告语言文字应当简洁明了

　　B. 不得使用虚假、夸大、误导消费者的用语

　　C. 广告图片应当真实反映产品或服务的性质、质量、功能等

　　D. 不得含有侮辱、诽谤、淫秽、暴力等内容

三、判断题

1. 网络营销不受时间和地域限制,可以利用互联网的全球性和便捷性,更为广泛地覆盖目标用户。(　　　)

2. 相较于传统的广告宣传方式,网络营销需要企业不断测试、优化和控制,对网络营销方案进行调整,因此网络营销的成本较高。(　　　)

3.《互联网广告管理暂行办法》是我国对互联网广告进行管理的重要法规,旨在保护消费者合法权益、规范互联网广告市场秩序,促进互联网行业的健康发展。(　　　)

4. 关系营销理论强调商家与用户之间的长期互惠关系和持续性沟通。(　　　)

5. 文案策划编辑负责撰写和协调多种类型的营销文案,并进行市场分析,协调团队成员以确保文案的质量和最终效果。(　　　)

四、技能训练题

　　请在互联网上搜集一个品牌网络营销案例,结合所学知识,对其所应用的网络营销基础理论和网络营销流程进行分析。

项目二

网络营销市场分析

学习目标

知识目标

❖ 了解目标市场调研的内容
❖ 熟悉目标市场调研的方法
❖ 了解目标市场调研的步骤
❖ 了解竞争对手的类型
❖ 认识竞争对手的网络营销策略
❖ 熟悉目标市场选择的策略

能力目标

❖ 能够设计市场调研方案,并撰写市场调研报告
❖ 能够识别并确认竞争对手,并对其进行分析
❖ 能够结合网络营销目标市场选择的标准,进行网络营销目标市场的选择

素养目标

❖ 具备一定的数据分析能力与逻辑思维能力,能够对网络营销市场进行全面深入的分析
❖ 遵守《中华人民共和国网络安全法》,在采集相关数据资料时,不侵犯或泄露他人隐私

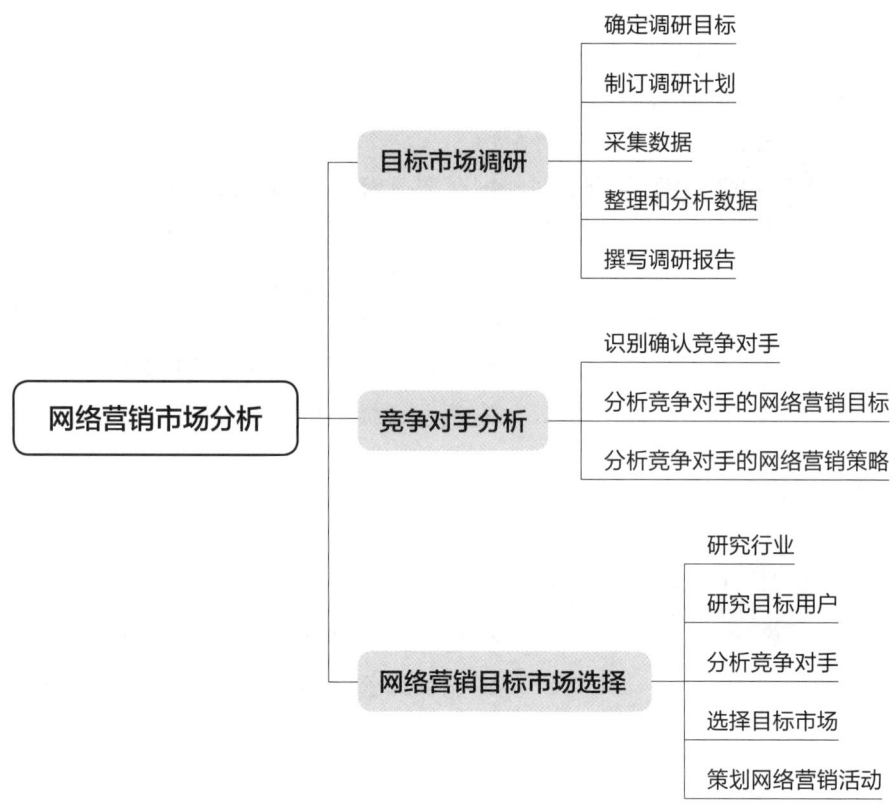

　　某公司是一家电子产品制造商,最新推出了一款智能手环产品。公司希望通过网络营销来推广和销售该产品,以吸引更多的消费者并提升市场份额。为了实现这一目标,他们进行了以下网络营销目标市场分析。

　　1. 目标市场细分

　　根据调查数据和用户需求分析,公司确定了以下几个目标市场细分:

　　健身爱好者:主要关注手环的健身监测功能和运动数据分析,希望通过手环辅助锻炼和健身。

　　数字生活控:对智能设备和科技产品感兴趣,追求时尚与科技结合的产品体验。

　　社交分享者:注重社交娱乐功能,喜欢分享、互动和参与社交活动。

　　2. 竞争分析

　　接着公司进行了竞争分析,了解其他类似产品和品牌在市场上的表现和竞争优势。他们研究了主要竞争对手的定位、产品特点、价格策略以及市场份额，并分析了竞争对手的网络营销活动和社交媒体策略。

3. 目标市场需求调研

为了更好地满足目标市场的需求，公司对目标市场进行了需求调研。他们开展了在线问卷调查和重点访谈活动，探究消费者对智能手环的使用习惯、功能偏好、购买意向和价值认知。通过调研结果，公司获得了关键的消费者洞察，例如健身数据监测、追求个性化和社交互动等。

4. 网络营销渠道分析

在选择网络营销渠道时，公司结合目标市场细分和竞争分析，确定了适合的渠道和平台。他们决定通过社交媒体广告、自有网站、电商平台、微信公众号、微博来进行网络营销。

通过全面的网络营销目标市场分析之后，该公司依据制定的营销策略实施网络营销活动，最后获得了很好的效果。

案例思考：

通过阅读案例，思考并回答以下问题：
（1）目标市场分析的作用是什么？
（2）网络营销市场分析的内容有哪些？

任务一　目标市场调研

任务背景

小张是一名电子商务专业的学生，毕业后，小张计划通过创业的方式实现自我价值，她想创立一家女装网店，并通过网络营销的形式对网店商品进行推广。为了使后续运营方案顺利实施并创业成功，在创立网店之前，小张首先需要对女装市场进行调研，了解市场需求及目标用户，为营销策略的制定做好准备。

请问：目标市场调研的内容包括什么？可以使用的调研方法有哪些？

知识准备

一、目标市场调研的内容

网络营销目标市场调研主要包括以下内容。

（一）市场环境调研

市场环境调研用于研究和分析目标市场的发展情况及需求情况,包括市场宏观环境调研和市场需求调研,以便帮助企业更好地识别市场机遇与挑战。其中,市场宏观环境调研需要从经济、政治、法律、社会文化等方面入手,了解市场的整体运行情况和趋势。市场需求调研需要从产品或服务的需求量、需求结构、需求变化趋势等方面入手,了解市场需求的特征及动态。

（二）目标用户群体调研

目标用户群体调研用于了解目标用户的基本属性与消费需求,包括性别、年龄、教育程度、职业、需求与痛点、兴趣爱好、购买习惯等,以便针对用户购买需求制定有效的营销策略。同时,目标用户群体调研还用于探索目标用户的购买路径和购买决策过程,了解他们在购买过程中的主要决策因素以及影响他们购买选择的关键因素,以便更好地制定营销策略和维护目标用户。

（三）竞争对手调研

竞争对手调研用于了解竞争对手在目标市场上的主要表现和竞争态势,包括竞争对手的定位、市场表现、产品和服务特点以及营销策略等。通过竞争对手调研,企业可以更好地了解市场竞争环境、行业趋势和竞争对手的优势与劣势,进而制定并调整相应的营销策略,提高品牌自身影响力和产品竞争力。

（四）渠道调研

渠道调研用于了解目标市场的营销渠道,包括采购渠道、分销渠道、宣传推广渠道、电商平台等,通过分析各渠道对企业销售和市场开拓的贡献、潜在优势和劣势等情况,有利于制定适合的渠道策略,提高企业的市场知名度和可搜索性。

二、目标市场调研的方法

目标市场调研的方法可以分为直接调研法和间接调研法。

（一）直接调研法

直接调研法是指通过合适的调研方式直接获取研究对象相关信息和数据的方法,包括实地调研、访谈调研、问卷调研等。

1. 实地调研

实地调研是指研究者亲身走访研究对象所在地,通过实地观察和体验,了解研究对象的情况和特点,进而采集信息和数据的一种方法。实地调研能够在一定程度上避免因数据收集方式的限制而导致的信息缺失和偏差,还能发现一些未知的问题和因素,为后续研究和分析提供参考。但是,实地调研成本较高,受外界因素影响较大,对调研人员的专业性要求较高。

2. 访谈调研

访谈调研是指通过与调研对象进行面对面的对话交流,了解其观点、态度、经验和意见等信息的一种方法。访谈调研需要针对调研对象的特点和需求进行定制化访谈,这样有利于更加深入地了解调研对象的想法。但是,访谈调研需要耗费较多的时间和人力,而且容易受到调研对象主观因素的影响。因此需要调研人员具备一定的专业素养和访谈技巧。

3. 问卷调研

问卷调研是指通过编制问卷,向调研对象发放问卷并收集和分析问卷数据,以此研究调研对象的观点、态度、行为和经验等信息的一种方法。问卷调研能够快速、经济地收集大量数据,适用于样本量较大的研究。同时还可以定制问卷设计,提升数据采集的准确性和可靠性。但是,问卷调研可能存在样本偏差和非回应率等问题,需要调研人员进行有效的数据处理和统计分析。

(二)间接调研法

间接调研法是指通过获取已有资料、文献等信息来收集数据的研究方法,包括案例分析、数据库检索、文献综述等。

1. 案例分析

案例分析是指通过搜集并分析已有案例,从中提取有关信息和经验,以此为基础进行实证研究的一种方法。案例分析能够深入了解某个具体案例或事件的背景、原因和机制,发现其成功或失败的经验和教训。但是,案例分析需要调研人员具备一定的分析和归纳能力,才能从大量的数据中提取有效信息。

2. 数据库检索

数据库检索是指运用数据库系统,检索获取大量有价值的数据资源,以便开展深入分析和研究的一种方法。数据库检索能够提供丰富、有价值的资料来源,便于调研人员查找和获取相关信息。但是,数据库中的文献和数据是经过筛选和归纳的,因此具有一定的局限性。

3. 文献综述

文献综述是指通过查找相关文献,对研究问题进行全面说明和回顾,而后进行分析和总结的一种方法。文献综述能够帮助调研人员获取广泛的知识,并建立一个完整的研究框架。但是,文献综述依赖于已有文献,而文献本身可能存在误差、偏见或不完整的问题,因此调研人员需要对所选文献进行严格筛选和评估,确保数据的质量和可靠性。

三、目标市场调研的步骤

目标市场调研可以帮助企业掌握市场趋势和竞争情况,有利于企业制定有针对性的营销策略。目标市场调研的步骤包括以下几个方面。

(一)确定调研目标

在进行目标市场调研前,企业需要明确待了解的信息,例如市场规模、目标用户消费习惯、竞争对手情况等。同时,还需要明确获取这些信息的目的,以便准确定位目标用户群体,合理设计并实施调研,提高调研结果的精准性。

（二）制订调研计划

在确定调研目标之后，企业即可围绕调研目标，根据调研用户群体的属性制订切实可行的调研计划。调研计划制定的内容通常包括调研对象、调研方法、调研工具、调研渠道、调研时间、调研问题、不同阶段的调研任务等。除此之外，制订调研计划还应充分考虑和平衡调研成本、样本数量和质量、调研时间长度等实际情况，以确保调研结果的有效性和可靠性。同时，在制订调研计划时还需要确定调研团队成员的角色和职责，明确每个人的工作目标和任务，并在调研过程中及时跟进和检查各项工作的进展情况，保证调研计划的顺利实施。

（三）采集信息

调研计划制定完成之后，企业即可根据调研计划安排，实施调研并采集调研数据信息。在采集信息的过程中需要对参与调研用户的身份属性、答题时长、问卷回收率等数据指标进行监测和分析，及时调整调研计划和改善调研方式，以提高调研质量和效果。

（四）数据整理和分析

在调研结束并完成数据信息采集之后，企业需要对数据信息进行整理和分析。数据整理和分析的过程非常重要，因为这决定了调研结果的准确性和可信度。在数据整理的过程中，需要对采集到的原始数据进行清洗、筛选和分类，排除无效数据，保留有效数据，以确保后续分析的对象是高质量的真实数据。同时，在数据整理过程中还需要加强数据安全意识和保密工作，避免泄露用户隐私信息。在数据分析方面，可以使用不同的数据分析方法和工具，如对比分析、交叉分析、漏斗分析等，从而得出客观、公正且具有说服力的结论。

（五）撰写调研报告

在完成数据分析且得出结论之后，接下来即可将分析结果与调研目标和问题进行比对，从而提出建议和方案，形成一份综合性调研报告，以供进一步参考和决策。调研报告是对整个调研过程的总结和反思，同时也是提供建议和方案的重要渠道，其主要内容包括调研背景和目的、调研方法和步骤、数据分析与结果呈现、结论和建议等。调研报告需要清晰、简洁、准确地呈现调研结果和结论，体现专业性和客观性，便于读者阅读。

 **任务实施**

步骤1：确定调研目标

小张准备开设女装网店，在开设网店之前，小张从互联网上的一些女装销售报告中了解到，年轻女性对女装的购买量较大。因此，小张将目标群体确定为30岁左右的女性群体，将调研目标确定为了解目标群体对女装的消费需求。

步骤2：制订调研计划

在确定了调研目标之后，小张结合调研需求及目标用户群体属性，从调研方法、调研工具、调研渠道、调研时间等方面入手，制订了调研计划，如表2-1所示。

表 2-1　调研计划

调研主题	女装市场调研		
调研目标	了解30岁左右女性群体对女装的消费需求		
调研方法	问卷调研法		
调研工具	问卷星		
调研渠道	微信朋友圈、微信公众号、社群、微博等		
调研时间	2024年×月×日—2024年×月×日		
调研人员安排	姓　名	职　责	备　注

由于小张采用的是问卷调查法，因此需要设计调研问题，并使用问卷星平台制作调研问卷进行发布。通过广泛的资料查找、需求分析等，小张确定了调研问题，并登录问卷星平台，制作调研问卷。其中，利用问卷星制作调研问卷的步骤如下：

步骤2.1：登录问卷星平台

在搜索引擎中，搜索"问卷星"或从官方网址进入问卷星平台首页，如图2-1所示。然后点击"登录"按钮，可以选择手机号注册登录或使用第三方账号登录的方式，如图2-2所示，完成登录即可进入用户管理后台界面。

图2-1　问卷星平台首页

图2-2　选择登录方式

步骤2.2：制作问卷

在用户管理后台界面选择"创建问卷"，如图2-3所示，进入选择创建问卷类型页面，然后在该页面中选择"调查"类型，并点击其后的"创建"按钮，如图2-4所示，进入问卷制作页面。在制作问卷时，首先需要输入调研问卷的标题，即调研主题，如图2-5所示，使用户了解调研问卷的作用。点击"立即创建"后，可结合调研目标、调研需求等，在"添加问卷说明"处，向用户介绍调研问卷的用途，邀请用户认真回答调研问题。接下来即可根据设计好的调研问题，在左侧导航栏中选择题型，并输入问题，设置作答要求、逻辑关系等，如图2-6所示，逐步完成问卷主体内容的制作。

图2-3　选择"创建问卷"

图2-4　选择调查类型

图2-5　输入调研问卷标题

图2-6　设置问题

步骤2.3：发布问卷

问卷内容进行预览、测试、核查无误后，即可点击"发布此问卷"按钮，发布问卷如图2-7所示。同时，可根据调研计划，保存链接与二维码，在不同渠道分享问卷，尽可能广泛覆盖目标用户，以收集更多的数据信息，如图2-8所示。

图2-7　发布问卷

图2-8　分享问卷

步骤3：采集数据

问卷发布完成后，可以在后台监测调研效果，以及时修改与完善。调研时间结束后，就可以在用户管理后台界面的问卷列表中找到对应的调研问卷，然后选择"分析&下载"—"查看下载答卷"，如图2-9所示，对问卷调研数据进行采集，如图2-10所示。

图2-9　选择"查看下载答卷"

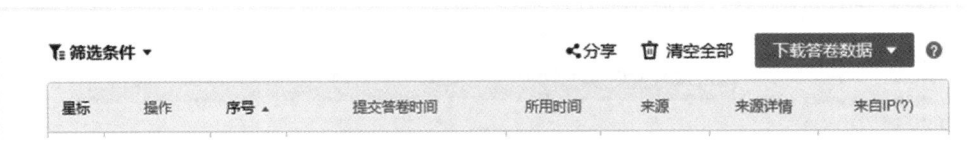

图2-10　下载答卷数据

步骤4: 整理和分析数据

完成调研数据采集之后,需要对Excel表格中的调研数据进行清洗与整理,剔除无效数据。为了观察数据的变化趋势,需要对不同类型的数据指标进行可视化处理,使其更加整洁、美观。小张对调研数据结果分析后发现,18至25岁的女性购买女装人数占比最高,她们会受到穿搭博主、直播带货的吸引,较为喜欢休闲、简约、清新风格的服装,在购物时更为看重买家评论和真实度高的产品图,对服装的舒适度、做工、面料要求较高。另外,用户对200元左右的产品价格的接受度更高,对具有直接折扣或优惠券的产品的偏好更强;在换季打折和活动促销时段时,用户的购买力度一般较大。

步骤5: 撰写调研报告

在调研结束后,需要系统化呈现调研结果,并撰写一份综合性的调研报告,对本次调研内容进行全面梳理,并提出相关调研建议。调研报告的结构如下。

1. 封面

调研报告的封面包括市场调研题目、报告日期、委托方、调研方等内容,根据本次调研内容撰写的封面内容,如图2-11所示。

2. 目录

调研报告的目录主要包含报告所有章节的标题和起始页码,如图2-12所示。

3. 摘要

调研报告的摘要需要包含以下几个方面的内容:

(1)简要介绍本次调研的目的和原因。

(2)介绍调研对象和调研内容,包括调研时间、地点、对象、范围、调研要点及所要解答的问题等。

(3)简要介绍研究方法和过程。

(4)简要介绍调研的结论与建议。

4. 正文

调研报告的正文包括调研方案、调研对象的基本情况、调研内容和调研分析。需要结合整体调研过程,逻辑清晰、简洁明了地对调研情况进行总结概括。

5. 结论和建议

结论和建议是通过对调研信息的整理、汇总与分析,在信息分析的基础上形成结论,并提出解决问题的方法、可行性方案或下一步改进工作的建议。

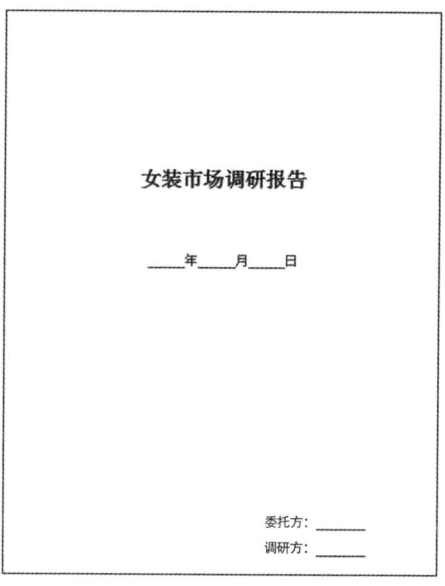

图2-11 调研报告封面

目 录

图2-12 调研报告目录

目标市场调研的作用

一般而言,目标市场调研的作用包括以下几个方面。

1. 了解目标市场需求

企业需要及时了解自己选择的目标市场中,人们最需要的产品或服务是什么,人们对这些产品或服务的评价如何。只有全面了解市场需求,企业才能够针对市场需求推出适宜的产品或服务,从而赢得市场份额。

2. 了解竞争对手

企业需要及时了解竞争对手的情况,为自己营销策略的制定做好准备。了解竞争对手的产品、营销策略、品牌形象等方面的情况,可以帮助企业更好地把握市场趋势和竞争态势。同时,通过调研竞争对手的优势与劣势,企业可以了解自身的优势和改进之处,从而制定更为合适的营销策略。

3. 了解目标用户

企业需要及时了解目标用户群体的属性和特点,例如年龄、性别、职业。了解目标用户群体的属性和特点,可以帮助企业更精准地锁定目标市场,更准确地传递产品和服务的信息,以提高推广的效果。

4. 制定适宜的营销策略

企业需要针对不同的市场情况和目标人群制定适宜的营销策略。例如,对于不同的年龄层次,企业可以采用不同的广告语言和推广方式;对于不同的目标用户需求,企业可以制定不同的产品组合和产品定价策略。

🎙 任务思考

在目标市场调研时,对不同维度的内容进行调研,其作用分别是什么?

任务二 竞争对手分析

💻 任务背景

在对目标市场有了一定的认识之后,小张想要了解竞争对手网店产品的销售价格,为之后产品定价及营销策略的制定作参考。对此,小张需要识别竞争对手,采集竞争店铺相关的营销数据,并对其进行全面分析。

请问:什么是竞争对手?竞争对手分析的步骤有哪些?

一、识别和确认竞争对手

在商品市场中,竞争对手是指在同一领域与某企业存在竞争关系的其他企业或品牌。识别和确认竞争对手是市场研究中的重要一步,有利于企业精准定位市场,找到自身的竞争优势,为企业制订战略决策提供参考。

在识别竞争对手时,首先需要确定竞争对手的类型,包括直接竞争对手和间接竞争对手。

(一) 直接竞争对手

直接竞争对手是指与某企业在同一市场领域、针对相似目标用户群体,提供类似产品或服务的其他企业或品牌。这些竞争对手与企业直接竞争市场份额和用户资源。他们通常在价格、产品特性、销售渠道、品牌影响力等方面与企业有直接的竞争关系。

(二) 间接竞争对手

间接竞争对手是指与某企业在同一市场领域,且与某企业提供的产品或服务不完全相同,但仍然能满足相似或相关用户需求的其他企业或品牌。虽然间接竞争对手的产品或服务与企业不直接竞争,但其可以作为替代品或替代解决方案而影响企业的市场份额。间接竞争对手可能提供类似功能或特点的产品,也可能提供与企业的产品相补充或相关的产品。

一旦明确竞争对手的类型,就可以开始确认具体的竞争对手。在确认竞争对手时,企业可以通过市场调研、竞争资料收集以及数据分析等方式,也可以通过观察市场、网络搜索、参考行业报告、了解用户反馈等途径逐步确定竞争对手各方面的信息。通过这些方法,企业收集到相关的信息和数据之后,就能找到与自己存在直接或间接竞争关系的企业,接下来即可进一步分析竞争对手的优势、劣势与营销策略,并制订相应的战略方案和计划。

二、分析竞争对手的网络营销目标

竞争对手开展网络营销活动,其目标大致可以划分为以下几种:

(1) 扩大销售额、拓宽营销渠道并更好地服务消费者。通过网络营销,竞争对手希望扩大其产品或服务的销售额。他们会利用互联网渠道,如官方网站、电商平台和社交媒体等,将产品信息传播给更多潜在消费者,并提供便捷的在线购物体验。此外,竞争对手还可能通过提供优质的客户服务和满足消费者的需求,以增强消费者的忠诚度,引发口碑效应。

(2) 降低运营成本以取得竞争优势。网络营销也为竞争对手提供了降低运营成本并取得竞争优势的机会。他们可以通过直接与供应商建立联系,实现采购流程的高效化,并获得更具竞争力的价格优势。此外,利用互联网技术,他们可以减少传统销售渠道所需的中间环节和人力资源,提高销售效率并降低销售成本。

(3) 取得产品的差异化优势,更有针对性地满足消费者的个性化需求。竞争对手希望通过网络营销活动来实现产品差异化优势。他们将重点展示和宣传产品的独特特点、创新设计或其他与众不同之处,以吸引消费者的注意并区别于竞争对手。此外,借助数据分析和个性化营销手段,他们能够更精准地了解消费者的个性化需求,提供定制化的产品或服务,以提高消费者的满意度和忠诚度。

三、分析竞争对手的网络营销策略

在分析竞争对手的网络营销策略时，可以从现行策略和未来策略两方面着手。

（1）现行策略。现行策略是指当前正在实施和运行的竞争对手网络营销策略。在分析竞争对手的现行策略时，可以关注竞争对手的企业文化、产品与服务动态、消费者情况、网络广告和公关策略等方面的内容。通过对竞争对手现行策略的全面分析，企业可以更好地了解竞争对手在网络营销方面的行为和策略选择，从而比较和评估自身的优势与劣势，并作出相应的战略调整，以提高品牌知名度、推广效果和市场份额。

（2）未来策略。未来策略是指对竞争对手网络营销策略的研究和预测，并在此基础上确定自身的未来发展方向。在分析竞争对手的未来策略时，可以考虑趋势预测、创新策略、用户体验、数据驱动决策等方面的内容。在制定未来策略时，企业需要综合考虑行业趋势和竞争对手的动态，把握市场机遇和挑战，不断调整和优化自身的网络营销策略，保持竞争力，并与时俱进地满足消费者需求。

 任务实施

步骤1：识别确认竞争对手

首先，小张通过观察市场和搜索网络，在电商平台上浏览与自身想要销售产品的风格、价格、目标用户等类似的店铺，对其进行整理汇总。接着，在目标市场调研问卷中设置相应的问题，邀请用户选择或说明自己经常购买的店铺名或品牌名。问卷回收后，小张从用户反馈中获得了一些竞争对手信息。通过对这些数据信息的甄别与分析，并结合相关行业报告资料，小张确定了与自己店铺可能存在直接竞争关系的竞争对手。

步骤2：分析竞争对手的网络营销目标

在确定了竞争对手之后，小张需要深入了解这些竞争对手的网络营销目标，包括销售目标、市场份额目标、客户忠诚度目标等。通过观察竞争对手的官方网站、社交媒体账号、广告投放渠道等，小张对其网络营销目标进行了分析，如表2-2所示。

表2-2　竞争对手网络营销目标分析

竞争对手	实力评估	网络营销目标
A	强	进一步扩大品牌影响力，获取更多市场份额
B	中	拉新促活，提高用户忠诚度
C	中	引流促销，吸引更多用户流量，促进销售转化

步骤3：分析竞争对手的网络营销策略

小张以竞争对手的现行策略为主，从产品策略、价格策略、渠道策略、促销策略四方面入

手，通过观察最近30天竞争对手的网络营销部署，对竞争对手的网络营销策略进行了分析，如表2-3所示。

表2-3 竞争对手网络营销策略分析

竞争对手	产品策略	价格策略	渠道策略	促销策略
A	品质时尚女装，面向都市白领和时尚达人。设计独特、用料考究、做工精细，定期推出新款	成本加成定价法	电商平台	促销手段：优惠券、满减活动 活动宣传：广告投放、社交媒体推广
B	休闲女装，面向年轻学生和职场新人。注重产品的性价比，舒适度高、价格亲民、款式多样，能够满足日常穿着需求	价值定价法	电商平台	促销手段：优惠券、满减活动、限时折扣 活动宣传：广告投放、社交媒体推广
C	快时尚女装，面向年轻消费者，追求时尚潮流且更换衣物频率较高的群体。款式多样、更新速度快、价格亲民，能够满足消费者对时尚的追求	竞争定价法	电商平台	促销手段：优惠券、满减活动、限时折扣 活动宣传：广告投放、社交媒体推广

知识拓展

竞争对手的分析方法

竞争对手分析是为了深入了解竞争对手的战略、优势和弱点，并根据这些信息来制订自身的发展策略。常用的竞争对手分析方法包括以下几类：

（1）组合矩阵分析法。组合矩阵分析法是一种基于客观数据分析的方法。通过对市场情况、竞争情况等进行梳理，企业将这些信息纵横进行对比，然后形成对手之间的矩阵，得出每位竞争对手的优势与劣势。一般情况下，组合矩阵分析法需要按照不同的权重给竞争对手打分，并将分数进行加和，从而得出排名。通过这种方法，企业可以清晰地了解每位对手的优势和劣势，为企业制定竞争策略提供重要参考。

（2）标杆法。标杆法是通过选择一个行业领先企业作为该行业的标杆，以针对该标杆企业展开对比分析的方法。该方法通过对行业标杆企业的研究，了解其成功的原因和策略，找出其中的成功经验，从而帮助企业优化自身战略。

（3）SWOT分析法。SWOT分析法是一种常用的竞争对手分析方法，它分析了企业的自身情况，以及外部环境中机会和威胁与企业优、劣势的匹配关系。SWOT分析法由四个部分组成：S（Strengths，企业优势）、W（Weaknesses，企业劣势）、O（Opportunities，外部机会）、T（Threats，外部威胁）。该方法在研究竞争对手时，通过比较企业自身的优劣势和外部环境中的机会和威胁，找出与竞争对手相匹配的策略，从而制定出有效应对竞争对手的营销策略。

合法合规
采集信息

在进行竞争对手分析时,可以从哪些方面入手进行分析?

任务三　网络营销目标市场选择

💻 **任务背景**

　　在对目标市场和竞争对手进行了充分了解之后,接下来小张即可结合目标市场的需求、竞争对手的优势和劣势、目标用户群体的需求等,分析自身的竞争优势,从而选择合适的网络营销目标市场。

　　请问:目标市场需要具备哪些条件? 目标市场选择策略有哪些?

🖳 知识准备

一、目标市场具备的条件

　　一般而言,一个合适的目标市场通常会具备以下条件:

　　(1)目标市场发展潜力强。合适的目标市场应当具备较强的发展潜力,即市场规模扩大、需求增长或行业前景良好。这意味着有足够的市场空间来容纳新进入者,并且可以支持企业实现可持续增长和提高盈利能力。发展潜力强的目标市场通常会受到多种因素的影响,包括人口结构变化、消费趋势、技术创新以及政策环境等。

　　(2)目标市场消费者购买力强。合适的目标市场需要具备消费者购买力强的特点。这意味着目标市场中的消费者有足够的经济能力来购买产品或服务,并愿意为其支付合理的价格。消费者购买力的强弱与多个因素相关,包括收入水平、消费习惯、教育程度、就业和经济情况等。确保目标市场消费者购买力强可以提高产品或服务的市场接受度和销售潜力。

　　(3)企业具有一定的竞争优势。在选择目标市场时,企业需要考虑自身是否具备一定的竞争优势。竞争优势可以是基于产品差异化、技术领先、品牌声誉、成本效益等方面的优势。企业需要在目标市场中找到自身独特的价值主张,并能够与竞争对手区分开来。具有一定的竞争优势可以帮助企业在目标市场中更好地吸引客户、抵御竞争和提升市场份额。

二、目标市场选择策略

　　企业在选择目标市场进入时,通常会采用以下几种目标市场选择战略:

　　(1)产品市场集中化战略。产品市场集中化战略是指企业将主要资源和注意力集中在一个或少数几个核心产品或服务上,并将其销售给广泛的市场。通过专注于有限的产品线,企业可以优化研发、生产和营销资源,提高产品品质和效率。这种战略适用于拥有竞争优势的核心产品的企业,并且目标市场需求相对稳定。

（2）产品专业化战略。产品专业化战略是指企业专注于开发和销售特定领域或行业的专业化产品或服务。企业通过深入了解目标市场的特殊需求,在某个特定领域或细分市场中建立起差异化优势。产品专业化战略通常需要投入大量时间和资源来构建专业知识和技术能力,并与目标市场的关键利益相关者进行密切合作。

（3）市场专业化战略。市场专业化战略是指企业专注于服务于特定类型的客户或特定地理区域的市场。企业通过深入了解目标市场的需求、偏好和行为,发展出定制化的产品、服务和营销策略。市场专业化战略可以帮助企业建立与目标用户的紧密关系,并通过满足其特定需求而获得竞争优势。

（4）选择专业化战略。选择专业化战略是指企业在产品和市场两个维度上都实施专业化。企业选择了特定类型的产品,并将其销售给特定类型的用户或市场。这个战略要求企业深入了解目标市场的细分,以便提供具体的解决方案和个性化的体验。选择专业化战略可使企业更好地满足目标市场的需求并建立长期竞争优势。

（5）全面进入策略。全面进入战略是指企业以全方位的方式进入多个市场或多个产品领域,对广泛的市场进行产品和服务的销售,追求较大的市场份额和多样化的收入来源。全面进入战略通常需要企业具备较强的资源管理能力,以应对不同市场的需求和竞争。虽然该战略风险较高,但也可能带来更大的回报。

 任务实施

步骤1:研究行业

小张从行业研究得出以下信息:从市场规模来看,女装市场在全球范围内规模庞大,并呈现稳定增长趋势。女性消费者对时尚、多样化的服装需求不断增加,推动了女装市场的扩张。从消费趋势来看,随着社会的发展和经济水平的提高,女性对于服装品质、设计感和个性化的追求越来越高。时尚、舒适、环保等因素成为女性购买服装的重要考虑因素。从渠道特点来看,女装市场通过线上线下多种渠道进行销售,包括实体店、百货商场、电商平台等。近年来,电子商务在女装市场中占据了重要地位,线上购物逐渐成为主流趋势。从消费新趋势和机遇来看,随着消费升级和个性化需求的增加,女装市场出现了一些新趋势和机遇,如快时尚品牌崛起、可持续发展理念的流行、定制化服务的兴起等。

步骤2:研究目标用户

结合市场调研结果,小张将目标用户初步确定为18—25岁的女性群体。从年龄特点来看,这一年龄段的女性通常处于学生阶段或刚步入职场,充满活力,时尚意识较强。她们对时尚潮流的敏感度较高,追求个性和独特的装扮。从购买动机来看,她们在购买女装时的动机可能包括追求时尚与个性、社交活动需要、展示自我品位、提升自信心等。从风格偏好来看,她们通常喜欢多样化的风格,并且容易受到明星、博主或社交媒体的影响。流行元素、休

闲时尚、可爱甜美、复古怀旧等都可能是她们青睐的风格。从品牌选择来看,她们在品牌选择上有着个体差异。一些用户可能更注重知名品牌和设计师品牌的时尚性和品质,而另一些用户则更关注价格、实用性和个性化定制等方面。从网络渠道使用来看,她们通常对于电子商务和社交媒体较为熟悉,并习惯通过互联网获取时尚信息和进行购物。

步骤3: 分析竞争对手

小张从以下几种品牌类型对竞争对手着手进行分析:

(1)国际品牌:国际品牌在女装行业占据一定的市场份额,这些品牌的设计、品质和形象都具有较高的认知度和口碑,受到较多用户的青睐。

(2)本土品牌:本土品牌在女装行业中也占据重要地位,这些品牌在价格、品牌知名度和市场覆盖面等方面具有一定的优势。

(3)新兴品牌:新兴品牌在女装行业中也逐渐崭露头角,这些品牌通常以个性化、时尚化为主要卖点,在设计和品牌形象上具有一定的优势,吸引了一部分年轻用户的关注。

(4)快消品牌:快消品牌在女装行业中的地位也不可忽视,这些品牌通常以价格亲民、款式简约实用为主要卖点。虽然这些品牌在品质和设计方面相对较弱,但在价格上的优势又吸引了一定的用户群体。

步骤4: 选择目标市场

通过上述分析,小张认为女装市场的发展潜力大,用户购买能力强。对此,小张将目标用户群体进一步细分,将18—20岁的女大学生作为核心目标用户,20—25岁的年轻女性作为潜在用户。从产品品牌选择上来看,她从不同的货源渠道进行产品采购,发现比较著名的品牌都有自己的销售渠道,并且成本较高。因此,她想做快消品牌。虽然部分国民品牌有一定的粉丝基础,但是其价格对于目标用户群体来说稍微偏高。对此,小张可以销售一些常规款且更为实用的服饰,提供给用户多种选择的可能性,以薄利多销的形式进行产品营销,在价格上形成竞争优势。

步骤5: 策划网络营销活动

考虑到18—25岁的女性使用网络购物的情况更为普遍,小张决定对目标用户的需求和痛点进行总结梳理,并以此为核心,建立在线销售平台,并运用社交媒体营销等策略,以更有效地触达这些目标用户群体。

知识拓展

目标市场营销策略

针对网络营销目标市场,企业通常会采用以下几种营销策略:

(1)无差异营销策略。无差异营销策略也称为大众营销策略,是指企业不区分不同消费者群体,而是采取统一的营销手段和传播方式,将产品或服务针对整个市场进行一致的推广和销售的营销策略。这种策略适用于市场需求相对均匀、消费者偏好相似的情况下,希望通过规模化生产和销售来降低成本,并追求广泛的市场覆盖的企业。

(2)差异性营销策略。差异性营销策略是基于市场细分,将市场划分为若干具有特定需求和特征的消费者群体,并针对每个群体进行专门的营销活动。通过了解不同消费者群体的需求和偏好,企业可以定制特定的产品或服务,以满足其独特的需求。差异化营销能够增加产品的竞争优势,提高市场份额和忠诚度。

(3)密集性营销策略。密集性营销策略旨在通过在市场中投入更多的资源和频繁的市场活动来增强品牌和产品的曝光度。企业采用密集性营销策略时,会频繁进行广告、促销、公关等市场传播活动,以吸引消费者的注意力并建立品牌认知度。这种策略适用于市场竞争激烈、消费者接触点多、重复购买需求较高的情况。

(4)定制化营销策略。定制化营销策略是基于个体消费者的喜好和需求进行一对一的营销。通过利用大数据信息技术,企业可以获取消费者的个人信息和行为数据,并根据这些信息提供个性化的推荐、服务或沟通。个性化营销策略能够深入了解消费者需求,提高用户体验和满意度,从而增强购买意愿和忠诚度。

 任务思考

请你结合一个品牌的网络营销案例,对其目标市场选择进行分析。

 素养提升

合法合规采集信息,禁止侵犯商业秘密

随着互联网信息技术的发展,人们了解信息的渠道越来越多样化。对于企业来说,及时掌握市场变化趋势,了解竞争对手情况,有利于企业及时调整营销策略,实现长久发展。但是,数字化信息技术的应用是一把双刃剑,在为人们带来便捷性的同时,也导致了信息泄露事件的发生,甚至侵犯到企业的商业秘密。为避免此类事件发生,我国法律法规对其作出具体要求。例如,《中华人民共和国反不正当竞争法》中规定,经营者不得实施下列侵犯商业秘密的行为:

(1)以盗窃、贿赂、欺诈、胁迫、电子侵入或者其他不正当手段获取权利人的商业秘密;

(2)披露、使用或者允许他人使用以前项手段获取的权利人的商业秘密;

(3)违反保密义务或者违反权利人有关保守商业秘密的要求,披露、使用或者允许他人使用其所掌握的商业秘密;

（4）教唆、引诱、帮助他人违反保密义务或者违反权利人有关保守商业秘密的要求，获取、披露、使用或者允许他人使用权利人的商业秘密。

因此，为了营造良好的市场竞争环境，企业在采集信息时最重要的原则就是要合法合规。不仅要遵守国家和地方的法律法规，还要遵守行业规范和道德准则。不得借采集信息之机进行不正当竞争、反垄断行为，更不得出现泄露用户隐私及商业秘密等违规行为。

 ## 技能自测

一、单项选择题

1. 下列关于调研方法说法错误的是（　　　）。
   A. 访谈调研是指通过与调研对象进行面对面的对话交流，了解其观点、态度、经验和意见等信息的一种方法
   B. 实地调研是指研究者亲身走访研究对象所在地，通过实地观察和体验，了解所研究对象的情况和特点，进而采集信息和数据的一种方法
   C. 问卷调研是指通过编制问卷，向调研对象发放问卷并收集和分析问卷数据，以此研究调研对象的观点、态度、行为和经验等信息的一种方法
   D. 文献综述是指通过搜集并分析已有案例，从中提取有关信息和经验，以此为基础再进行实证研究的一种方法

2. 下列关于目标市场调研步骤梳理正确的是（　　　）。
   A. 制订调研计划—确定调研目标—采集信息—数据整理和分析—撰写调研报告
   B. 确定调研目标—制订调研计划—采集信息—数据整理和分析—撰写调研报告
   C. 采集信息—数据整理和分析—确定调研目标—制订调研计划—撰写调研报告
   D. 制订调研计划—采集信息—数据整理和分析—确定调研目标—撰写调研报告

3. 下列关于产品专业化战略说法错误的是（　　　）。
   A. 企业通常需要投入大量时间和资源来构建专业知识和技术能力
   B. 企业需要在某个特定领域或细分市场中建立起差异化优势
   C. 企业全方位进入多个市场或多个产品领域
   D. 企业专注于开发和销售特定领域或行业的专业化产品或服务

4. 直接竞争对手的特点不包括（　　　）。
   A. 与某企业在同一市场领域
   B. 提供类似功能或特点的产品
   C. 提供类似产品或服务的其他企业或品牌
   D. 针对相似目标用户群体

5. 下列关于市场专业化战略说法错误的是(　　　)。

    A. 企业在产品和市场两个维度上都实施专业化

    B. 企业专注于服务特定类型的客户或特定地理区域的市场

    C. 企业需要发展出定制化的产品、服务和营销策略

    D. 企业可以通过满足目标用户特定需求而获得竞争优势

二、多项选择题

1. 下列属于目标用户群体调研内容的有(　　　　　)。

    A. 兴趣爱好　　　　　　　　　　　B. 分销渠道

    C. 购买习惯　　　　　　　　　　　D. 购买习惯

2. 下列属于直接调研法的有(　　　　　)。

    A. 案例分析　　　　　　　　　　　B. 实地调研

    C. 数据库检索　　　　　　　　　　D. 问卷调研

3. 下列属于问卷调研法优势的有(　　　　　)。

    A. 成本较高　　　　　　　　　　　B. 适用于样本量较大的研究

    C. 成本较低　　　　　　　　　　　D. 适用于样本量较小的研究

4. 合适的目标市场通常会具备的条件包括(　　　　　)。

    A. 目标市场发展潜力大

    B. 目标市场消费者购买力强

    C. 竞争对手实力更为强大

    D. 企业具有一定的竞争优势

5. 竞争对手开展网络营销活动,其目标大致可以划分为(　　　　　)。

    A. 扩大销售额、拓宽营销渠道并更好地服务消费者

    B. 降低运营成本以取得竞争优势

    C. 取得产品的差异化优势

    D. 更有针对性地满足消费者的个性化需求

三、判断题

1. 直接竞争对手是指与某企业在同一市场领域,针对相似目标用户群体提供类似产品或服务的其他企业或品牌。　　　　　　　　　　　　　　　　　　　　　　(　　)

2. 在分析竞争对手的现行策略时,可以考虑趋势预测、创新策略、用户体验、数据驱动决策等方面的内容。　　　　　　　　　　　　　　　　　　　　　　　　　　(　　)

3. 间接竞争对手的产品或服务与企业不直接竞争,因此不能作为替代品或替代解决方案而影响企业的市场份额。　　　　　　　　　　　　　　　　　　　　　　　　(　　)

4. 通过与供应商建立直接联系,可实现高效的采购流程和更有竞争力的价格优势。(　　)

5. 在进行目标市场调研前,需要明确自己需要了解什么信息,例如市场规模、目标用户消费

习惯、竞争对手情况等。 (　　)

四、技能训练题

小李的家乡种植茶叶，他想通过网络推广家乡的茶叶。请你帮助小李对茶叶的网络营销市场进行分析。

项目三

短视频营销

学习目标

 知识目标
- ❖ 了解短视频账号设置的内容
- ❖ 熟悉短视频账号信息设置的技巧
- ❖ 了解常见的短视频类型
- ❖ 认识短视频脚本的类型及作用
- ❖ 了解短视频的拍摄方法与剪辑方法
- ❖ 熟悉短视频剪辑的基本功能
- ❖ 了解短视频效果的分析渠道
- ❖ 熟悉短视频效果分析的数据指标

 能力目标
- ❖ 能够结合营销需求及调研分析,独立完成短视频账号的搭建与定位
- ❖ 能够结合营销需求,完成短视频内容的策划及脚本制作
- ❖ 能够根据短视频脚本,完成短视频的拍摄与剪辑
- ❖ 能够采集短视频营销相关的数据指标,完成短视频效果监控与分析

 素养目标
- ❖ 具备敏锐的观察力与感受力,能够发挥短视频的价值传递作用
- ❖ 严格遵守《中华人民共和国著作权法》等相关法律法规,在进行短视频创作时坚持原创、不抄袭

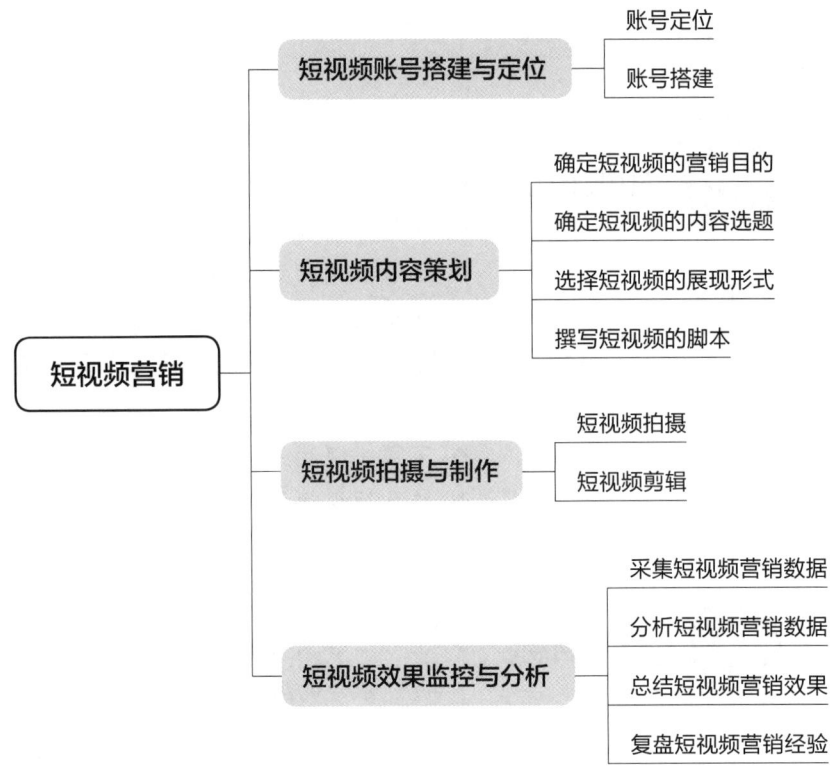

　　某团队为了拓宽线上销售渠道,在短视频平台通过搭建营销矩阵的方式进行内容的发布与推广,为企业带来了很多有效的流量。并且该团队的矩阵账号在短短的两年时间里,用户关注数量累计超过一亿,该团队在提高了品牌曝光的同时也实现了账号的引流变现。

　　通过深入探究该团队短视频账号的运营策略,便能够了解一些关于短视频矩阵账号搭建与运营的方法。

　　(1)短视频账号定位明确。该团队选择了阅读学习领域,强调成长路上的陪伴者这个定位,视频内容主要包括职场、家庭和情感三个部分,持续激发用户的兴趣和新鲜感。同时账号提供音频、视频、图文三种格式满足不同目标人群的需求,建立长久、信任、可持续的用户关系,实现了用户的拉新与留存。

　　(2)短视频账号矩阵搭建。为了进一步满足读者、粉丝的个性化需求,该团队对不同的矩阵划分了类型,分为职场、亲子、生活、情感等不同类型的视频号,这些账号经过进一步的细分，短视频内容更加垂直，同时也吸引了更多用户的关注，大大增加了该团队营销推广的覆盖范围。

（3）主次账号之间保持一致性。主账号以品牌名称命名，次账号名称也都与品牌相关，账号头像也是以人像与文字两种形式来呈现，账号简介也为品牌运营提供了很大的帮助，例如次账号会在简介中提及主账号的昵称，以便实现主次账号之间更加高效地引流。

案例思考：

通过阅读案例，思考并回答以下问题：

（1）为什么要进行短视频账号的定位？

（2）案例中的团队在短视频矩阵运营方面有哪些技巧？

任务一　短视频账号搭建与定位

💻 任务背景

小静毕业于山西某大学电子商务专业，她发现在大量的短视频内容中，与运城苹果相关的内容相对较少，刚好小静家里也种植苹果。

鉴于此，小静想要创建自己的短视频账号，将运城苹果的特点、产地环境、历史渊源、种植与采摘过程等内容拍摄剪辑成短视频分享给喜欢苹果的用户，让大家能够了解运城苹果，同时也可以宣传自己的家乡。

在正式开始运营之前，小静需要优先分析并确定短视频账号的开设平台，为后续个人短视频账号定位做好前期准备。

请问：短视频平台有哪些？其特点及优势如何？

📠 知识准备

一、短视频账号信息设置的内容

虽然短视频内容是短视频账号的核心，但是账号信息的设置也是创作者不可忽视的一个要素。为了给用户留下深刻的第一印象，短视频创作者需要了解并重视短视频账号基础信息的设置。短视频账号信息设置的内容主要包括账号昵称、账号头像、账号简介。

（一）账号昵称

账号昵称是用户搜索或关注一个短视频账号的重要途径，一个具有高识别度的账号名称易被用户识记,能够帮助用户快速建立与账号之间的联系。短视频创作者在设置短视频账号昵称时,应力求昵称简洁,避免使用生僻的字词和发音,文字拼写也应尽量简单,方便用户记忆,有利于未来的品牌植入和推广。

（二）账号头像

账号头像是一种视觉语言,也是用户辨识账号的核心标准之一,往往决定着用户对账号的第一印象。短视频创作者在设置短视频账号头像时,应选择清晰美观、有吸引力并且与账号定位以及账号内容相关的图片,避免选择画质模糊且与账号无关的图片。

（三）账号简介

账号简介是用户决定是否关注账号的关键因素之一,是对短视频账号内容的一个简要概括。账号简介的文字描述应简明扼要,能够准确表达出账号的核心内容,突出账号的特色。

二、短视频账号信息设置的技巧

（一）设置独特的账号昵称

短视频创作者在设定账号名称时可以进行头脑风暴,并从中择优筛选。在设置账号昵称时,可以借鉴以下几种思路:

1. 以数字命名

以数字命名不仅简洁明了,方便用户记忆,还可以强调数字所传递的概念。例如,某短视频账号“一某”的账号昵称就用了数字进行命名,账号名称简洁便于用户记忆。

2. 以关键词命名

以关键词命名有助于平台算法推荐,将账号内容推送给关键词对应的目标用户群体。关键词可以是地域,也可以是领域,例如,某短视频账号“某食记”的账号昵称中含有“食记”这一关键词,明确地向用户传递了该账号主打美食领域的信息。

3. 以品牌名称命名

以品牌命名可以让短视频账号昵称与品牌名称相同,加深用户的印象。例如,某短视频账号“某本草官方旗舰店”的账号昵称就以品牌名称进行命名。

（二）设置具有吸引力的账号头像

短视频创作者在设定账号名称时要符合两个原则,一是符合账号的定位,二是图像要清晰、美观。在设置账号头像时,可以参考以下几种方法:

1. 使用真人照片

使用真人照片作为头像便于用户直观地看到人物的形象特点,不仅有助于打造个人形象,而且也容易拉近与用户的心理距离。例如,某短视频创作者通过发布自己穿着传统服饰的短视频来宣传传统服饰之美,并将本人穿着传统服饰的真实照片作为短视频账号头像,用户不仅从头像中就能了解短视频主题,而且创作者身着传统服饰风度翩翩的形象,也给用户带来美的感受,加深用户印象。

2. 使用图文标志

使用图文标志作为头像可以更直观地向用户展示短视频的内容主题。例如,某短视频创作者专门分享美食制作技巧和方法,为了提高辨识度和直观性,他将自己的头像设置为一张穿着厨师服烹饪的照片,并在照片上添加了自己的名字。这样的头像设计有助于传达账号的内容方向,使用户更容易了解创作者的专业领域。

3. 使用品牌标志

使用品牌标志作为头像不仅可以更好地宣传和推广自己的品牌,而且还可以打造品牌形象。例如,某品牌官方账号为了进一步提升品牌知名度和树立品牌形象,选用其品牌标志作为头像。这一举措不仅让用户在众多账号中一眼就能识别出该品牌,还通过标志所蕴含的品牌理念和价值观,向用户传递出品牌的独特魅力和核心优势,从而吸引更多潜在用户的关注,为品牌长期发展奠定基础。

(三)设置精练的账号简介

短视频创作者在设置账号简介的时候,一定要具备概括性,语言简练且可以突出自身特点,又能体现账号的意义即能够给用户带来何种价值。常见的账号简介有以下几种类型:

1. 表明身份

创作者可以通过账号简介让用户知道自己是谁。例如某短视频创作者是一个关注科学探索领域的博主,通常会在短视频账号中发布一些自然宇宙相关的科普内容,因此其账号简介可以设置为:科学探索类博主,以全新的视角探秘宇宙万物的未知。

2. 表明领域

创作者可以通过账号简介让用户知道自己在做什么。例如某短视频创作者对历史领域很有研究,并会通过短视频账号发布一些自己对历史文化的专业讲解,从而达到传递知识、普及历史、吸引观众关注的目的。因此,其账号简介可以设置为:关注某某说历史,聆听上下五千年。

3. 表明理念和态度

创作者可以通过账号简介向用户传达正向的理念、生活态度或价值观。例如某短视频创作者想要通过短视频内容表达人要积极生活的观点,引导观众珍惜青春时光,并通过自身的努力奋斗实现个人价值。因此,其账号简介可以设置为:奋斗的青春最幸福。

 **任务实施**

步骤1:账号定位

小静为了后期能够更好地运营即将开设的短视频账号,以及在账号开设后吸引更多的用户关注自己,决定对即将开设的短视频账号进行定位,在定位的时候小静选择了领域定位的方法对短视频账号进行定位,具体步骤如下。

步骤1.1:领域定位

小静结合自身的生活环境和喜好,将账号定位到生鲜美食领域,因为自己本身是一名美食爱好者,又熟悉运城苹果的特点与种植,而且自己也生活在田园乡村,所以小静将账号的方向定位在了生鲜美食领域。

步骤 1.2：类型定位

在选择好了领域后，还需要对短视频类型进行定位，即小静是要做讲解类、故事类、记录类还是PGC（Professional Generated Content，专业生产内容）体验类，小静通过对这几种类型进行了解和分析，结合自身所要创作内容的领域以及想要呈现的效果，最终选择了以记录类的形式进行短视频内容的创作，因为记录类短视频不需要很多的人进行合作拍摄，而且记录类短视频不仅能够更好地展示生鲜水果的生长过程，还能够拉近她与用户之间的距离，使用户在了解运城苹果的同时，也能够了解自己。

步骤 1.3：风格定位

在将短视频账号的领域以及内容类型定位完成后，小静对短视频账号的风格也进行了定位，是做乡村田园风格的美食短视频，还是做都市丽人风格的美食短视频。小静结合自身最终选择了做乡村田园风格的短视频。

通过上述步骤，小静最终将短视频账号定位为：记录乡村田园风格的生鲜美食账号。

步骤 2：账号搭建

步骤 2.1：调研各个短视频平台

在开展短视频营销之前，需要先对市场上流行的短视频平台进行调研，了解目前市场上不同短视频平台的市场占有情况，并收集足够资料，以便后续进行短视频平台的对比分析。

为了更好地了解目标群体的需求和喜好，小静应该对都市生活的群体进行调研，了解他们是否每天吃苹果、日常是否会观看短视频、如果观看短视频会选择哪些平台以及对哪些平台上的内容比较认可等信息。

在调研时，考虑到问卷的便捷性及问卷分析的可视化，小静选择了问卷星线上调研平台来开展调研，她参考平台上的模板，设计了一份关于运城苹果了解程度的调查问卷，如图3-1所示。

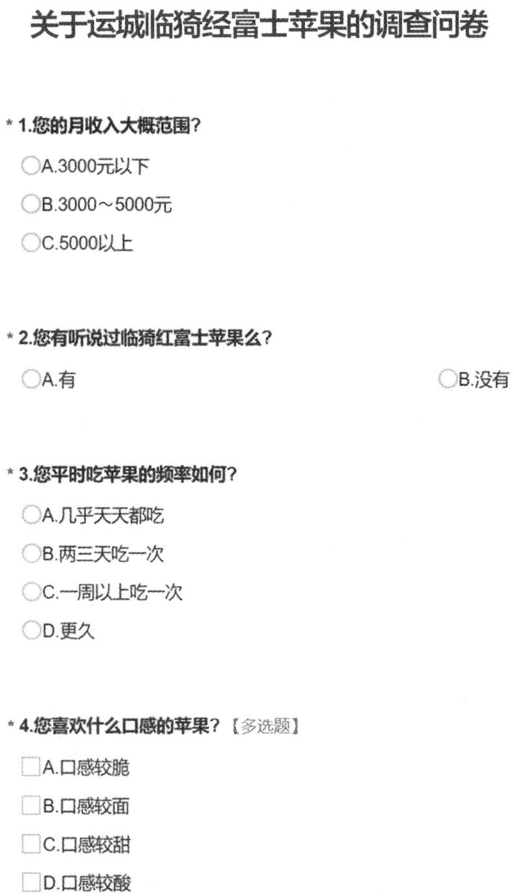

小静将问卷形成二维码，通过各种渠道邀请目标群体填写问卷，待调研时间结束后，形成问卷调查结果。

步骤 2.2：对比分析短视频平台

调研完短视频平台的使用情况等信息，就需要对这些平台进行对比分析，或者通过亲自体验，了解各个平台的运营模式、入驻规则、流量构成、政策扶持等方面的信息，为下

关于运城临猗经富士苹果的调查问卷

* 1.您的月收入大概范围？

○A.3000元以下

○B.3000～5000元

○C.5000以上

* 2.您有听说过临猗红富士苹果么？

○A.有   ○B.没有

* 3.您平时吃苹果的频率如何？

○A.几乎天天都吃

○B.两三天吃一次

○C.一周以上吃一次

○D.更久

* 4.您喜欢什么口感的苹果？【多选题】

□A.口感较脆

□B.口感较面

□C.口感较甜

□D.口感较酸

图3-1　关于运城临猗红富士苹果的调查问卷

一步选择适合的短视频平台作前期准备。

小静结合互联网搜集整理的资料,将不同的短视频平台进行了对比分析。

表 3-1　不同短视频平台的对比分析

短视频平台	Slogan	用户规模	平台特点	分发机制	变现模式
抖　音	记录美好生活!	日活跃用户数量峰值6亿	以音乐类视频起家;用户基数大;精准推送;娱乐性较突出	(1)算法推荐决定性作用; (2)内容质量权重高; (3)社交关系权重低; (4)运营干预相对大,重人工运营	适合以达人为主导的直播打赏及带货变现、广告变现等方式
快　手	拥抱每一种生活	日活跃用户数量峰值3亿	用户积累时间长;早年淡化运营,近年加强运营	(1)相对去中心化; (2)社交关系更高权重; (3)运营干预相对小,后期加强运营	适合以达人为主导的变现方式,例如直播打赏、直播带货等
微信视频号	记录真实生活	日活跃用户数量3亿	扎根微信生态,便于社交分享和向私域导流	(1)去中心化,社交推荐+算法推荐; (2)社交关系权重高	适合私域流量变现,包括广告、直播带货等

步骤2.3:选择适合的短视频平台

在选择短视频平台时,需要综合考虑营销的目标受众、营销目的、营销形式等因素,在步骤二的分析中,了解清楚不同短视频平台的差异之后,即可选择适合的平台。

小静希望自己的短视频内容能够让一线城市的都市群体看到,这些群体具有一定的经济实力,愿意在饮食中高频购买生鲜水果;同时,小静没有粉丝积累,需要借助平台的推广扶持,用较短的时间获取到大量的粉丝,从而将更多的精力放在内容的创作上。基于以上考虑,小静选择了抖音平台作为自己短视频营销平台。

步骤2.4:注册抖音账号

小静首先下载了"抖音短视频"软件,接着在首页输入手机号进行短信验证完成登录,如图3-2所示。

步骤2.5:设置账号昵称

在完成抖音账号注册之后,小静需要对抖音账号的昵称进行设置。

在抖音账号的"编辑资料"页面,点击"名字"按钮,进入"修改名字"页面,在"我的名字"区域输入设计好的昵称"果香果农"(字数控制在20字以内),并点击"保存"按钮,如图3-3所示,小静完成了抖音号昵称的设置。

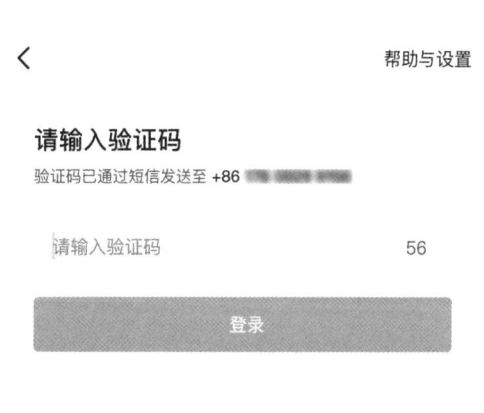

图3-2　抖音账号登录

图 3-3　设置账号昵称

步骤 2.6：上传账号头像

在完成抖音账号昵称设置之后，小静需要对抖音账号的头像进行设置。

在抖音账号的"编辑资料"页面，点击上方的"更换头像"，在弹出的照片选择页面显示了设置抖音账号头像图片的两种方法，即"拍个头像"和"相册选择"。小静通过"相册选择"的方式上传了一张苹果图片作为抖音账号的头像。点击"确定"按钮，即可完成抖音账号的头像设置，图 3-4 所示。以同样的方式，点击"更换封面"，即可完成背景封面的设置。

步骤 2.7：撰写账号简介

在完成抖音账号头像设置之后，小静需要撰写一段言简意赅的文字，向用户介绍本账号。

设置抖音账号简介的方法与设置抖音账号昵称的流程一致。在抖音号的"编辑资料"页面，点击上方的"简介"按钮，如图 3-5 所示，进入"修改简介"页面，在添加简介区域填写简介"传递家乡美味，助力农产品走出去"，并点击"保存"按钮，即可完成抖音账号简介的设置。

图3-4 上传账号头像

图3-5 撰写账号简介

短视频账号头像选择的标准

短视频账号头像是用户识别短视频创作者的一个重要途径,也是短视频创作者个性展示的一种手段。短视频账号头像往往会给人留下第一印象,因此短视频创作者在选取账号头像时,应注意以下几点要求:

(1)个人短视频账号的账号头像最好使用创作者个人的正面自拍照或正面全身照;企业短视频账号的账号头像最好使用企业的商标图案或者有品牌名字的图案。

(2)短视频账号头像需要符合短视频创作者的风格定位。无论是使用个人的真实照片或是使用企业商标图片作为头像,最重要的是要风格统一。

(3)短视频创作者在设置账号头像时,避免使用模糊不清的图片,需要选用像素较高的图片。因为清晰的短视频账号头像,更容易给用户留下深刻的印象。

培养精品
意识

（4）短视频账号头像应具有吸引力，能够让用户产生好感，便于用户识记。尤其是对于短视频账号的潜在用户而言，如果账号头像能够让用户产生吸引力，那么潜在用户很可能直接关注短视频账号。

任务思考

同学们在日常浏览短视频的过程中，会遇见很多令人印象深刻的短视频账号，请任意选择2至3个短视频账号，分析其名称、头像及简介的特点。

任务二　短视频内容策划

任务背景

小静通过前期的调研定位，在抖音上注册了一个名为"味蕾上的记忆"的账号。为了能够在众多的生鲜账号中脱颖而出，获得更多的粉丝关注，小静决定对该平台上受用户欢迎程度高的短视频账号内容进行分析，寻找合适的内容选题，并制作短视频拍摄脚本。

请问：短视频的类型有哪些？短视频内容策划的流程是什么？

知识准备

一、短视频的类型

按照内容划分，常见的短视频类型有以下几种。

（1）讲解类短视频。讲解类短视频是指对某个主题进行深入解释和讲解，帮助观众理解特定主题，并获得知识或技能的短视频。这类短视频会通过清晰的解说、图表、示范等方式，对教育、科普、技术指导等方面的内容进行详细讲解，在传达知识和技能方面有着重要的作用。讲解类短视频具有易于消化、易于理解的特点，观众可以通过这些短视频获得实用的信息，扩展知识面，提高技能水平，因此在教学指导领域很受欢迎。

（2）访谈类短视频。访谈类短视频是指通过与嘉宾的交流和对话，为观众提供引人入胜内容的短视频。这类短视频通常会以采访或对话的形式呈现，其交流对象可以是名人、专家、意见领袖或其他人物。访谈类短视频能够引入不同的观点和经验，为观众带来新鲜的见解和知识，并激发他们的思考。通过与嘉宾的对话，观众可以学习到不同领域的专业知识，了解行业内部动态，拓宽自身视野。

（3）故事类短视频。故事类短视频是指以情节为基础，通过叙述一个有趣且有吸引力的故事来引起观众的兴趣和共鸣，以提供娱乐和启示的短视频。这类短视频可以采用多种不同的表达形式，包括戏剧、幽默、动画等。通过精心构建情节，将故事分成起、承、转、合四个部分，并加入高潮等元素，在较短的时间内传递出完整的故事。访谈类短视频常常通过情节和角色的塑造传达特定的价值观点，使观众可以在短时间内感受到故事中的喜怒哀乐，并从中获取积极的情感体验或特定的信息。

（4）记录类短视频。记录类短视频是指通过真实拍摄和叙述，运用影像记录和叙述帮助观众获取特定时刻或事件的感受和体验的短视频。这类短视频通常以客观的方式呈现，力求忠实地表达真实情况，并传递观众可能无法直接经历或亲眼见证的内容。记录类短视频可以涵盖各个领域，包括旅行记录、日常生活片段、自然风光、社会事件等，通过真实拍摄和叙述，展现特定时刻、场景或事件的真实感受，使观众可以通过观看这些短视频来获取信息、体验情感或增长见识，并从中获得启发和参与感。

（5）专业生产内容（Professional Generated Content，PGC）体验类短视频。PGC体验类短视频是指通过产品试用，分享自己的真实体验感，以此来向用户宣传或推广某种产品的短视频。PGC体验类短视频的博主一般都是该垂直领域里专业内容的输出者，并且具有一定的影响力。在创作PGC体验类短视频时，需要了解用户需求及痛点，在该垂直领域中不断深耕，充分向用户展现出自己的专业性、分享的独特性及体验的真实性，帮助用户解决实际问题，从而赢得用户信赖。

二、短视频脚本的类型

按照内容构成划分，常见的短视频脚本类型有以下几种。

（1）提纲脚本。提纲脚本是一种简要的脚本形式，用于指导短视频制作过程中的拍摄和编辑工作，包括主要内容的提纲、关键点和对话的要点。主要内容的提纲列出了短视频的整体结构和流程，确保短视频有清晰的逻辑和连贯性。关键点部分突出展示或强调需要注意的核心信息、重要观点或关键事件。对话的要点部分针对包含对话或演讲的场景，列出参与者的台词或演讲要点，以便在拍摄和编辑过程中能够捕捉关键语言。通过提纲脚本，制作团队能够清楚了解短视频的结构和内容，并在拍摄和编辑过程中有明确的指导，使制作过程高效有序，并最终实现预期的视觉呈现和故事传达效果。

（2）分镜头脚本。分镜头脚本是一种将视觉和音频元素分解为不同镜头的脚本形式，包括每个镜头的描述、动作、对话和音效的指示以及整体情节的顺序。分镜头脚本在短视频制作过程中对拍摄的镜头起到指导性和实践性作用，有利于创造出精彩且连贯的视听体验。通过将故事情节细分为各个镜头，制作团队能够更好地理解每个场景或片段，并确保呈现出高质量的拍摄效果。导演和摄影团队可以根据分镜头脚本中提供的详细信息，包括镜头的构图、角度、运动和音效等要素，来实际拍摄每个镜头，以实现预期的视觉效果和叙事效果。

（3）文学脚本。文学脚本是一种用于戏剧、舞台剧或其他艺术性表演的脚本形式，包括角色对话、舞台指示、情节发展和场景转换描述等元素，以文字的形式来传达剧情和表演要点。文学脚本具有指导演员表演和舞台呈现的作用。在文学脚本中,角色对话描写了剧中人物之间的交流,包括对话内容、语气和情绪等方面的细节。舞台指示则提供了关于舞台布景、道具使用、演员动作和表演方式的指引,帮助演员和导演理解和呈现剧作中的设想和意图。情节发展部分描述了剧情的进展和转折点,使观众可以跟随并理解故事的发展情况。场景转换描述则指示了舞台上不同场景之间的切换方式,包括音效、灯光和舞台布景等方面的变化。通过文学脚本,演员和制作团队能够准确理解和表达剧作的内涵和情感,从而实现舞台上精彩而生动的表演效果。

三、短视频脚本的作用

短视频脚本是指用于指导短视频创作过程中的文字稿件,它是短视频创作的重要组成部分。短视频脚本的作用主要表现在以下几个方面:

(1)帮助创作者理清短视频的思路和创作方向。短视频脚本提供了一个有序的规划和设计框架,能够帮助创作者明确短视频的内容、主题、节奏和画面等,避免出现盲目性错误。通过编写脚本,创作者可以明确短视频所要表达的核心信息和情感,找到最好的叙事方式,并确保在整个制作过程中保持一致性和连贯性。

(2)提高短视频剧作效果和质量。脚本是短视频的灵魂,它是使短视频更具吸引力和感染力的核心要素。通过精心编写脚本,创作者能够构建一个复杂而引人入胜的故事结构,从而提高短视频的剧作效果和质量。优秀的脚本可以增加短视频的叙事性、艺术性和感染力,使观众更容易被吸引并投入其中。同时,脚本还可以帮助创作者合理安排情节、角色和情感的发展,使故事更加引人入胜。

(3)缩短短视频制作周期。脚本在短视频内容策划中扮演着重要的角色。通过提前编写脚本并进行规划和指导,可以高效地安排拍摄任务,减少制作过程中的混乱和浪费。脚本提供了一个明确的创作框架,使整个制作团队能够更加有条理地工作,从而提高工作效率和短视频的制作质量。另外,脚本还可以节省制作时间和节约制作资源,因为脚本通过提前规划可解决视频制作过程中可能出现的问题,并更好地控制整个制作进程。

 **任务实施**

步骤1:确定短视频的营销目的

短视频的营销目的一般有品牌提升、用户增长、产品推广、价值转化等几种。目的不同,短视频的内容侧重点就会不同。小静进行短视频营销的首要目的是向用户介绍并推荐山西运城的苹果,宣传家乡农产品,对家乡风土人情进行展示,增强用户对家乡农产品的认识和了解,进一步实现促进家乡农产品销售推广的作用。

步骤2:确定短视频的内容选题

为了使短视频内容选题更加精准,符合用户需求,小静按照以下步骤对短视频内容选题进行了确定:

步骤2.1：筛选相关话题

小静在抖音平台上通过搜索与苹果相关的话题，发现与运城苹果相关度较高的话题有"冰糖心苹果""运城红富士苹果""优质农产品"等。

步骤2.2：选择切入角度

从切入角度方面来看，通过分析用户需求、自身兴趣及所能利用资源等，小静想要记录苹果的生长、采摘、分选、封装等生产流程，让用户认识到运城苹果绿色、健康、无污染的高品质，从而激发用户兴趣，打消用户购买的顾虑。

步骤2.3：寻找切入热点

为了提高短视频的曝光量，使更多用户能够看到短视频内容，小静认为，选择与营销内容相契合的热点话题，并将热点话题与短视频内容相结合，可以有效借助热点话题的讨论热度，提升短视频的播放量。其中，节日热点可以借助传统文化宣传引入苹果相关内容，因此以此切入最为适合。

步骤2.4：积累素材

素材积累体现在日常生活中，需要创作者具备敏锐的感知力，能够发现与短视频拍摄对象相关的有趣内容，并对其进行及时记录。或者在浏览同类话题短视频时，能够迸发出别致的创意，从而完成短视频的内容创作。小静为了提高短视频内容质量，特别注重对日常生活的积累，从田间地头、工厂等方面入手，发掘并积累新的素材内容。

步骤2.5：对比分析行业标题

短视频标题是用户了解短视频内容的主要入口，因此，了解优质短视频标题的创作特点，并从中总结学习，有利于提高短视频标题的创作质量，进而提升短视频内容的播放量。对此，小静借助短视频分析工具，查看并分析了排名靠前的农产品经营型账号的标题，她发现，这类账号的高播放量标题都具有语言简洁明了、主题突出、话题性强等方面的特点。

步骤2.6：确定选题

基于以上分析，小静最终确定短视频内容的选题如表3-2所示。

表3-2　短视频内容选题

选题事项	选 题 内 容
相关话题	（1）新鲜应季水果　　　　　　（2）运城红富士苹果 （3）优质农产品　　　　　　　（4）源头好生鲜
切入角度	日常记录
切入热点	中秋节、国庆节
积累素材	果园、工厂分选及封装
内容标题	运城苹果，现在口感甜度已经非常好了，再经过严格分选，脆甜多汁，请放心品尝吧！
内容选题	运城苹果生产流程

步骤3：选择短视频的展现形式

为了让用户了解到苹果从采摘到包装的完整流程，提升用户的信任感，小静决定采用记录的展现形式，对苹果的生产流程进行真实的记录展现，以真实的内容引起用户的关注。

步骤4：撰写短视频的脚本

在确定了短视频主题及展现方式之后，接下来需要搭建短视频的内容框架，完成短视频脚本的撰写。其具体步骤如下：

步骤4.1：脚本内容框架搭建

为了保证短视频最终呈现良好的视觉效果，小静选择采用分镜头脚本的呈现方式，结合短视频内容选题及展现形式搭建脚本内容框架，如表3-3所示。

表3-3　运城苹果生产流程脚本内容框架

运城苹果生产流程						
出镜人物：小静						
拍摄时间：××××年×月×日						
拍摄地点：运城市						
拍摄时长：2分钟以内						
分镜头拍摄脚本						
镜号	拍摄场景	景别	时长	画面内容	背景声	道具
1						
2						
3						
……						

步骤4.2：脚本内容细节填充

在搭建好短视频脚本框架之后，小静接下来对脚本内容细节进行填充，结合短视频脚本内容框架撰写短视频脚本，如表3-4所示。

表3-4　运城苹果生产流程脚本内容框架

运城苹果生产流程
出镜人物：小静
拍摄时间：××××年×月×日

运城苹果生产流程

拍摄地点：运城市

拍摄时长：2分钟以内

分镜头拍摄脚本

镜号	拍摄场景	景别	时长 / 秒	画面内容	字　幕	道具
1	果园	远景	3	苹果成熟，果园里硕果累累，果园里有采摘苹果的农人，小静在介绍运城苹果	运城苹果来了，运城苹果是我们山西省运城市的特产，也是全国农产品地理标志	
2	果园	中景	5	小静在采摘苹果	运城苹果种植区域的水资源较为丰富，地下水为淡水，配套深井，可以将黄河水引来用于灌溉苹果	
3	果园	近景	8	小静掰开苹果展示，并品尝评价	运城苹果果实多为圆形，果形端正、果色鲜艳、果面光洁细腻、果肉白色、口感香脆甜爽、汁液多	
4	工厂	远景	2	小静介绍苹果分选车间	这是我们运城苹果分拣的流程	
5	工厂	近景	5	苹果倒入水池清洗，小静用手舀起水池中的水喝，证明水源干净	第一道称为水流漂洗，我们的所有水源都是通过净化的，可以达到食用标准，所以大家可以放心品尝	
6	工厂	近景	4	苹果进入烘干车间	第二道是烘干清洁，苹果整齐有序地进入烘干车间，烘干之后用毛刷进行再次清洁，哇，已经很光亮了	
7	工厂	近景	4	苹果进入分选车间	第三道是光电分选检测，这台机器是给苹果拍照的，把有瑕疵的果子，包括表面有伤不好看的果子，全都剔除掉	
8	工厂	近景	4	苹果进入内部检测车间	第四道是苹果内部检测，通过这台机器，咱们把坏心果、甜度不够的果子全部筛选掉了	
9	工厂	近景	5	苹果进入人工手选流程	第五道是人工再次分拣，入箱前还要再次进行人工分拣，把看起来不够大的果子还要用卡尺卡一遍	
10	工厂	近景	8	小静拿出苹果展示，并掰开苹果品尝、展示、评价	大家收到的苹果与我在这展示的都是一样的，都是这样光亮新鲜的苹果，脆甜多汁，您可以放心下单品尝	

短视频内容策划的基本原则

在对短视频内容进行策划时,一般需要符合以下几项基本原则。

1. 符合账号定位

每个账号有其独特的定位,比如美食、旅游、文化。在做短视频策划之前,要了解自己的账号风格和受众群体,对账号的独特性和特色进行挖掘和利用。策划符合账号定位的短视频内容不仅有利于获得平台权重,得到一定程度上的流量倾斜,还有利于打造属于自己的粉丝群体,便于账号形象的长期运营。

2. 立足用户角度

针对不同的用户,其需求和喜好也是不同的。正是基于这一点,短视频制作者需要从用户的角度出发,考虑他们最关注的内容和最喜欢的形式,并以此做出相应的策划。这样可以提高用户的获得感和满意度,进而达到更好的效果,从而促进账号粉丝的增长,提升账号价值。

3. 创造有价值的内容

与长视频相比,短视频的时长较短,甚至只有几十秒的时间,因此在这短暂的时间内,必须创造有趣、有价值的内容,让观众能够从中有所收获,并对此加以分享和评论。内容价值可以从情感、知识、实用性等多个方面进行挖掘,并传递有价值的、积极向上的内容信息,向用户展现生活的多样性和丰富性,进而帮助创作者提升用户黏性。

用好短视频
传播正能量

任务思考

为了使短视频内容获得更多的曝光量,在进行短视频内容选题时,应遵循什么原则?

任务三 短视频拍摄与制作

任务背景

短视频拍摄手法和剪辑手法的不同,最终制作出的短视频效果也各有不同。小静完成了短视频脚本的撰写之后,为了使短视频内容更具吸引力,接下来需要根据脚本,充分发挥创意,完成短视频内容的拍摄制作。

请问:短视频拍摄的方法是什么?短视频内容的剪辑手法有哪些?

一、短视频拍摄方法

在拍摄短视频时,需要灵活掌握拍摄景别、构图方法和拍摄镜头的运用,以便拍摄出高质量的短视频素材内容。

(一) 拍摄景别

拍摄景别是指拍摄镜头与拍摄对象之间距离的远近,常见的拍摄景别有以下几种形式。

1. 全景

全景镜头的视角较为集中于相对窄小空间中的某一环境主体,常用于拍摄高度和宽度都比较充足的场景之中。使用全景镜头拍摄短视频时,一般用来表现需要突出主体的环境或需要展现人物全身行为动作的画面,如客厅中的人、跳舞的人、夜晚的高楼。

2. 远景

远景镜头的视角更加宽广,常用于展示拍摄空间环境、自然景色和人物活动大场面,强调画面的整体性。使用远景镜头拍摄短视频时,一般用来表现规模浩大的人物活动或辽远广阔的自然景观的画面,如草原、沙漠、熙攘的人群。

3. 中景

中景镜头的视角通常为人物腰部或膝盖以上的画面,常用于拍摄人物的上身动作、人物之间的交流对话等。使用中景镜头拍摄短视频时,一般用来表现场景中某个人物活动或固定空间中某处景观的画面,如做饭中的人、建筑物。

4. 近景

近景镜头的视角通常为人物胸部以上的画面,重点刻画人物的面部特征,如表情、妆容、发型、眼神。有时也会用于表现某一景物的局部状态。使用近景镜头拍摄短视频时,一般用来表现人物情感变化、动作行为或景物具体形态的画面,如墙上的一幅画、浇花的人。

5. 特写

特写镜头的视角最小,通常为人物肩部以上的画面,常用于拍摄人物的面部表情,包括表情和神态等细微动作。有时也会用于表现拍摄对象的线条、质感和色彩等局部特征。使用特写镜头拍摄短视频时,一般用来表现人物表情神态、肢体动作或其他物体细节特征的画面,如人物的眼睛、蛋糕上的草莓。

(二) 构图方法

构图是指将不同视觉元素分别放在合理的位置上,以此构建画面,突出表现主体的一种艺术形象结构配置方式。常见的构图方法有以下几种:

1. 九宫格构图

九宫格构图又称井字形构图,是指各用横、竖两条直线将整个画面等分成9个空间,将拍摄主体放置在任意两条直线的交叉点上或者9个空间格内的构图方式。九宫格构图具有突出主体、均衡画面的作用。

2. 水平线构图

水平线构图是指以一条水平线或者与水平线平行的一条直线来进行取景的构图方式。水平线构图能够使画面表现出宽阔、稳定、和谐的特征。

3. 对称式构图

对称式构图是指一条中心线通过斜向、上下或者左右分割后,将画面划分为基本对称的两部分的构图方式。对称式构图可以使整幅画面的结构呈现出对应、平衡的视觉效果。

4. 斜线构图

斜线构图是指利用倾斜的线条来引导画面视觉方向的构图方式。斜线构图可以增强画面的生动性,使画面更具立体感、延伸感和运动感。

5. 透视构图

透视构图是指利用画面中由近及远的线条所形成的延伸感,突出主体内容的构图方式。透视构图具有整齐对称、平展稳定、层次分明、增强空间感的特点。

6. 三分线构图

三分线构图是指将整个画面从横向或纵向分成3个部分,将拍摄主体放置在三分线的某一位置进行取景的构图方式。三分线构图能够通过清晰的结构和组织,创造视觉上的平衡和美感。

(三) 拍摄镜头

各种镜头的应用组合能丰富短视频内容的视觉表达效果,带给观众更加生动、身临其境的视听感受。常见的拍摄镜头有以下几种:

1. 固定镜头

固定镜头是指在摄像机机位、镜头光轴和焦距都固定不变的情况下,对拍摄对象进行记录的拍摄过程。

2. 运动镜头

运动镜头是指通过摄像机机位、镜头光轴的移动,或镜头焦距的变化,如推、拉、摇、移、跟、升、降,以此来对拍摄对象进行记录的拍摄过程。

3. 主客观镜头

主客观镜头包括主观镜头和客观镜头两种形式,主观镜头是指以被拍摄者视角展开叙事的拍摄过程;客观镜头是指以拍摄者视角展开叙事的拍摄过程。

4. 艺术表现镜头

艺术表现镜头是指用来增强画面表现力,以此塑造环境或渲染氛围的拍摄过程,包括空镜头、长镜头等。

二、短视频剪辑手法

剪辑就是将多个画面素材按照一定的逻辑关系进行合理的拼接,从而呈现出生动有趣的短视频内容。在进行短视频剪辑时,通常会用到一些剪辑手法,常用的短视频剪辑手法有以下几种:

1. 标准剪辑

标准剪辑的基本操作是将已经拍摄好的视频素材按照时间顺序进行有机组合,从而创作出最终的短视频作品。如果这个短视频没有特定的情节设计,仅仅是按照简单的时间顺序拍摄而成,那么就可以采用标准剪辑手法,将素材进行拼接处理,最终完成高质量的短视频创作。

2. J Cut

J Cut的中文解释为:声音先入,其基本操作是将下一帧画面中的音效或者音乐提前到当前画面中出现,即在当前画面未结束时就已经开始播放下一帧画面的音效,以达到一种声音先入为主的效果。这种手法常用于给视频画面引入新元素,给观众带来更加丰富的视听体验。此外,J Cut也能够让观众在音效的引导下提前接收下一帧画面的信息,增加视频效果的连贯性和吸引力。

3. L Cut

L Cut的基本操作是将上一帧画面的音效或者音乐持续延续到下一帧画面中,即下一帧画面的图像已经出现,但上一帧画面的音效或者音乐还在继续播放。通过这种方式,能够在切换画面时保留上一帧图像中的氛围和情感,从而营造出更加流畅和自然的画面过渡,提高短视频的审美感和艺术性。此外,L Cut也有利于强化上一帧图像的内容和风格,为下一帧所呈现的内容打下基础。

4. 匹配剪辑

匹配剪辑的基本操作是将相邻两个在某方面具有一致性的视频画面连接起来,从而形成一个过渡效果,常用于短视频转场。在匹配剪辑中,两个视频画面中的主要拍摄对象保持不变,但是场景会发生不同的变化。这样可以创造出跳跃感和动感,并且能够呈现一些非常酷炫的转场效果。

5. 跳跃剪辑

跳跃剪辑的基本操作是通过改变两个视频画面中的其他物品来创造出一种场景中时间流逝的感觉,可以对同一个镜头进行多次剪辑,用于在关键剧情的视频画面中,以增加镜头的急迫感。与匹配剪辑的差别在于,跳跃剪辑中,两个视频画面中的场景不变,但其他元素被剪辑后,创造了时间上的跳跃感。这种方法可以帮助创作者呈现更加生动、紧凑的短视频效果。

6. 动作剪辑

动作剪辑的基本操作是在人物角色或拍摄主体仍在运动时进行切换。动作剪辑可以确保短视频画面的连贯度,能够为短视频创造出更加流畅、自然的视觉效果。在动作剪辑中,需要留意的是,并不一定需要在动作完成后才进行剪辑,可以根据人物角色的运动路径和施展方向等进行设置,既能够剪接前者的运动轨迹,也能够剪接后者的动作成效,从而制造出一种流畅自然且美观的短视频画面。

7. 交叉剪辑

交叉剪辑的基本操作是通过来回切换画面来建立不同场景之间的交互关系。在影视剧中,交叉剪辑经常被应用于描述人物间的电话交流等场景,以便更生动地刻画角色之间的情感互动。与此类似,短视频制作也可以利用交叉剪辑来提升短视频的节奏感,增强内容的张力并制造悬念,从而吸引用户的注意力。通过在不同场景之间频繁切换画面,交叉剪辑可以生动地展现出多个场景之间的联系,呈现出更加生动、有趣的视觉效果。

8. 蒙太奇

蒙太奇的基本操作是通过将不同的画面按照一定的顺序和时长组合在一起,来表达某种主题或情感。这种剪辑手法可以将相关或不相关的画面通过转换、对比、对话等方式联系在一起,从而营造出一种独特的视觉和情感效果。同时,这种剪辑手法也可以用来描绘人物心理变化,表现时间和空间的感觉,增强影片的戏剧性等。

三、短视频剪辑的基本功能

在此以热门的剪辑工具剪映为例,介绍短视频剪辑的基本功能。剪辑的常用功能包括:剪辑、音频、文字、贴纸、画中画、特效、素材包、滤镜、比例、背景和调节。在使用剪映移动端进行剪辑时,其基本功能操作如下。

(一)音频处理

处理音频也是剪辑工作的重要组成部分,通常是根据短视频内容的风格选择适合的人声、音效和背景音乐,甚至使用专业的配音。短视频音频处理包括音画分离、消除噪声和设置背景音乐。

1. 音频分离

音频分离是指在处理短视频中的音频时,对于同步录音的短视频,需要将音频和画面分割开。在使用剪映移动端进行声画分离时,具体操作方法为:将需要剪辑的短视频导入之后,点击"剪辑",如图3-6所示,选择"音频分离"选项,如图3-7所示,这样就可以将短视频内容的原声和短视频画面分离开来。

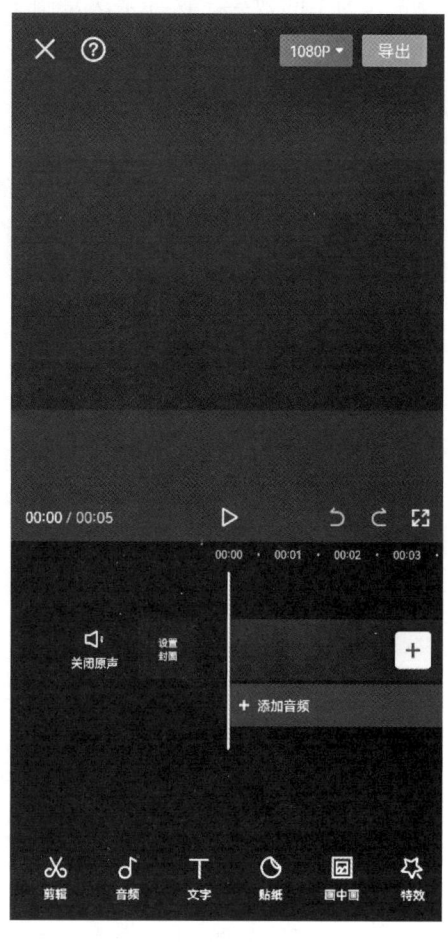

图3-6　点击"剪辑"

图3-7　选择"音频分离"

图3-8 选择"降噪"

图3-9 选择"音乐"

2. 消除噪声

噪声会严重影响用户浏览短视频的视听体验，给用户对声音内容的识别造成困难。因此，在剪辑短视频时，应消除短视频素材中的噪声。在使用剪映移动端进行噪声消除时，具体操作方法为：将需要剪辑的短视频导入之后，点击"剪辑"，选择"降噪"选项，如图3-8所示，接着打开降噪开关，并点击"√"确认操作，这样就可以在一定程度上消除短视频中的噪声，使短视频的原声更加清晰。

3. 设置背景音乐

背景音乐通常需要结合短视频的内容主题、节奏、环境氛围、情感烘托等要素来综合选择。选择的背景音乐要适合短视频画面氛围与节奏，能够与短视频内容协调一致，增强短视频画面的感染力，提升用户的代入感。在使用剪映移动端设置背景音乐时，具体操作方法为：将需要剪辑的短视频导入之后，点击"音频"，选择"音乐"选项，如图3-9所示，在添加音乐页面选择合适的音乐下载并使用，如图3-10所示，这样就可以完成短视频内容背景音乐的添加设置。

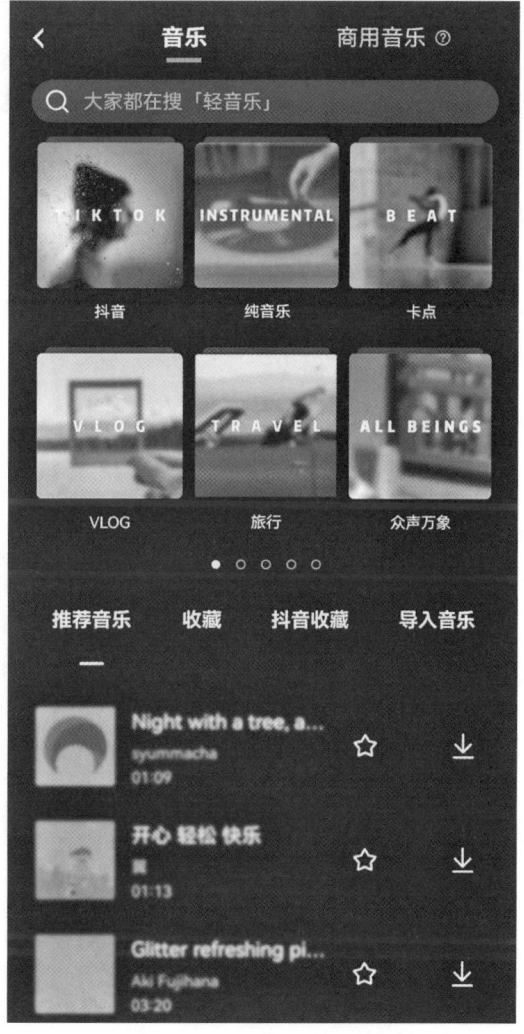

图3-10 下载并使用音乐

（二）字幕制作

字幕是短视频创作的重要组成部分,用户从字幕内容中可以更加直观准确地了解短视频画面所要传递的信息。短视频制作字幕的方法比较简单,通常在需要添加字幕的视频画面中输入对应的文本即可。除此之外,很多短视频剪辑软件也具备自动识别并添加字幕的功能,直接可以利用自动识别并添加字幕完成短视频字幕的制作。

在使用剪映移动端进行短视频字幕制作时,具体操作方法为:将需要剪辑的短视频导入之后,然后点击"文字",选择"新建文本"选项,如图3-11所示,在弹出的对话框内输入需要添加的字幕内容,如图3-12所示,或者选择"识别字幕"选项,确定短视频内容需要识别字幕的区域,即"全部"或"仅视频",并打开"标记无效片段",勾选"同时清空已有字幕",设置完成后点击"√"确认操作,如图3-13所示,这样就可以完成短视频字幕的制作。

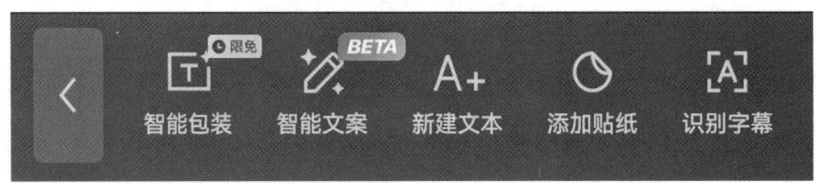

图3-11　选择"新建文本"

图3-12　字幕添加

图3-13　识别字幕

（三）特效制作

特效是指短视频中画面的特殊效果。通常短视频剪辑软件中都自带特效，创作者在剪辑时可以直接应用。剪映中内置了多种类型及风格的特效，包括画面特效、人物特效和图片玩法、AI特效，如图3-14所示，每类中又有其各自的特效风格划分，例如画面特效有镜头模糊、眩光转移、镜头变焦、泡泡变焦等多种具体的基础特效，可以满足大多数短视频场景下的使用需求。

图3-14　剪映中特效类型

步骤1：短视频拍摄

步骤1.1：根据脚本分解镜头

小静浏览完短视频脚本，在初步了解了短视频拍摄的内容之后，结合实际拍摄需求，从景别、镜头等方面入手，对短视频脚本进行了分镜拆解。拆解完成后的分镜头脚本如表3-5所示。

表 3-5　拆解完成后的分镜头脚本

序号	拍摄场景	画 面 内 容	景 别	镜头	时长/s	备注
1	果园	苹果成熟，果园里硕果累累，果园里有采摘苹果的农人，小静在介绍运城苹果	远景	固定镜头	3	
2	果园	小静在采摘苹果	中景	固定镜头	5	
3	果园	小静掰开苹果展示，并品尝评价	近景+特写	推镜头	8	
4	工厂	小静介绍苹果分选车间	远景	固定镜头	2	
5	工厂	苹果倒入水池清洗，小静用手舀起水池中的水喝，证明水源干净	中景+近景	跟镜头	5	
6	工厂	苹果进入烘干车间	近景	移镜头	4	
7	工厂	苹果进入分选车间	近景	移镜头	4	
8	工厂	苹果进入内部检测车间	近景	移镜头	4	
9	工厂	苹果进入人工手选流程	中景+近景	升降镜头	5	
10	工厂	小静拿出苹果展示，并掰开苹果品尝、展示、评价	近景+特写	跟镜头	8	

步骤1.2：根据脚本拍摄分镜头

镜头分解完成后，小静就需要组建短视频拍摄团队，准备好相机、稳定器、三脚架、灯光设备等拍摄器材，并结合拍摄现场的实际情况，根据分镜头脚本完成短视频素材的拍摄。在拍摄过程中，为了呈现出更好的拍摄效果，小静结合景别的变化以及镜头的运用，灵活运用画面构图技巧，突出拍摄主体，从而完成运城苹果生产流程的记录。

步骤2：短视频剪辑

使用移动端工具剪辑短视频，具有随时随地、方便快捷的优势。小静了解了移动端短视频剪辑工具——剪映的使用方法之后，在手机上使用剪映对拍摄好的运城苹果生产流程短视频内容进行了剪辑。具体操作步骤如下。

步骤2.1：打开剪映移动端，添加短视频素材

点击已下载到手机桌面的剪映APP图标，阅读并同意用户隐私协议及使用协议，然后点击"开始创作"按钮，如图3-15所示，选择需要导入的短视频素材，为了使最后呈现的短视频画面更加清晰，可以勾选"高清"选项，并点击"添加"按钮，如图3-16所示，完成短视频素材的导入。

图3-15　开始创作

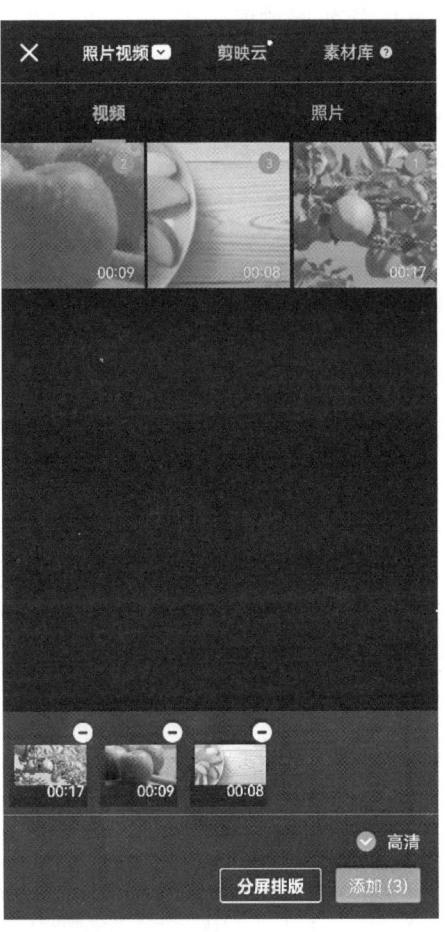

图3-16　添加并导入素材

步骤2.2：素材剪辑

原短视频素材中有些素材多余，需要删除，于是，小静对短视频素材进行了初步剪辑。小静左右滑动进度条，查看素材内容，然后在菜单栏选择"剪辑"—"分割"，对素材内容进行裁剪，如图3-17所示，接着选择需要删除素材的片段，点击"删除"，即可完成对应素材的删除。

步骤2.3：变速

完成素材剪辑后，小静发现在原短视频素材中，人物的操作速度比较慢，因此需要对短视频的播放速度进行整体性的调整。这时，小静在菜单栏选择"剪辑"—"变速"，如图3-18所示。

变速分为常规变速和曲线变速两种形式，其中常规变速是对短视频的速度进行调整，并进行声音变调、智能补帧。

曲线变速包括蒙太奇、英雄时刻、子弹时间等速度变化状态，如图3-19所示，用户可以结合短视频内容直接选择应用，也可以自定义变化速度。

图3-17　对素材进行分割裁剪

图3-18　选择"变速"

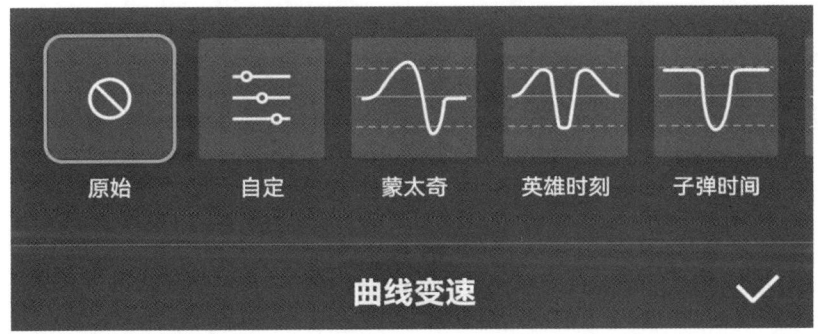

图3-19　曲线变速

小静只需要对短视频的播放速度进行整体调整，因此可选择常规变速，并设置常规变速为2x，设置完成后点击"√"确认操作，如图3-20所示。

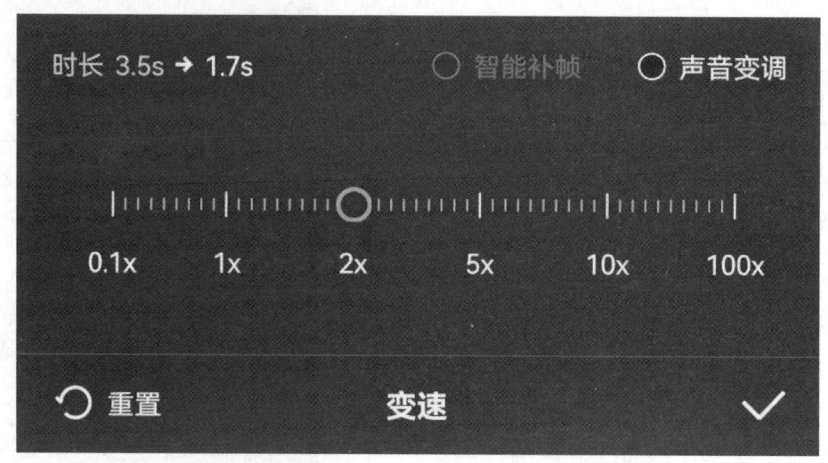

图3-20　常规变速设置

步骤2.4：消除噪声

　　为了避免噪声影响短视频的视听效果，需要消除短视频中的背景杂音。小静在菜单栏选择"剪辑"—"降噪"选项，如图3-21所示，对短视频素材进行了降噪处理。

图3-21　选择"降噪"

步骤2.5：添加背景音乐

　　为了让短视频内容更具渲染力，需要给短视频添加背景音乐，烘托氛围。剪映为用户提供了庞大的音乐库，根据曲风和适用场合进行了分类排行，满足用户多样化的需求。小静选择"音频"—"音乐"，如图3-22所示，在搜索框中搜索与丰收相关的音乐，然后下载使用，如图3-23所示，并拖动背景音乐剪裁框后端，使其与短视频长度保持一致，如图3-24所示，从而完成背景音乐的添加。

图3-22　选择"音乐"

图3-23 下载并使用背景音乐

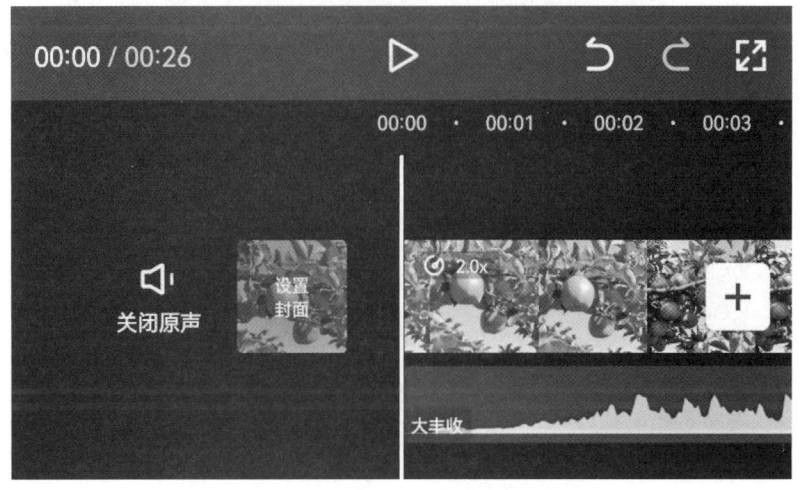

图3-24 背景音乐设置

步骤2.6：添加字幕

为了便于用户更加清楚地了解短视频内容，需要给短视频素材添加字幕。小静选择"文字"—"识别字幕"，如图3-25所示，并对系统自动识别的字幕进行浏览、审核及修改，完成了短视频字幕的添加，如图3-26所示。

图3-25　识别字幕设置　　　　　　　　　　　　图3-26　完成字幕设置

步骤2.7：添加滤镜

为了增强短视频画面的质感，使画面内容更加生动，可以通过添加滤镜的方式对短视频画面适当调色。小静点击"滤镜"，在滤镜的"风景"类型中选择"忽风"，如图3-27所示，使画面视觉效果看起来更加明亮，与短视频的氛围相贴合。

图3-27　选择"忽风"滤镜

步骤2.8：添加特效

为了使画面效果更加丰富，可以通过添加特效的方式对短视频画面进行处理，从而持续吸引用户的注意力。小静点击"特效"，在"画面特效"中选择"变清晰"和"渐隐闭幕"，如图3-28所示，分别作为短视频开头和结尾的画面特效。

步骤2.9：检查并导出

短视频素材剪辑、编辑完成后，小静对剪辑好的短视频内容进行了全面检查。检查无误后，小静点击右上角的"1080P"，设置导出视频标准，包括分辨率、帧率，如图3-29所示，完成后点击"导出"按钮，如图3-30所示，剪辑好的短视频会自动保存到手机相册和剪映草稿中。

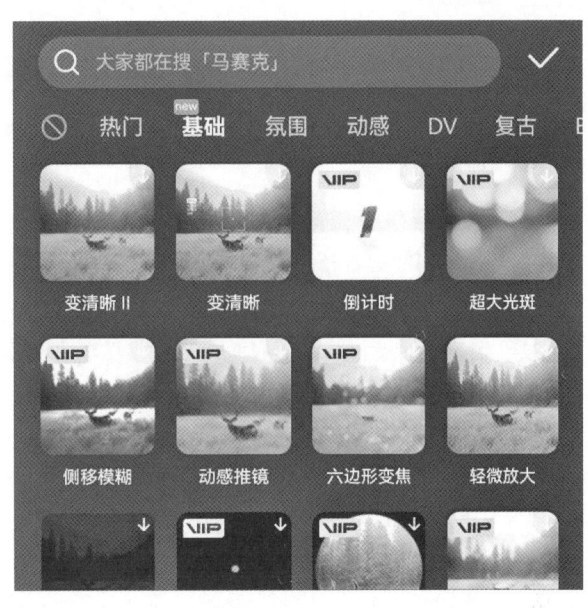

图3-28　添加特效

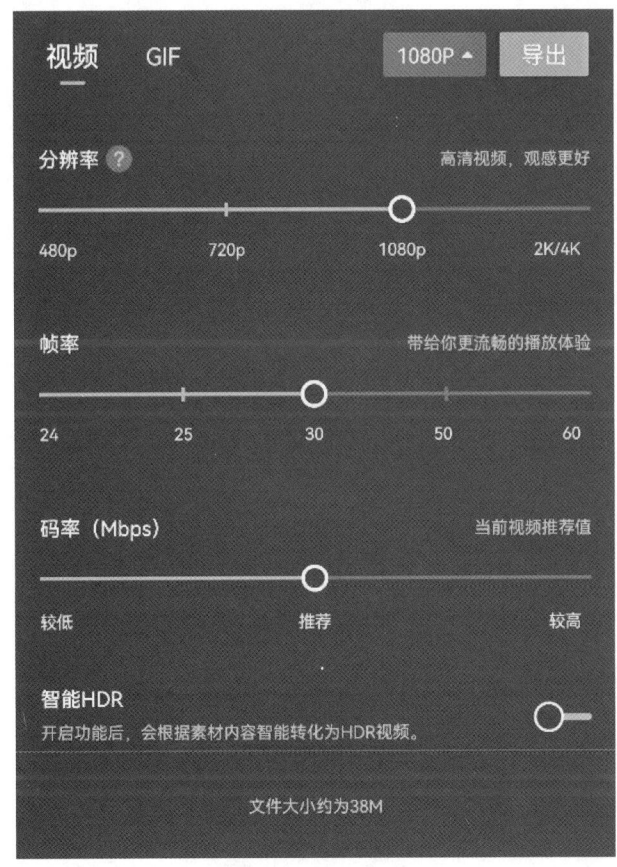

图3-29　短视频输出设置

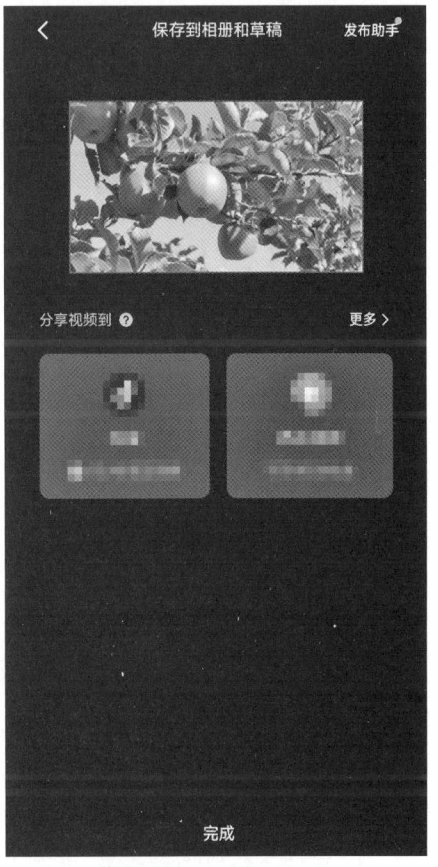

图3-30　短视频导出

短视频拍摄的技巧

在拍摄短视频素材时,需要掌握以下几个技巧。

1. 镜头稳定

在拍摄短视频时,拍摄者需要注意稳定镜头,以保证画面的清晰度和稳定性。对于手持拍摄设备,拍摄者需要保持稳定手势,避免震动和晃动。如果拍摄时间较长或需要拍摄运动镜头,可以使用三脚架、稳定器等拍摄器材,来进一步固定镜头,减少因镜头抖动而造成的画面模糊和失真问题,从而获得更加清晰、稳定的画面效果。这些拍摄器材的使用可以提高拍摄的质量和稳定性,同时增加制作短视频的灵活性和多样性。

2. 对焦精准

拍摄短视频时,对焦是非常重要的一项技能。如果拍摄对象或拍摄器材的移动导致失焦,那么画面会变得模糊,缺乏清晰度和流畅性。所以,拍摄者在拍摄前需要调整好对焦机制,以确保能够准确聚焦在主题对象上。在拍摄过程中,拍摄者需要不断观察画面,及时做出对焦调整,以保证画面的清晰度和流畅性。如果出现失焦的情况,可以重新调整对焦机制,或者调整拍摄角度、距离等来避免失焦。这样才能够有效保证短视频画面的质量和视觉效果。

3. 注意光线

在拍摄短视频时,光线是非常重要的因素,它直接影响到画面的呈现效果。在弱光环境下,画面容易出现噪点和影响美感,因此拍摄者需要注意打光、补光,来保证画面的明亮度和色彩鲜艳度。同时,强光环境下,画面很容易出现过度曝光,导致画面失真,这时候需要做好光线的遮挡,如使用遮光板、调整拍摄角度等方法,来减少过度曝光对画面的影响。拍摄者还需要根据不同场景和主题对象的特点,灵活调整光线的角度和强度,以获得画面最佳的光线效果。

尊重原创,
短视频不能
随便"搬"

 任务思考

在进行短视频拍摄时,需要注意哪些问题?

任务四　短视频效果监控与分析

任务背景

经过一段时间的运营,小静的短视频账号累积了越来越多的粉丝。为了了解近期短视频的营销效果,小静需要对近期短视频传播相关数据进行监控分析,并从中发现当前短视频运营过程中存在的问题及优化方向。

请问:短视频效果分析渠道有哪些?短视频效果分析的数据指标有哪些?

🖥 知识准备

一、短视频效果分析渠道

在进行短视频营销时,创作者需要对营销效果进行数据分析,以便优化营销策略,从而提高短视频的影响力。常见的短视频数据采集渠道有以下两种方式:

(一)账号后台采集

短视频平台一般会提供账户后台管理系统,其中会有对各个短视频的数据统计,包括短视频的浏览量、互动人数、点赞转发等。运营人员可以通过账号后台查看并分析每个短视频的营销效果,从而作出相应的改进措施。

(二)第三方数据分析工具采集

除了账号后台外,市场上还有很多专门为用户提供短视频数据分析的第三方数据分析平台,如新榜、飞瓜数据、卡思数据、蝉妈妈。这些平台可以对用户数据、用户行为和用户特征进行深入分析,帮助创作者更精准地了解用户行为、短视频营销效果和目标受众等,从而为营销决策提供数据支持。此外,这些平台还可以对短视频在各个平台上的表现进行比较,从而找出最佳的营销平台并优化策略。不过,使用第三方平台也需要注意保护用户隐私和数据安全。

二、短视频效果分析的数据指标

在对短视频营销数据进行监控分析时,需要抓住核心数据指标。一般而言,短视频营销数据监控与分析的基础数据指标包括播放量、点赞量、评论量、转发量、收藏量等,具体如表3—6所示。

表3—6 短视频营销基础数据指标

数据指标	说　　明
播放量	播放量是指短视频在某个时间段内被用户观看的次数,代表着短视频的曝光量。它是衡量用户观看行为的重要指标,短视频的播放量越高,说明短视频被用户观看的次数越多
点赞量	点赞量是指短视频被用户点赞的次数。它反映了短视频受用户欢迎的程度,短视频的点赞量越高,说明用户越喜欢这条短视频
评论量	评论量是指短视频被用户评论的次数,它反映了短视频引发用户共鸣、引起用户关注和讨论的程度

数据指标	说　　　明
转发量	转发量是指短视频被用户分享的次数。它反映了短视频的传播度,短视频被转发的次数越多,所获得的曝光机会也就越多,播放量也会增长
收藏量	收藏量是指短视频被用户收藏的次数。它反映了用户对短视频内容的喜爱程度,体现了短视频对用户的价值。用户在收藏短视频后很可能会再次观看,从而提高短视频的播放量

由于短视频的播放量、点赞量的数据浮动情况较大,例如不同话题的短视频的播放量有时会产生几倍甚至是十几倍的差距,此时再单纯去看基础数据指标显然无法客观评估其现实情况,此时就需要用到比较稳定且有规律性的比率型指标。短视频比率型数据指标包括完播率、点赞率、评论率、转发率、收藏率等,具体比率型数据指标如表3-7所示。

表3-7　比率型数据指标

数据指标	计　算　方　式	说　　　明
完播率	完播率=短视频的完整播放次数÷播放量×100%	短视频的完播率越高,获得系统推荐的概率就越高
点赞率	点赞率=点赞量÷播放量×100%	短视频的点赞率反映了短视频受欢迎的程度,短视频的点赞率越高,所收获的推荐量就越多,进而提高短视频的播放量
评论率	评论率=评论量÷播放量×100%	评论率反映了用户在观看短视频后进行互动的意愿
转发率	转发率=转发量÷播放量×100%	转发率反映了用户在观看短视频后向外推荐、分享短视频的欲望,通常转发率越高,越能为短视频带来更多的流量
收藏率	收藏率=收藏量÷播放量×100%	收藏率反映了用户对短视频内容的肯定程度

任务实施

步骤1:采集短视频营销数据

抖音平台的内容传播数据,既可以通过创作者服务平台查看,也可以通过第三方数据平台查看。小静选择创作者服务平台来了解该账号的短视频内容的营销数据,后台实时统计的短视频传播数据如图3-31所示。

在创作者服务平台的视频数据模块,可以查看核心数据趋势、作品数据、粉丝画像和创作周报。小静根据分析需求,在该模块采集到相关数据,包括播放量、点赞数、分享数、评论数、净增粉丝等,为分析账号的作品发布情况、视频播放量、互动指数、粉丝净增量等提供数据支撑。

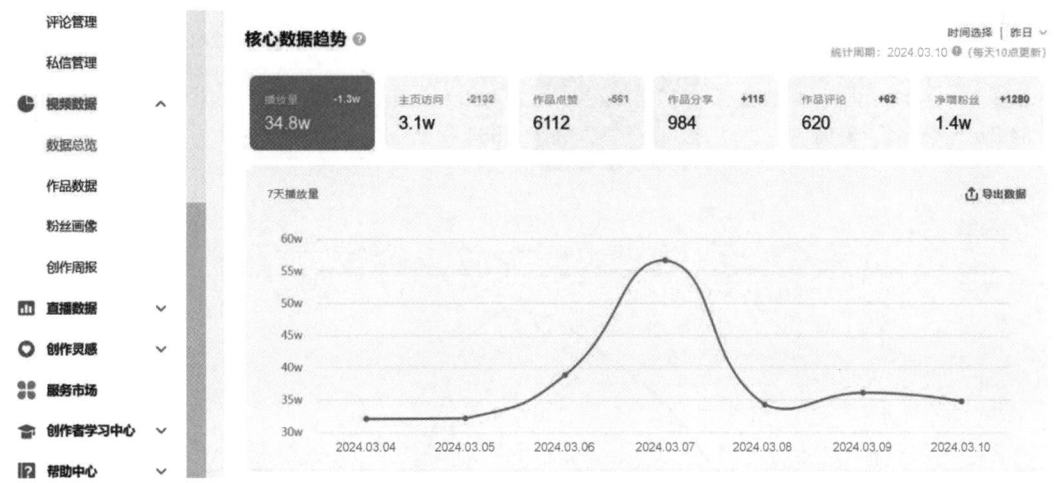

图 3-31　短视频传播数据

步骤 2：分析短视频营销数据

基于短视频核心数据趋势图可以对作品情况进行分析。在创作者服务平台的 7 日数据趋势图上，小静定位至关键时间节点上，可以查看到具体数据，例如 2024 年 3 月 7 日的播放量最高，可以查看到当天播放量为 56.7 W 次，相较于 2024 年 3 月 6 日上涨了 45.99%，如图 3-32 所示。

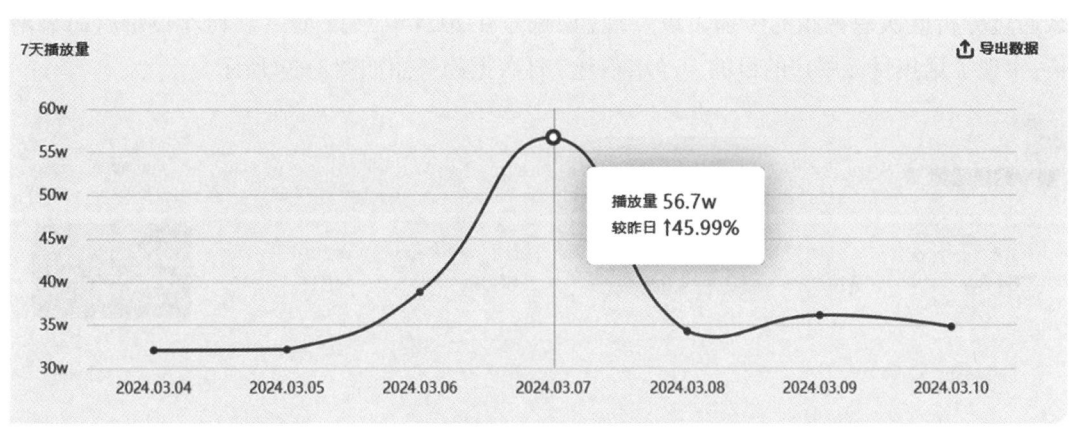

图 3-32　短视频 7 日数据趋势图

例如选择数据指标中的"作品点赞"，进入 7 日作品点赞数据趋势图中，如图 3-33 所示，将鼠标定位至 2024 年 3 月 10 日，可以看到作品点赞数为 6 112，相较于 2024 年 3 月 9 日，其点赞数据下降了 8.41%。同时，在趋势图上也可以看到，该作品最高点赞数据在 2024 年 3 月 7 日，与播放量趋势图的走势一致。

小静用同样的方式，对短视频的其他数据指标——进行分析，最终了解短视频在最近 7 天内的总体传播情况。

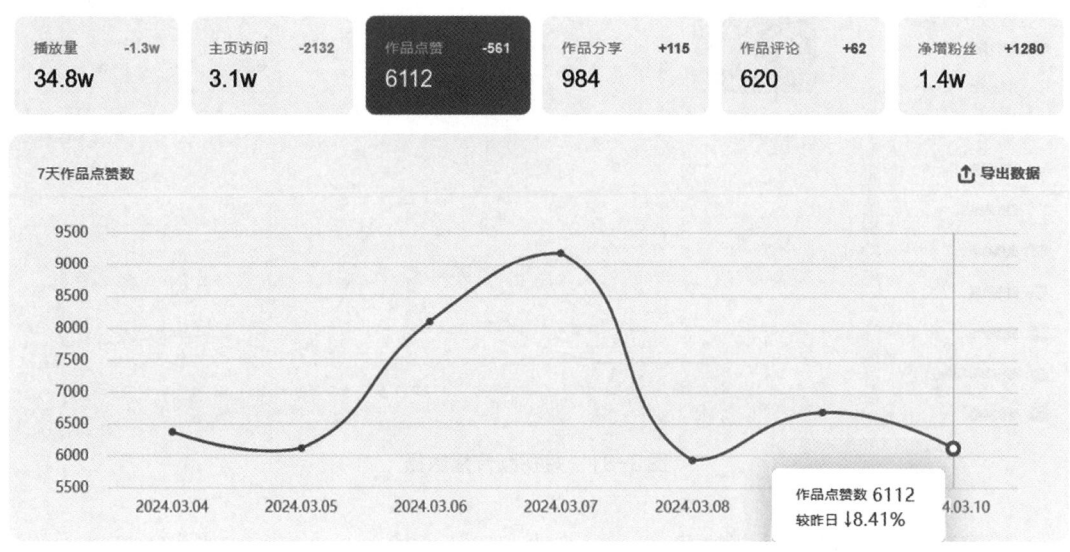

图 3-33　7 日作品点赞趋势图

步骤 3：总结短视频营销效果

通过分析短视频的传播情况，再结合短视频策划时的营销目的，可以总结短视频营销所达成的效果。小静在策划短视频内容时，确定的目的是提升粉丝量，聚焦更多精准用户。那么通过分析此次短视频的传播可以发现，该账号在 2024 年 3 月 6 号之后粉丝数量有明显增长，实现了聚焦目标用户的目的。净增粉丝 7 日数据趋势图如图 3-34 所示。

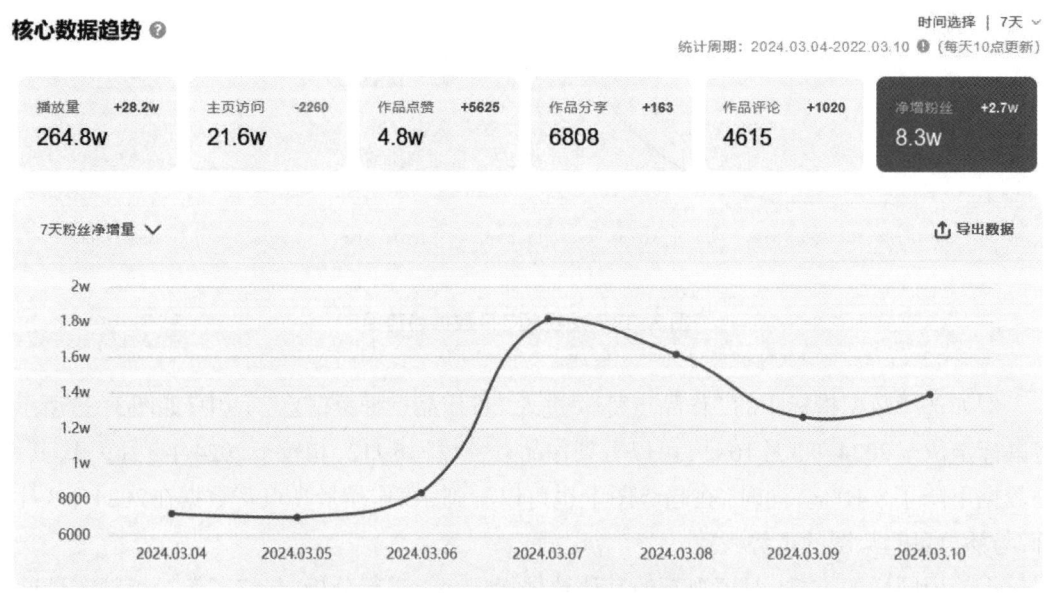

图 3-34　净增粉丝 7 日数据趋势图

小静通过总结,发现此次短视频营销基本达成了营销目标,在2024年3月4日至2024年3月10日期间内,账号的粉丝量增长了8.3万人。

步骤4:复盘短视频营销经验

除了总结出此次短视频营销的效果之外,还需要复盘出此次短视频营销过程中的不足与特色,优化短视频营销的流程与方法,为下一次短视频营销策划提供建议。小静对此次短视频营销总结出了以下两点建议:

(1)在短视频内容的选择上,需关注当前粉丝的建议,完善视频内容,再根据用户选择农产品的需求,多拍摄一些有趣且有意义的视频。

(2)在产品推荐方面,对于产品选择流程还需要再优化,尽可能选择用户喜爱度高、易于运输保存的产品,以提升用户好感度,从而达到营销的目的。

至此,小静完成了短视频营销的数据分析工作,就可以开展下一期短视频的内容策划工作了。

知识拓展

短视频营销数据分析的作用

对于短视频营销来说,数据监控分析的作用主要表现在以下三个方面:

1. 指导短视频内容创作的方向

短视频账号刚开通时,短视频创作者对短视频市场和选题方向的把握可能还不是足够精准。这时,通过数据监控分析可以为创作者提供全面准确的指导,帮助创作者选择适合的创作方向和内容,提高短视频的质量和吸引力。

2. 确定运营重心

对于短视频创作者而言,要考虑在哪个平台进行重点运营是一个关键问题。短视频平台很多,要么深耕某一平台,要么全网铺开,这需要创作者根据自身的资源状况进行选择。普通短视频创作者在缺乏相关资源的情况下,选择一个发展较好的平台进行重点运营,可以有效提高运营效率,减少运营成本。

3. 优化短视频内容

短视频发布后的营销效果是由用户来决定的。短视频创作者和运营者需要在每次短视频发布后进行综合分析和总结,并不断提高短视频拍摄水平、优化短视频内容,以便发布更受用户欢迎的视频内容。这是实现短视频创作和运营目标的关键,同时也是一个不断完善和提高自己的过程。

任务思考

在进行短视频效果分析时,其核心数据指标都有什么?

 **素养提升**

保护原创，提高版权意识

近年来，短视频凭借短小精悍、传播速度快、互动性强等优势，迅速成为人们热衷的一种休闲娱乐方式。随着短视频用户人数的不断增长，各大短视频平台也不断在内容和形式上作出创新，不少人开始利用短视频记录并分享生活，也有很多企业借助短视频开展营销活动，拓展销售渠道。但是，短视频行业在高速发展的同时，未经授权擅自使用他人创作内容这种违反著作权相关规定的事情也时有出现。通过对短视频著作权侵权案例的分析，侵权类型主要包括：将他人制作的短视频发布到网络上进行传播、利用他人作品通过表演等方式制作短视频以及利用他人制作完成的视频或作品进行重新组合，制作短视频发布到网络上进行传播。根据著作权法相关法条规定，短视频只要具有独创性的表达并且符合以类似摄制电影方法创作的作品，就应当受到著作权法的保护。侵犯著作权或者与著作权有关的权利的，侵权人应当按照权利人因此受到的实际损失或者侵权人的违法所得给予赔偿。

为了保护原创作者利益，使原创作者保持创作热情和创作动力，激发短视频创作活力，营造良好的短视频创作环境，政府相关主管部门应该提高监管力度，加强宣传教育，推动形成全社会的著作权保护氛围，让人们意识到合法使用和保护原创作品的重要性。各大短视频平台应积极采取措施，建立完善的版权保护机制，提供便捷的举报渠道，加强对未经授权使用他人创作内容的监测和惩罚力度，及时处理侵权行为。另外，从个人角度来说，短视频创作者也应该提高自我对著作权保护的认知，加强对原创作品的尊重和支持，避免盲目转载和盗用他人作品的行为。

总之，在短视频行业快速发展的背景下，只有相关部门不断完善相关法律法规，各大平台不断加大监测处理力度，人们不断提高版权意识，这样才能建立一个良好的著作权保护体系，促进短视频行业的健康发展。

 **技能自测**

一、单项选择题

1. 短视频内容要传递出正确的价值观念，这样才更容易打动用户。这体现了短视频账号定位时要遵循（　　　）。

   A. 垂直性原则 　　　　　　　　　　　　 B. 差异性原则

   C. 价值性原则 　　　　　　　　　　　　 D. 规范性原则

2. 对拍摄内容起到提示作用,适用于一些不易掌握和预测的拍摄内容的短视频脚本类型是( )。

A. 拍摄提纲
B. 文学脚本
C. 分镜头脚本
D. 全镜头脚本

3. ( )是指拍摄镜头与拍摄对象之间距离的远近。

A. 镜头景别
B. 构图方式
C. 画面内容
D. 拍摄场景

4. ( )是指一条中心线通过斜向、上下或者左右分割后,将画面划分为基本对称的两部分的构图方式。

A. 三分线构图
B. 透视构图
C. 对称式构图
D. 九宫格构图

5. 需要拍摄人眼泪滑落的过程,用来表现人物悲伤的情绪,可以使用( )景别。

A. 特写
B. 远景
C. 中景
D. 近景

二、多项选择题

1. 短视频创作者可以从( )等方面入手进行账号定位。

A. 创作领域
B. 目标用户
C. 盲从热点
D. 个人优势

2. 短视频内容策划的基本原则包括( )。

A. 符合账号定位
B. 立足用户角度
C. 创造有价值的内容
D. 以自己喜好为中心

3. 下列属于短视频脚本作用的有( )。

A. 理清短视频创作思路
B. 理清短视频创作方向
C. 缩短短视频制作周期
D. 提高短视频制作质量

4. 通常用来增强画面表现力,以此塑造环境或渲染氛围的拍摄过程的艺术表现镜头包括( )。

A. 空镜头
B. 长镜头
C. 主观镜头
D. 主观镜头

5. 下列属于短视频剪辑的基础规则的有( )。

A. 主题突出,合乎逻辑
B. 主体突出,主次分明
C. 衔接紧凑,流畅自然
D. 整合素材,色调统一

三、判断题

1. 短视频账号的头像就如同标识一般,可以帮助用户快速认识自己,所以头像可以凭借短视频创作者的个人喜好随意设置。 ( )

2. 固定镜头是指在摄像机机位、镜头光轴和焦距都固定不变的情况下,对拍摄对象进行记录的拍摄过程。 （ ）

3. 添加字幕时,剪映APP不能使用自动识别字幕的方式。 （ ）

4. 访谈类短视频是指以情节为基础,通过叙述一个有趣且有吸引力的故事来引起观众的兴趣和共鸣,以提供娱乐和启示的短视频。 （ ）

5. 除了账号后台外,市场上还有很多专门为用户提供短视频数据分析的第三方数据分析平台,如新榜、飞瓜数据、卡思数据、蝉妈妈等。 （ ）

四、技能训练题

请同学们拍摄一段记录校园日常生活的短视频,时长控制在3分钟以内,并使用剪映APP对拍摄好的短视频进行剪辑,包括消除噪声、设置背景音乐、制作字幕、添加特效,使其呈现出更好的视觉效果。

项目四

直播营销

学习目标

 知识目标

❖ 了解常见的直播平台
❖ 熟悉直播平台选择的方法和直播产品选择的基本原则
❖ 了解直播脚本的类型
❖ 熟悉不同类型直播话术策划的方法
❖ 了解直播预热的渠道及形式
❖ 了解直播过程分析的方法
❖ 熟悉直播数据分析的核心指标

 能力目标

❖ 能够结合直播定位及直播内容，选择合适的直播平台
❖ 能够结合用户需求及营销需求，选择合适的直播产品
❖ 能够结合直播主题及目标，完成整场直播活动的策划实施
❖ 能够结合直播复盘需求，采集相应的直播数据并完成直播复盘

 素养目标

❖ 具备一定的内容创作能力及推广意识，能够撰写出符合需求的直播脚本，并通过直播推广帮助企业达到营销目的
❖ 遵守《网络直播营销行为规范》等相关法律法规

学习导图

直播营销
- 直播平台选择
  - 进行直播定位
  - 确定直播内容
  - 对比分析平台
  - 选择直播平台
- 直播产品选择
  - 分析直播用户需求
  - 直播选品定位
  - 亲测好物
  - 产品测试
  - 综合评比
- 直播营销策划与实施
  - 确定直播主题与目标
  - 布置直播间
  - 明确直播人员岗位分工
  - 撰写直播脚本
  - 确定直播预热方式
- 直播效果监控
  - 数据采集与整理
  - 数据分析
  - 总结

案例导入

　　某食品品牌致力于提供天然、有机的健康食品，为了进一步拓展市场，该品牌希望通过直播营销推广，扩大品牌知名度，增加销售量。

　　由于抖音平台有着庞大的用户群体，用户流量大，于是该品牌以抖音平台作为主要直播阵地，注册账号并开通直播功能。经过一段时间的运营，该账号累积了一定的粉丝基础。运营人员认为可以开始选择合适的直播产品，并策划实施直播活动。在直播产品选择方面，该品牌选择与品牌定位和价值观相符,并且具有一定的市场热度,性价比较高的健康食品。在直播策划时,运营人员从团队组建、脚本策划、直播场景搭建等方面入手,做好了充分的准备工作。并在直播开始前,在微博、微信公众号等渠道进行预热引流,吸引更多用户准时观看直播。直播中,各个岗位的人员按照直播脚本上的流程和节奏做好自己的本职工作。主播负责讲解产品,中控配合主播进行产品的上下架,场控带节奏维护直播间的互动气氛,客服及时回复用户的信息。

通过精心策划和执行直播营销活动,该食品品牌成功提升了品牌知名度和销售量。有效的互动和购物导流机制以及丰富有趣的直播内容为品牌树立了良好的形象,吸引了更多目标受众的关注并促成了购买行为。

案例思考:

通过阅读案例,思考并回答以下问题:

(1)直播营销包括哪些流程?

(2)直播营销的优势表现在哪些方面?

任务一　直播平台选择

任务背景

某零食企业在多个新媒体平台上开通账号,对企业产品进行宣传。长时间的精心运营,为账号累积了大量的粉丝基础。为了进一步提升用户流量价值,实现产品销量新增长,该企业决定通过直播营销的方式开展促销活动。对此,部门经理安排小张选择合适的直播平台,为直播营销活动的开展做好准备。

请问:不同直播平台的特点有什么不同?直播平台选择的流程包括哪些?

知识准备

一、直播平台

常见的直播平台有以下几种。

(一)淘宝直播

淘宝直播是淘宝平台推出的一项功能,专注于生活消费,为用户提供专业的购物指引,主播可以通过直播展示商品和宣传活动等方式,在直播间与用户进行深度互动、沉淀粉丝,帮助商家提升销售和用户的购物体验。平台定位为消费类直播,直播内容涵盖了母婴、美妆、潮搭、美食、运动等,让用户能够在不退出直播的情况下就可以直接下单主播推荐的商品。

(二)抖音直播

抖音直播是抖音平台推出的一项功能,平台用户偏好于演艺、生活、美食、情感、文化、影视等方面的内容,许多热门博主和明星会在抖音平台上进行直播,为用户提供丰富的内容。另外,符合条件的内容创作者都可以开通直播,粉丝在直播间可以通过连线、评论、打赏等方式进行互动,随着平台的发展,抖音引入了电商变现模式,能够让粉丝实现边看边买。

(三)快手直播

快手直播是快手平台推出的一项功能,用户可以在平台上进行音乐、美食、美妆、健康、旅游等不同类型的直播。快手的直播分为生活内容和电商内容两大部分,生活内容多以娱乐、分享为主,直播一些有趣的内容;电商直播则是一些在平台积累了大量粉丝的网络红人或名人通过在线商品推销实现变现的目的。

(四)多多直播

多多直播是拼多多平台推出的一项功能,平台会将直播功能开放给有带货能力或潜力的合作方,支持他们进行商品展示和推广,并提供多种促销活动。多多直播主要是面向拼多多的用户,帮助合作方实现销售增长,推广商品,提升合作方用户黏性和流量转化效率。

二、直播平台选择的方法

在进行直播平台选择时,需要掌握以下几种选择方法:

(一)根据目标群体选择

不同的直播平台有着不同的用户基础和受众群体。了解目标群体的年龄、兴趣、性别等因素,选择与目标群体匹配的平台,能够有效提升直播营销效果。例如,抖音直播的目标群体是具有年轻化、娱乐化需求的用户,淘宝直播的目标群体主要是喜欢网购、追求新潮商品、喜欢互动购物体验的消费者群体。

(二)根据平台功能选择

每个直播平台都有不同的特点和功能,所以需要根据直播内容和需求来选择平台,从而使直播营销效果最大化。例如淘宝直播可以与天猫、淘宝、闲鱼等平台进行多平台联动,而其他直播平台目前并不能实现此功能。

(三)根据平台直播条件选择

由于不同平台的直播条件不同,其开通平台账号和入驻平台的要求和条件也各不相同,包括注册和审核流程、开设频道的限制、广告分成机制以及版权政策等。在选择平台时,需要对这些方面进行充分了解,并确保自己符合平台的要求和条件。例如,在抖音直播间销售商品,必须开通"商品橱窗"功能或者"抖音小店",获得商品分享权限,但开通"商品橱窗"

必须同时满足一定的条件。

任务实施

步骤1：进行直播定位

直播定位，即明确直播的目的和目标用户群体。该零食企业想要通过直播营销的方式加强与用户之间的互动交流，提升产品销售量。因此，小张将直播目的确定为拉新促活，提升销量。另外，通过对各平台账号互动用户以及购买产品用户的年龄、性别、职业等多维度的分析，小张发现，目标用户呈现年轻化态势，主要是30岁左右的白领，且女性居多。用户购买产品主要作为娱乐时间的休闲零食，或者用于充饥。

步骤2：确定直播内容

直播平台不同，其直播功能也具有一定的差异性。在选择直播平台时，企业还需要考虑自身想要开展的直播活动形式和互动形式。结合营销目的与目标用户属性，小张认为要想加强与用户之间的联系，提升用户流量价值，既需要表现出专业性，也需要表现出一定的娱乐化特征，营造活泼轻松的直播氛围，因此可丰富互动形式，如开展直播抽奖、发红包等活动。

步骤3：对比分析平台

通过直播定位和直播内容分析，小张初步选择了抖音和淘宝两个直播平台。接着，小张决定通过平台对比分析，选择出最适合的直播平台。抖音与淘宝直播平台对比分析如表4-1所示。

表4-1　抖音与淘宝直播平台对比分析

分析维度	抖音直播平台	淘宝直播平台
用户群体	主要以年轻用户为主，用户活跃度高，流量大且主要偏向娱乐内容	更多地聚焦于电商领域，吸引了一部分消费者和商家参与
内容类型与形式	注重碎片化的短视频内容和轻松娱乐的氛围，更加适合展示时下流行的潮流、艺术、美食等	更加注重产品销售和品牌推广，提供线上购物功能，适合进行产品展示、演示和销售
主播和KOL资源	主播和KOL多数拥有自己的粉丝群体，注重个人形象塑造和粉丝互动，较为注重情感与娱乐因素	主播通常是商家自己或由商家邀请的代言人，注重产品推销和专业知识分享
营销策略与活动	通过互动、打赏等方式吸引观众参与，开展线上福利和互动活动	更注重商品交易，在直播过程中进行促销、优惠券发放等活动，激发购买欲望

步骤4：选择直播平台

通过上述内容的分析，小张结合企业营销目标以及账号运营状况，决定选择抖音平台作为直播平台,想要利用抖音直播平台以娱乐和内容为主导的品牌宣传和推广方式来吸引用户,提高直播效果,获得更多的人气和粉丝,从而帮助企业实现营销目的。

知识拓展

淘宝直播的开通条件及要求

淘宝直播分为商家直播和个人直播,其开通条件和要求分别如下。

1. 商家直播

商家直播分为个人店铺直播和企业店铺直播。根据淘宝官方要求,淘宝商家需要满足以下条件才能开通直播功能:

(1)淘宝店铺满足一钻或一钻及以上(企业店铺不受限);

(2)主营类目在线商品数量大于等于5个,且近30天店铺销量大于等于3种,且近90天店铺成交金额大于等于1 000元;

(3)卖家须符合《淘宝网营销活动规则》;

(4)本自然年度内不存在出售假冒商品违规的行为;

(5)本自然年度内未因发布违禁信息或假冒材质成分的严重违规行为扣分满6分及以上;

(6)卖家具有一定的客户运营能力。

2. 个人直播

个人直播主要是指淘宝"达人"的直播,个人可以通过支付宝实名认证,注册成为淘宝"达人"。个人入驻淘宝直播平台应注意以下事项:

(1)选择开通的账号类型应与自己身份相符;

(2)淘宝"达人"账号等级达到L2级别;

(3)年龄已满18岁;

(4)完成身份核实以后,淘宝"达人"还要通过直播平台的内容考核。因此,淘宝"达人"要上传一段自我介绍或其他相关内容的视频,以展现其控场能力、表达能力和现场表现能力。

在上传完成之后,淘宝"达人"就可以在后台申请开通直播权限,等待官方审核,7个工作日后,如果审核通过,即可开始直播。

规范直播
营销行为

任务思考

在开始直播活动之前,为什么要对直播平台进行选择?

任务二　直播产品选择

任务背景

　　该零食企业在抖音平台上开通直播功能之后,进行了几次试播,对直播带货有了一定的了解。接下来,该企业准备举办一场零食大促活动,以此带动产品销售。部门经理安排小张对直播活动需要准备的产品进行选择。

　　请问:直播产品选择的方法有哪些? 怎么才能选到更合适的直播产品?

知识准备

一、直播产品选择的基本原则

在进行直播产品选择时,一般需要遵循以下几个基本原则。

（一）安全可靠

在选择产品时,用户的安全风险是最重要的考虑因素之一。这意味着直播选品需要考虑产品的质量和安全性,避免低质量或有安全隐患的产品,以保护用户的权益和安全。

（二）季节周期

季节周期是指去年在同一时间段销售火爆的商品,经过一年后再次推出并进行销售。这意味着直播选品需要对市场趋势和季节特点有深入的了解,选择符合当前季节或节日需求的产品,以提高销售量和转化率。

（三）实用性与功能性

实用性与功能强的产品适用于广泛的用户群体,有利于促进用户下单并尝试使用。这意味着直播选品需要选择实用性强、功能性好的产品,能够满足用户的实际需求,同时容易促使用户下单和试用,提高用户的购买意愿和忠诚度。

（四）性价比高

在购物时,用户通常会关注产品的价格是否合理,并希望能够获得物超所值的产品。这意味着直播选品需要选择价格合理、性价比高的产品,能够在保证产品质量和安全性的前提下,提供更具竞争力的价格,从而降低用户的购买门槛和提高转化率。

（五）熟悉行业

直播选品应该在有经验的领域中探索新的可能性。这意味着直播选品需要对自身所处的行业和市场有深入的了解和评估,选择自己熟悉的行业,能够充分发挥自身的优势和经验,同时能够更好地满足用户的需求。评估行业的发展趋势、市场规模、竞争格局等因素,从而选择更具有市场潜力和竞争优势的产品,可以提高销售量和市场份额。

二、直播产品的选择方法

在进行直播产品选择时,需要从以下几个维度入手考虑,选择合适的产品:

(一)从账号定位考虑

直播内容与账号定位应保持一致。因为平台系统会根据账号的垂直内容为其打上准确标签,从而将该账号的内容有针对性地向相应用户推送。同样,在进行直播电商时,必须确保直播间销售的产品与账号的定位属性相关联,避免给用户造成误导。

(二)从用户角度考虑

从用户角度考虑,可以选择的直播产品包括以下几种类型。

1. 符合人群需求

直播间定位不同,所面向的目标用户群体也各不相同。用户在购买产品时,首先会考虑该产品是否符合自身的需求。对此,商家应明确目标用户群体的兴趣、喜好、需求等,结合用户需求为其提供多样化的产品选择,从而有效提高流量转化率。

2. 高性价比

高性价比的产品对用户有着一种无形的吸引力,同样类型的产品,对于用户来说,他们更愿意为高性价比产品付费。因此,商家在选择产品时应该尽可能选择一些高性价比的产品,以满足用户对于物超所值的需求。这样的选择不仅可以提高用户的购买意愿,还能增加用户的忠诚度并主动推荐。

3. 高复购率

高复购率的产品在直播中的展示效果更好,能够让用户产生购买冲动,提升直播间的在线人数和互动率,是吸引新用户和沉淀老用户的重要方式。商家在选择直播产品时,可以通过分析用户购买行为数据,并结合营销需求、用户需求、市场趋势等,选择一些高复购率产品,然后通过提供优惠、促销活动和个性化推荐等方式来吸引消费者再次购买。

4. 低客单价

低客单价产品是指价格较为经济实惠的产品,其成本较低、价格较低,具有显著的价格优势,能够吸引一部分对价格敏感的消费者。然而,低客单价产品并不意味着质量低劣,商家需要保证所选产品是由正规渠道生产,并且质量符合国家标准。

5. 使用频率高

使用频率高的产品是指用户在其生活或工作中经常使用,并且由于其特定需求而反复购买的产品。这类产品通常具有良好的用户体验和性能,能够满足用户的日常需求并赢得用户的信赖,用户对其有较高的依赖性。商家在选择直播产品时,若能选择使用频率高的产品,将有助于吸引更多用户参与直播活动并提高用户忠诚度。

(三)从市场角度考虑

从市场角度考虑,可以选择的直播产品包括以下几种类型。

1. 具有市场热度

选择具有市场热度的产品是为了满足当前消费者的需求和偏好,以获得更高的销售潜力。这类产品通常受到广大消费者的追捧和关注,在选择时需要考虑时尚潮流、节日、季节变化等方面的因素。

2. 具有市场前景

选择具有市场前景的新品意味着关注市场的变化和新兴趋势,并提前抓住机会推出具有竞争力的产品。在选择此类产品时,可以研究当前市场的发展趋势、新兴技术和消费者需求,并选择与之相关的新品。也可以选择那些具有创新性和差异化的新品,能够吸引消费者的注意力并满足他们的特定需求。

(四)从直播平台角度考虑

从直播平台角度考虑,可以选择的直播产品包括以下几种类型。

1. 符合平台规则的产品

直播平台会有一系列的规则和准则来限制或指导主播在平台上进行直播销售。选择符合平台规则的产品有助于确保直播内容的合法性、安全性和可靠性。具体而言,符合平台规则的产品应满足合法合规、无禁售物品、无虚假宣传、无侵权问题等方面的要求。

2. 平台扶持的产品

为了推动直播业务的发展,许多直播平台会给予特定类别或品牌的产品一定程度的扶持和支持。选择平台扶持的产品具有受关注度高、营销资源支持、可信度强等方面的优势。

(五)从物流运输角度考虑

物流是影响用户体验的重要因素之一。由于直播电商存在更高比例的冲动购物行为,因此高效的物流能够减少用户因等待时间过长而可能出现负面情绪的可能性。另外,在选择产品时,商家应避免选择易碎、易腐烂的产品,并优先选择物流快速且方便运输的产品,以提升用户体验并减少潜在问题的发生。

 **任务实施**

步骤1: 分析直播用户需求

在进行直播产品选择之前,需要调研目标用户的需求,了解其消费习惯、喜好和需求。例如,用户更喜欢什么类型的零食、对什么样的产品更感兴趣等。了解用户需求可以帮助企业运营人员更准确地选择直播产品。小张通过发布调研问卷、市场分析等方式,对年轻人喜欢的零食产品进行了调研。他发现,现在的年轻人在选择零食时,比较喜欢健康营养、方便携带、可社交分享的零食类型,除此之外,他们也乐于尝试创新口味。从零食品类上来看,薯片、坚果、巧克力、糖果、方便类速食、饼干、奶茶、咖啡等,最受年轻人青睐。

步骤2: 直播选品定位

在了解了目标用户需求之后,接下来需要结合用户属性与产品特点,针对不同类型用户,对直播产品进行多维度的定位。由于购买零食的目标用户群体的消费能力有所不同。为了进一步扩大用户覆盖面,提升产品销量,小张决定从引流款、活动款、利润款、热销款这四个维度对直播产品进行划分,以此满足更多用户的需求。

其中,引流款可选择一些价格较低的产品,在直播开场时以此吸引更多用户进入直播间观看。活动款可选择一些具有价格优势的产品,在促销活动期间通过打折、满减、买一送一等优惠方式,来提高产品的销量,增加用户的购买欲望。利润款可选择一些成本和售价较高,能获得更高利润回报的产品,从而保证企业的盈利能力,在销售过程中获取更多的经济利益。热销款可选择一些具有独特的口味、良好的口碑和高度的市场认可度的产品,以此满足大部分用户的购买需求,提高产品的竞争力,并带来稳定的销售收入。

步骤3:亲测好物

为了确保直播产品具有较高的性价比,能够带给用户良好的购物体验,运营人员需要对其进行亲身试用。小张初步筛选了一些直播产品,包括薯片、山楂、螺蛳粉、全麦面包等进行测评。测试标准和指标包括口味、食材质量、包装设计、新鲜度等方面。根据设定的标准,小张邀请部门同事一起参与,对每个产品进行逐一测试,以获得多人的评价和意见,并记录每个产品的评估结果。最后,根据产品试用的结果和讨论的意见,确定要进行直播销售的产品。

步骤4:产品测试

为了评估各类产品是否具有较好的销售潜力和是否符合用户消费需求,需要对选择的产品进行测试评估。小张在直播中分批对选择的产品进行了直播推广测试,通过真实的用户反馈,小张更加准确地了解用户对各类产品的喜好和购买意愿,从而为销售策略的调整优化提供参考。

步骤5:综合评比

在完成上述步骤之后,就可以对直播产品进行综合评比,从而选择出最适合直播推广的产品。小张通过一系列选择、分析、测试,了解了每一类产品的流量转化价值,然后以产品测试结果为参考,结合销售需求及用户购买需求,理性地选择最适合直播推广的产品,并进行相应的营销策略调整,以提高产品的销售效果和用户满意度。

知识拓展

直播产品渠道的选择

直播产品选择的渠道有以下几种类型:

1. 分销平台

分销平台是指通过与第三方电商平台或社交媒体平台建立合作关系,将产品通过其平台进行销售。在直播中,可以选择在知名的电商平台、社交媒体平台,或直播平台上进行产品展示和销售。分销平台通常提供丰富的用户流量和广告资源,能够帮助推广产品并吸引更多的潜在客户。

2. 自营平台

自营平台是指主播或企业自行创建和运营的平台,直接通过自己的渠道进行产品销售。主播可以利用自身的影响力和粉丝基础,建立自己的产品品牌,从产品设计、生产到销售全程掌控。自营平台可以增加品牌的独特性和竞争优势,并能够更好地控制产品质量和价格。

3.合作商

合作商是指与其他线下或线上零售商、经销商、代理商等合作,在其销售渠道中推广和销售产品。主播可以与合作商达成合作协议,将产品提供给合作商进行销售,并分享销售收益。合作商通常具有丰富的销售网络和客户资源,能够帮助产品快速进入市场,并扩大销售渠道覆盖范围。

4.供应链

供应链是指直播产品选择通过与制造商、供应商或批发商建立合作关系,并从中获得产品供应并进行销售。主播可以与供应链合作伙伴合作,由其负责生产和供应产品,主播则利用直播平台展示和销售这些产品。供应链合作可以提供稳定的产品供应和较低的采购成本,同时也需要密切管理和协调不同环节的供应链合作伙伴。

🎙 任务思考

在直播产品选择时,什么样的产品才是最适合直播推广的产品?

任务三　直播营销策划与实施

🖥 任务背景

该零食企业运营人员小张为了即将到来的零食大促活动,通过多维度的分析与评测,选择确定了直播推广的产品及营销方式。为了确保直播活动的顺利实施,小张需要对正常直播活动进行全面的策划,包括直播脚本策划、直播预热策划等,制订详细的直播实施方案。

请问:直播脚本的类型有哪些?直播预热的方式有哪些?

🖥 知识准备

一、直播脚本的类型

直播脚本是指为直播顺利实施梳理的流程性文字稿件,用于指导直播活动的开展,提示各个环节的直播内容。直播脚本可以划分为单品直播脚本和整场直播脚本两种类型。

(一)单品直播脚本

单品直播脚本是针对某款商品的直播脚本,其主要内容包括商品的品牌、卖点、优惠方式、使用方法等。单品直播脚本可以设计为表格的形式,将产品介绍、产品核心卖点、使用场景、优惠方案、日常价和直播活动价、直播间注意事项等内容呈现于表格中，方便主播全方位了解直播的商品。

（二）整场直播脚本

整场直播脚本是对整场直播活动的规划与安排，重点是直播的逻辑、玩法和对直播节奏的把控。整场直播脚本除了介绍商品外，还需要统筹规划开场预热、商品讲解、用户互动、直播优惠、直播总结、次场直播预热等环节。整场直播脚本的内容框架如表4-2所示。

表4-2　整场直播脚本的内容框架

直播主题	
直播目标	
直播时间	
直播地点	
商品数量	
人员分工	
注意事项	

直 播 流 程

序号	时长	流程	产品类目	产品名称	产品规格	日常价	直播价	直播内容	备注
1									
2									
3									
4									

二、直播话术策划

要想在直播中成功引导观众，获得更多的关注与销售量，除了产品自身优势之外，直播话术的设计也是非常重要的。常用的直播话术有以下几类。

（一）自我介绍话术

自我介绍话术是指在直播开场时，主播向观众做一个简单的自我介绍，包括姓名、直播主题等。通过自我介绍，主播可以让观众快速了解自己，并迅速建立起与观众之间的联系。例如：大家好，我是主播×××，欢迎大家进入××××直播间，本场直播是"暑期零食购活动专场"。

（二）欢迎话术

欢迎话术是指在直播过程中，主播向新进入直播间的观众表示欢迎，这可以是简单的问候或热情的欢迎词,使新进入的观众产生被关注的感受,并鼓励他们参与互动。例如:欢迎大家来到直播间,我是今天主播×××,喜欢主播的可以左上角点个关注哦,有什么想说的话,也可以通过评论告诉主播,感谢大家的支持与捧场。

(三)关注话术

关注话术是指主播引导观众关注自己的直播账号或频道,以便观众能够及时收到最新的直播通知,同时提升直播间的人气。例如:刚进入直播间的朋友们,记得点一点右上角的"关注"关注直播间哦!

(四)互动话术

互动话术是指主播在直播中鼓励观众积极参与互动,主播可以使用提问、抽奖、发优惠券等方式引导观众参与,回答观众问题,要求其发表评论或与其他观众交流,增加直播的互动性和参与感。例如:朋友们,这款零食讲解完之后我们就发红包哦,红包数量有限,先到先得,千万不要离开直播间哦。

(五)促单话术

促单话术是指主播在直播过程中,运用巧妙的语言和策略推销产品或服务,鼓励观众购买,包括介绍产品特点、优惠信息、限时折扣等方式,从而达到促进销售的目的。例如:今天购买我们直播间这款薯片,拍2盒送250克,拍3盒送500克!多拍多得!买得越多,送得越多!朋友们,别犹豫了,快下单吧!

(六)感谢话术

感谢话术是指主播向观众表达谢意和感激之情,表明主播对他们的支持和参与深表感激。主播可以通过简单的口头感谢或者赠送小礼品、福利等形式,增强与观众之间的亲密度。例如:感谢大家一直守候在直播间,下播前,我们决定再为所有人发放一波福利,以表示我们对大家的感谢。

三、直播预热策划

直播预热是为正式直播活动引流的重要方式,直播预热策划包括选择直播预热渠道和直播预热形式。

(一)直播预热渠道

为了确保能够吸引更多的用户参与直播活动,企业或品牌需要在不同渠道对直播活动进行预热。常见的直播预热渠道有以下几种。

1.社交媒体平台推广

社交媒体平台推广是指利用微博、微信公众号等社交媒体平台来发布预告片、海报或文字介绍,并在其中说明直播时间、主题及参与方式等重要信息,引导用户关注或订阅直播账号。通过社交媒体平台推广可以使更多用户了解直播活动,提前营造话题和期待感,引发用户的兴趣和参与欲望。

2.直播平台内部推广

直播平台内部推广是指在直播账号的昵称或简介中说明直播时间,使用户了解即将开展的直播活动的相关信息。通过直播平台内部推广，可以使用户在搜索或浏览推荐内容时了解到直播信息，能够在一定程度上吸引更多有价值的用户流量。

3. 合作推广

合作推广是指与其他具有相关受众群体的关键意见领袖或品牌进行合作推广，通过他们的社交媒体账号或平台资源为直播预热。通过合作推广，可以借助关键意见领袖或品牌的影响力和粉丝基础，进一步扩大直播的曝光度，吸引更多目标受众的关注。

（二）直播预热形式

为了提前宣传和营造直播的氛围，充分调动用户的参与兴趣，增加直播的曝光度和参与度，企业或品牌需要选择合适的直播预热形式。常见的直播预热形式有以下几种：

1. 文案预热

文案预热是指通过文字和文字配图的形式，在直播开始之前利用微信公众号、微博、社群等方式发布相关内容，引起观众的关注和兴趣。文案预热通常包括直播主题、嘉宾介绍、亮点预告等信息，通过精心编写的文字和配图来提前调动观众的兴趣和期待度。文案预热需要注意文案的创意性和吸引力，以及与直播内容的契合度，以吸引更多观众的点击和关注。

2. 短视频预热

短视频预热是指通过社交媒体平台，如抖音、快手、微博等，发布一段时间较短的视频内容来进行直播预热。短视频预热通常以直播主题或嘉宾为主要内容，展示一些亮点片段、幕后花絮或者与直播内容相关的精彩片段，以吸引观众的兴趣。短视频预热中制作的视频应注意制作精良、内容有趣，并通过吸引人的片段和标题来提高观众的点击率和转发率，从而扩大直播的曝光度。

3. 海报预热

海报预热是指通过设计和发布精美的海报，结合直播的主题和亮点，吸引观众的关注和参与。海报预热通常包括直播的时间、地点、嘉宾等信息，并通过图文搭配的方式展示直播的亮点，以及直播期间可能会有的互动环节或福利活动等内容。海报预热需要注重设计感和视觉冲击力，通过精心设计的海报吸引观众的目光，以增加直播的曝光度和参与度。

 **任务实施**

步骤1：确定直播主题与目标

在开始直播之前，首先需要考虑品牌定位、目标受众、市场需求、营销需求等，确定直播的主题和目标。通过明确直播主题与目标，运营人员可以在直播策划中有更强的针对性，以便制定出有效的直播活动实施方案。小张通过对目标用户、企业营销需求等方面内容的分析，将直播活动的主题确定为"时尚零食探索"，将直播活动的目标确定为"提高品牌知名度，增加销售量，建立稳定的粉丝群体，提升其品牌忠诚度"。

步骤2：布置直播间

为了保证直播活动的顺利进行，需要准备一个适合直播的环境和设备。因此，应选择一个明亮、整洁的空间作为直播间,并确保背景布置与主题相符。同时,应获得稳定的网络连接和良好的摄像、音频设备,以确保直播画面和声音的质量。小张结合直播活动主题,和相关部门工作人员共同完成了直播间的布置与准备工作,包括背景、台桌、椅子、样品、展示架、照明设备、摄像设备、音频设备等。

步骤3:明确直播人员岗位分工

根据直播内容和策划要求,应确定直播团队中各个人员的职责和任务分工,包括主播、助理、技术人员等角色。主播负责引导和展示产品,助理负责解答观众问题、抽奖等互动环节,技术人员负责直播设备和网络的调试和维护等。为了明晰每个人员的工作职责,以便协调顺畅地进行直播活动,小张制作了直播活动岗位人员分工表,如表4-3所示。

表4-3　直播活动岗位人员分工表

岗位	职　　责	负责人	备注
主播	(1)主持直播活动,与观众互动,分享内容、经验或进行产品展示等; (2)准备直播内容,包括策划、准备素材、撰写脚本等; (3)维护良好的直播氛围,吸引观众的关注和参与; (4)协调其他团队成员(如导播、助播等),保证整场直播顺利进行		
助播	(1)协助主播进行直播活动的讲解; (2)负责布置直播间,设置摄像机角度、灯光及道具等; (3)协助主播进行产品展示、试用、互动环节等; (4)监控直播互动平台,回答观众提问、收集用户反馈等		
导播	(1)负责直播活动画面的切换、调整和特效处理; (2)协调多个摄像头的画面切换,确保画面流畅、合理有序; (3)配合主播,控制整体节目的进度和节奏		
编导	(1)策划和组织直播活动的内容和形式; (2)负责直播活动脚本的撰写、准备和组织; (3)安排各个环节的顺序和时间分配,确保直播活动流程紧凑有序; (4)协调并指导各个角色的表演和呈现方式		
运营	(1)策划和执行直播平台的运营策略,包括用户增长、用户留存和用户活跃等方面; (2)负责推广直播内容,通过各种渠道进行宣传和推广,吸引更多用户参与直播; (3)管理直播平台的社交媒体账号,与用户进行互动,回答问题和解决问题,并及时处理用户反馈和投诉; (4)分析和监测直播数据,包括用户活跃度、观看时长、转化率等,提供相关报告和分析结果以优化直播运营策略; (5)协调并与团队成员合作,包括与主播、导演、摄像师等合作,确保直播运营的顺利进行		
技术	(1)负责直播设备的搭建和维护,包括摄像机、音频设备、调音台等硬件设备的安装和调试; (2)解决直播过程中可能出现的技术故障和网络问题,确保直播的稳定性和流畅性		

步骤4：撰写直播脚本

编写一个详细的直播脚本可以为直播提供指导和参考，从而确保直播过程中的流程和内容有条不紊。小张为本次直播活动撰写了整场直播脚本，经过讨论确定，直播脚本的基本内容如表4-4所示。

表 4-4　整场直播脚本的基本内容

直播主题	时尚零食探索
直播目标	提高品牌知名度，增加销售量，建立稳定的粉丝群体，并提升其对品牌的忠诚度和口碑传播度。
直播时间	2024年×月×日20：00
直播地点	××直播间
主播	××
注意事项	（1）合理把控产品讲解节奏； （2）放大产品的优势； （3）注意对观众提问的回复，多与观众进行互动，避免直播冷场

直播流程

时长	流程	产品类型	产品类目	产品名称	日常价	直播价	直播内容
开播后1分钟内	直播开场	/	/	/	/	/	进入直播状态，和最先来的粉丝打招呼
第2—5分钟							边互动边推荐本场直播1～2款爆款，并提醒用户关注
第6—10分钟	产品介绍	引流款	饼干膨化	土豆原切款薯片	11.9元/盒	7.9元/盒	首先1号链接是由云南省农业科学院和农产品加工研究所联合研制的土豆原切款薯片，无任何添加剂和防腐剂。薯片每片薄至1 mm，够香酥、够爽脆。原价11.9元1盒，1盒500 g，今天直播间价格7.9元1盒
……	……	……	……	……	……	……	……
直播中	互动	/	/	/	/	/	今天店铺大促销，零食活动满100元减30元，朋友们点击2号链接即可领取店铺优惠券，下单立减哦
最后5分钟	结束预告	/	/	/	/	/	主播剧透明天的新款，强调关注主播，明天几点准时开播，并预告明日福利

步骤5：确定直播预热方式

直播预热可以采取多种多样的形式。小张通过微博、微信公众号、短视频平台等渠道宣传直播活动，采用预告直播时间、主题和互动环节等预热形式。同时采用制作吸引眼球的海报、宣传短视频等预热形式，提前引起用户的兴趣和期待。除此之外，小张还设置一些预热的互动环节，包括转发直播预热内容进行抽奖、送礼品等，吸引用户参与并分享活动信息。

知识拓展

直播话术用语禁忌

为了避免在直播过程中违反直播平台规则被处罚，主播在设计话术时需要了解平台的用语禁忌，部分如下所示。

1. 切忌使用违禁极限用语

（1）严禁使用国家级、世界级、第一、唯一、首个、首选、顶级、国家级商品、填补国内空白、独家、首家、第一品牌、金牌、顶级、独家、全网销量第一、全球首发、全国首家、全网首发、世界领先、顶级工艺、王牌、销量冠军、第一、极致、永久、领袖品牌、独一无二、绝无仅有、史无前例、万能、绝版等极限用语。

（2）在没有明确数据来源的情况下介绍商品严禁使用最高、最低、最便宜、最新、最先进、最大程度、最新技术、最先进科学、最佳、最大、最好、最新科学、最新技术、最先进加工工艺、最时尚、最受欢迎等含义相同或近似的绝对化用语。

（3）严禁使用绝对值、领导品牌、领先上市、世界或全国×大领先品牌之一等无法考证的词语。

（4）严禁使用100%、国际品质、国家级、世界级、最高级、最佳等虚假或无法判断真伪的夸张性表述词语。

2. 切忌使用违禁权威性用语

（1）严禁使用国家××领导人推荐、国家××机关推荐、国家××机关专供、特供等借国家、国家机关工作人员名称进行宣传的用语。

（2）严禁使用质量免检、无须国家质量检测、免抽检等宣称质量无须检测的用语。

（3）严禁使用人民币图样（中国人民银行批准的除外）。

（4）严禁使用中国驰名商标、特供、专供等词语。

文化点亮
直播间

任务思考

在筹备直播活动时，为什么要撰写直播脚本？

任务四　直播效果监控

任务背景

　　直播活动结束后,该零食企业运营人员小张发现本次直播的累计观看量、单场涨粉数以及预估销售额都获得了很好的效果。为了找出直播各方面数据提升的原因,小张计划就这天的直播数据展开详细分析,从中总结经验,为下次直播的开展做好充分准备。

　　请问:直播过程分析的方法有哪些? 直播数据分析的核心指标有哪些?

知识准备

一、直播效果监控的方法

　　监控直播效果是直播业管理的重要环节,一般通过直播复盘来实现。直播复盘主要有以下几种方法。

(一) 团队研讨法

　　团队研讨法是指直播团队成员在会议或讨论中就直播过程进行分析和研讨的一种复盘形式。团队成员可以在主持人的引导下,抓住直播中的关键问题并进行深入研讨、总结经验教训、提出改进方案等。通过团队集思广益的讨论,可以从多个维度发现问题,获得多方面的意见和建议,以便更好地优化直播过程。

(二) 情境重现法

　　情境重现法是指通过观看直播的录像或回放,模拟观众的角度和体验,评估直播效果和品质的一种复盘形式。在情境重现中,需要关注直播的流程、节奏、内容呈现、互动方式等方面,并注意观众在不同环节的反应和反馈。通过情境重现发现直播中存在的问题和改进空间,将其整理出来并针对性地进行优化。

(三) 关键节点法

　　关键节点法是指分析直播过程中的关键节点和关键环节,评估其质量和效果的一种复盘形式。关键节点可以是开场白、互动环节、重要话题展开、产品介绍等,这些节点对于直播的成功与否具有重要影响。对于每个关键节点,可以关注其表达清晰度、吸引力、逻辑性、互动效果等方面,并进行评估和改进。关键节点法可以帮助精细化地分析直播过程中的关键因素,提升直播的质量和效果。

二、直播效果监控的核心指标

不同直播平台直播效果监控的数据指标略有差异,但基本都包括:用户画像、流量、商品成交数量或成交金额、直播互动等指标数据。

(一)用户画像

用户画像是指观看直播用户的基本属性,包括用户的性别、年龄、地理位置、兴趣爱好、消费水平等方面的信息,常用于分析和描述直播平台上的用户特征和行为。通过用户画像数据,可以更好地了解目标受众,并根据其偏好和需求开展有针对性的推广和营销活动。

(二)流量

流量数据反映了直播内容的受欢迎程度和吸引力,包括在线人数、新增粉丝数、转粉率、粉丝停留时长等指标。

1. 在线人数

在线人数是指在某一时间点内同时观看直播内容的用户数量,是实时的动态数据,反映了直播的实际观众规模和受欢迎程度。

2. 新增粉丝数

新增粉丝数是指在直播过程中或直播结束后,新增关注主播的用户数量,反映了直播对于吸引新观众的效果。

3. 转粉率

转粉率是指在直播过程中,观众将自己从普通观众转变为关注该主播的粉丝的比例,反映了直播内容对观众的吸引力和黏性,其计算公式为:转粉率=新增粉丝数÷观看直播的总人数。

4. 粉丝停留时长

粉丝停留时长是指粉丝在直播期间的平均停留时间,反映了直播内容对粉丝的吸引力和留存能力。

(三)商品成交数量或成交金额

商品成交数据用于衡量直播平台上的商品销售和交易情况,包括销售额、销售量、客单价、销售转化率等指标。

1. 销售额

销售额是指在一定时间内通过直播平台完成的商品销售总额,反映了直播平台商品销售的总体表现。

2. 销售量

销售量是指在一定时间内通过直播平台售出的商品数量,反映了商品在直播平台上受到用户认可和购买的程度。

3. 客单价

客单价是指每位消费者在一次购物过程中平均消费的金额,反映了商品销售的单品价值和用户购买能力,其计算公式为:客单价＝直播间总销售额÷总销量。

4. 销售转化率

销售转化率是指用户在观看直播后产生购买行为的比例,反映了商品销售的转化效果,其计算公式为:销售转化率＝销售量÷累计观看人数。

(四) 直播互动

直播互动数据是指观众与主播之间的互动行为信息,包括点赞数、转发量、弹幕词等。

1. 点赞数

点赞数是指观众对直播内容进行点赞的数量,反映了对主播或直播内容的喜爱程度和支持程度。

2. 转发量

转发量是指观众将直播内容分享到其他社交媒体平台或渠道的次数,反映了直播内容的质量、传播力和影响力。

3. 弹幕词

弹幕词是指观众发送的弹幕中的关键词或短语,可作为了解观众关注点和情感反应的重要参考,反映了观众对直播内容的实时反馈、讨论和互动。

 **任务实施**

步骤1:数据采集与整理

由于该零食铺所在账号平台是抖音平台,因此小张选择新抖平台进行数据的采集。为了方便后期数据的处理与分析,这里将当天的直播数据通过新抖平台的"导出结果"功能进行下载。下载完成的数据主要分为直播概况数据、商品列表数据以及观众画像数据三个模块,小张将下载完成的数据进行检查和核对,并将其整理,如图4-1、图4-2、图4-3所示。

	A	B	C	D	E	F	G	H
1	主播名称	小王		在线人数 (峰值)	1733		预估销售额/元	10090.6
2	主播粉丝数	45718		累计观看数	81192		预估销售量/件	1180
3	监测频率	频率:10mins		总点赞数	197229		上架商品/款	97
4	直播间标题	最后一天! 主播送福利, 全场1元起!		单场涨粉	1403		最高单价/元	99.6
5	开播时间	2024-07-05 20:01:09		转粉率	0.0173		最高销量	274.0
6	下播时间	2024-07-05 22:47:05		平均在线人数	425		最高销售额/元	2712.6
7	直播时长	2小时45分55秒		观众平均停留时长	52秒		客单价/元	8.55
8							人均购买价值/元	0.12
9							销售转化率	0.01

图4-1 直播概况数据

商品标题	商品图片	来源平台	商品品牌	商品分类	原价	直播价	预估佣金
虾条20包4	https://p3.pstatp.c	来自小店		食品饮料	29.9	7.9	0.79
正宗咪咪虾	https://p3.pstatp.c	来自小店	M	食品饮料	19.9	7.9	1.19
轻甜芒果干	https://p3.pstatp.c	来自小店	F	食品饮料	36.9	29.9	2.99
高蛋白口袋	https://p1.pstatp.c	来自小店		食品饮料	69.9	29.9	5.98
厨房去污渍	https://p6.pstatp.c	来自小店		家居生活	29	1	0.2
红油面皮非	https://p3.pstatp.c	来自小店	J	食品饮料	59.9	29.9	4.78
马卡龙饼干	https://p3.pstatp.c	来自小店	L	食品饮料	16.8	9.9	1.98
16片装小7	https://p3.pstatp.c	来自小店	K	食品饮料	32	9.9	1.98
【直播】0	https://p1.pstatp.c	来自小店		食品饮料	99.9	50.9	7.64
脆冬枣(35	https://p3.pstatp.c	来自小店	F	食品饮料	50.9	19.9	2.99
干脆面 儿	https://p1.pstatp.c	来自小店		食品饮料	69.8	9.9	2.48
【手工】海	https://p3.pstatp.c	来自小店		食品饮料	29.9	9.8	1.96
正宗火鸡面	https://p6.pstatp.c	来自小店	C	食品饮料	46.9	9.9	1.98
甜味米稀米	https://p1.pstatp.c	来自小店	H	食品饮料	188	78	7.8
香酥脆枣2	https://p3.pstatp.c	来自小店	G	食品饮料	19.8	9.9	0.99
网红大肚杯	https://p6.pstatp.c	来自小店		食品饮料	129	18.9	3.78
去渣豆浆原	https://p3.pstatp.c	来自小店	I	食品饮料	49.9	19.9	1.49
话梅加量	https://p1.pstatp.c	来自小店	B	食品饮料	76	29	0.58

图4-2 商品列表数据

观众来源	占比		观众性别	占比		观众地域分布	占比
城市	0.00%		女	89.46%		广东	11.73%
关注	4.00%		男	10.54%		浙江	11.73%
直播广场（等）	84.00%					江苏	9.26%
视频推荐	12.00%					辽宁	6.79%
						四川	6.17%
						山东	6.17%
						湖北	6.17%
						山西	4.94%
						河北	4.94%
						安徽	4.32%
						福建	4.32%
						江西	3.70%
						河南	3.09%
						上海	2.47%
						湖南	1.85%
						黑龙江	1.85%
						内蒙古	1.23%
						海南	1.23%
						重庆	1.23%
						陕西	1.23%
						北京	0.62%
						吉林	0.62%
						天津	0.62%
						宁夏	0.62%
						广西	0.62%
						拉齐奥	0.62%
						昆士兰	0.62%
						维多利亚	0.62%
						贵州	0.62%

图4-3 观众画像数据

步骤2：数据分析

在完成了数据的获取与处理工作后，接下来就要对数据进行分析。由于采集平台的不同，获取到的数据信息和类别也会略有差异，因此可以根据具体的数据采集平台确定具体数据分析的类别。小张结合下载数据与新抖平台原数据，将此次数据分析分为直播概况数据、基础人气数据、直播用户数据以及直播带货数据四个部分。而在分析方法上主要采用对比分析法和特殊事件分析法。

步骤2.1：直播概况数据分析

直播概况数据如图4-4所示，可以看出，本场直播从20点开始，到22点46分结束，共计2小时46分钟，完成销量1 180件，达到商品销售额为1.01万元。

通过比较，小张分析影响此次直播销售额变化的很大一部分原因在于直播的时间选择，平时零食铺选择14：00左右进行直播，而直播目标用户此时更多可能在工作或者午休，因此反响平平，而本次直播选择在20：00进行，更有利于许多热爱零食的上班白领利用晚上休闲时间观看和下单，因此销售额和在线观看人数都会更高。

图4-4　直播概况数据

步骤2.2：基础人气数据分析

直播基础人气数据包括在线人数(峰值)、累计观看数、总点赞数、单场涨粉数、涨粉率、观众平均停留时长以及平均在线人数，如图4-5所示。可以看到该场直播中累计观看数达到了8.12万次，总点赞数为19.72万次，单场涨粉1 403人，转粉率仅有1.73%。转粉率低于5%，说明陌生用户没有被此次直播的内容所吸引，需要优化直播内容，增加营销活动；而观众平均停留时长达到了52秒，比之前的观众平均停留时长要高，从侧面可以推断此次直播内容或商品可能是用户感兴趣的，因此观众愿意在直播间停留更长时间。

步骤2.3：直播用户分析

直播用户分析包括用户来源、用户性别分布、用户地域分布三方面内容。

直播用户来源数据如图4-6所示，可以看到用

图4-5　直播基础人气数据

户来源中直播广场占比84%,视频推荐占比12%,而关注来源仅为4%,说明此次直播获得的公域流量多。考虑到该账号有6.1万粉丝量,说明直播主播在粉丝领域里有较大的挖掘发展空间。

而在用户性别分布中,可以看到男女分布悬殊,男生仅占所有用户数的10.54%,如图4-7所示,说明该直播的主要受众群体是女性用户,因此商家在进行选品时可针对性地多挑选一些受女性用户欢迎的零食商品。

直播用户地域分布数据如图4-8所示。从中可以看出,观看该场直播的用户遍布全国各地,甚至有一些国外用户也会进行观看,因此商家在进行选品时需要注意以下两方面的问题:一是加大选取符合高占比地域口味和喜好的零食选品比例,如广东省、浙江省和江苏省;二是选择商家时可适时引入能够提供运输国外物流的物流商。

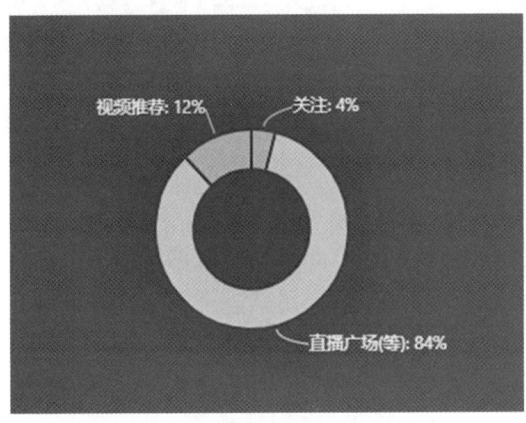

图4-6　直播用户来源数据

观众地域分布	占比
广东	11.73%
浙江	11.73%
江苏	9.26%
辽宁	6.79%
四川	6.17%
山东	6.17%
湖北	6.17%
山西	4.94%
河北	4.94%
安徽	4.32%
福建	4.32%
江西	3.70%
河南	3.09%
上海	2.47%
湖南	1.85%
黑龙江	1.85%
内蒙古	1.23%
海南	1.23%
重庆	1.23%
陕西	1.23%
北京	0.62%
吉林	0.62%
天津	0.62%
宁夏	0.62%
广西	0.62%
拉齐奥	0.62%
昆士兰	0.62%
维多利亚	0.62%
贵州	0.62%

男 (10.54%)　　　　女 (89.46%)

图4-7　直播用户性别分布数据　　　　图4-8　直播用户地域分布

步骤2.4:直播带货数据分析

除了人气数据外,直播带货数据也是数据分析中非常重要的一部分,直播带货数据包括基础带货数据和商品数据两部分。

1. 基础带货数据分析

基础带货数据包括上架商品数、销售额、销量、客单价、销售转化率等数据，如图4-9所示，此次直播共上架商品97款，实现销售额为1.01万元，完成销量1 180件，平均客单价为8.55元，销售转化率为1%，也就是说每100个用户进入直播间可能会有1个用户下单，这一数据对比直播间以往情况来看处于正常状态。

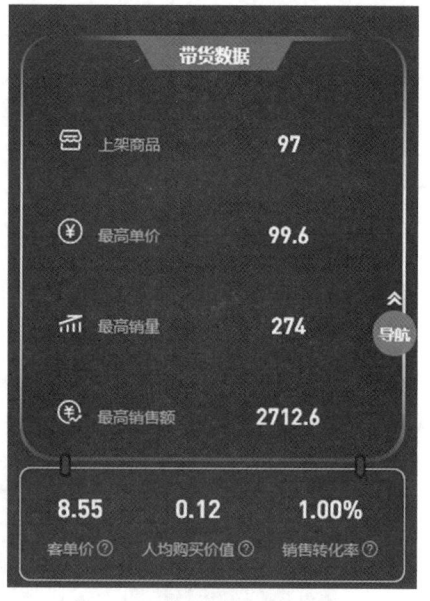

图4-9　直播基础带货数据分析

2. 商品数据分析

通过上述基础带货数据可以发现，虽然直播商品有97款，但不可能每一款都能够得到用户的喜欢，因此，了解带货商品的具体数据很重要，这里需要进一步对商品数据进行分析。

通过图4-10可以看出，此次直播间的直播商品品类分为7大类，除了常规的食品饮料类占比最高外，家居生活类商品达到了9件，而其他诸如3C数码、办公文具等商品各1件。结合图4-11直播间销售额TOP商品品类数据图可以分析出，此次销售主要集中在食品饮料、家居生活和办公文具，其他品类虽然直播间有涉及，但用户购买意愿很低，因此今后在选择商品品类时还是应该集中在食品类目。

图4-10　直播间商品品类数据

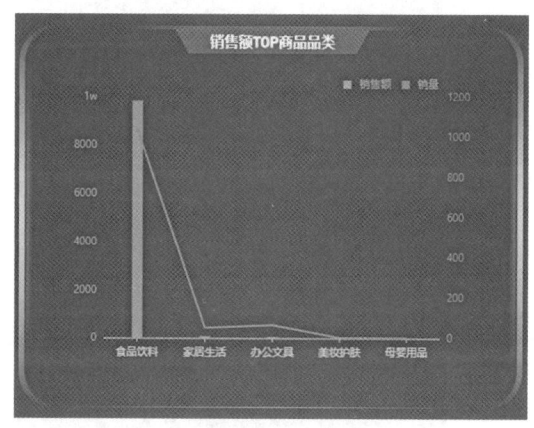

图4-11　直播间销售额TOP商品品类数据

通过查看本场直播的销售额TOP品牌榜，如图4-12所示，可以发现用户对A和B这两个品牌的接受度较高，因此在今后选品时可以重点关注这两个品牌的零食。

而在直播间商品价格分布图中可以看到，如图4-13所示，直播间商品主要集中在0～100元，其中大部分商品在50元以下，说明直播间商品以中低价位为主，定位为大众商品路线，可以继续发扬。

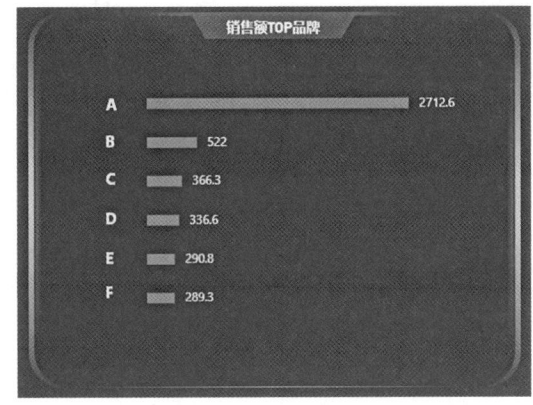

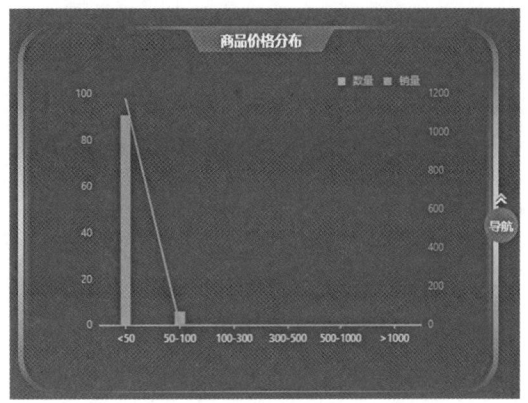

图4-12　直播间销售额TOP品牌　　　　　图4-13　直播间商品价格分布

步骤3：总结

综合上述数据，小张分析出此次直播数据量提高的原因主要与直播时间的选择、直播内容的吸引力有关，结合此次直播，小张提出以下几点优化建议。

（1）选品时可以集中选择用户喜爱度高的品牌及品类，提高转化率。

（2）在选择直播时间时应该选择直播用户的集中休闲时间，例如19点至23点区间，方便目标用户观看直播并下单购买。

（3）在进行直播预热宣传时应多渠道通知粉丝群体，提高私域流量。

（4）在直播过程中应丰富营销形式，可以多采用发放红包、限时秒杀、关注抽奖等方式实现粉丝运营，提高转粉率。

（5）应优化直播标题和封面，高质量的标题和封面能够让用户产生兴趣和信任感，吸引用户点击，并且长时间停留。用户停留时长的增加，可为主播进行其他引导行为开拓空间。

知识拓展

直播过程分析思路

直播过程分析思路主要包括以下几个方面。

1. 回顾目标

在直播过程分析中，首先需要对预设的直播目标和预期结果进行回顾，包括吸引观众、提高品牌知名度、促进销售等。通过回顾目标，可以将直播过程与最初设定的目标进行对比，评估直播的实际表现并确定是否达到预期。

2. 效果评估

效果评估是指对直播过程中的关键指标和结果进行评估，以确定直播的成功程度，包括观众数量、参与度、销售额等方面的数据指标。通过对这些指标的评估，可以了解直播的影响力、受欢迎程度和商业价值。

3. 分析原因

在直播过程分析中,需要深入分析观察直播的实际情况,找出影响直播效果的关键因素和原因。这可能涉及直播内容的质量、互动形式、推广策略、时间选择等多个方面。通过分析原因,可以确定哪些因素是直播效果的关键驱动因素,并相应地进行调整和改进。

4. 总结规律

总结规律即从过去的直播经验中提取出通用的规律和经验教训。这可以帮助主播和团队在未来的直播活动中更好地制定策略、优化方案,并取得更好的效果。除此之外,总结规律还有助于建立积累经验的知识库,为整个直播团队提供参考和指导。

警惕"美丽数据"

 **任务思考**

在直播结束之后,相关工作人员进行直播复盘的作用是什么?

素养提升

规范直播营销行为,构建良好直播环境

为了进一步规范直播营销行为,中国广告协会发布《网络直播营销行为规范》,对直播活动中各类参与者的行为都作出全面的定义和规范,为直播营销活动的开展提供了行为指南。

1. 商家行为规范

商家应当提供真实、准确的商品信息,确保商品符合相关质量标准,并遵守商品宣传和促销活动的相关法律法规。商家不得故意误导消费者,不得虚假夸大商品的性能和效果,不得进行虚假宣传和欺诈行为。

2. 主播行为规范

主播应当具备相应的知识和技能,对宣传的商品有充分了解,并提供真实客观的评价和推荐。主播不得虚构事实,不得恶意抹黑竞争对手,不得以不正当手段获取观众的注意和信任。同时,主播还应当维护社会公序良俗,不得传播低俗、暴力、违法违规等内容。

3. 网络直播营销平台行为规范

网络直播营销平台应当建立严格的审查机制,对主播和直播内容进行审核,履行监管责任,维护用户合法权益。平台不得提供虚假流量或刷单等作弊行为,不得为违法

违规直播提供支持和帮助。

4.其他参与者行为规范

其他参与者应当遵守相关法律法规,不得参与虚假宣传、欺诈行为,不得侵犯他人合法权益,保证活动的真实性和公正性。

为促进直播营销行为的诚信化和规范化,保护消费者合法权益,推动行业的健康发展,相关部门应当履行好监管治理的职责,直播营销活动的参与者也应加强自我管理,自觉遵守相关法律法规和行业规范,诚信守法经营。

 **技能自测**

一、单项选择题

1. 下列不具备直播电商功能的平台是( )。

   A. 淘宝平台   B. 抖音平台

   C. 美团平台   D. 快手平台

2. 下列能够实现与天猫、淘宝、闲鱼等平台进行多平台联动的直播平台是( )。

   A. 淘宝直播   B. 抖音直播

   C. 快手直播   D. 多多直播

3. ( )是指用户在其生活或工作中经常使用,并且由于其特定需求而反复购买的产品。

   A. 低客单价产品   B. 使用频率高的产品

   C. 高客单价产品   D. 使用频率低的产品

4. ( )是指主播在直播过程中,运用巧妙的语言和策略推销产品或服务,鼓励观众购买,从而达到促进销售的目的。

   A. 自我介绍话术   B. 关注话术

   C. 促单话术   D. 感谢话术

5. ( )是指直播团队成员在会议或讨论中就直播过程进行分析和研讨的一种复盘形式。

   A. 团队研讨法   B. 情境重现法

   C. 关键节点法   D. 个人总结法

二、多项选择题

1. 在进行直播产品选择时,一般需要遵循的基本原则包括( )。

   A. 安全可靠   B. 季节周期

   C. 实用功能性   D. 性价比高

2. 按照针对的直播环节,直播脚本可以划分为( )。

   A. 单品直播脚本   B. 水果直播脚本

C. 整场直播脚本　　　　　　　　　　　　　D. 玩具直播脚本

3. 常见的直播预热渠道有（　　　　　）。

    A. 社交媒体平台推广　　　　　　　　　　B. 直播平台内部推广

    C. 合作推广　　　　　　　　　　　　　　D. 文案推广

4. 流量数据反映了直播内容的受欢迎程度和吸引力，包括（　　　　　）。

    A. 在线人数　　　　　　　　　　　　　　B. 新增粉丝数

    C. 销售量　　　　　　　　　　　　　　　D. 粉丝停留时长

5. 下列属于直播互动数据的是（　　　　　）。

    A. 客单价　　　　　　　　　　　　　　　B. 点赞数

    C. 转发量　　　　　　　　　　　　　　　D. 弹幕词

三、判断题

1. 淘宝直播的目标群体是具有年轻化、娱乐化需求的用户，抖音直播的目标群体主要是喜欢网购、追求新潮商品、喜欢互动购物体验的消费者群体。（　　　）

2. 抖音直播间销售商品，必须开通"商品橱窗"功能或者"抖音小店"，获得商品分享权限。（　　　）

3. 选择具有市场热度及趋势的产品是为了满足当前消费者的需求和偏好，以获得更高的销售潜力。（　　　）

4. 单品直播脚本是对整场直播活动的规划与安排，重点是直播的逻辑、玩法和对直播节奏的把控。（　　　）

5. 转粉率是指用户在观看直播后产生购买行为的比例，反映了商品销售的转化效果。（　　　）

四、技能训练题

    假如某农产品企业准备开展一场特产推荐专场直播活动，活动产品包括菠萝、香蕉、榴莲、荔枝等，为提升销售额，请同学们为本次直播活动设计直播流程，并撰写一个整场直播脚本。

项目五

内容营销

学习目标

 知识目标

❖ 了解内容选题策划的流程
❖ 了解内容选题创意策划的技巧
❖ 熟悉内容文案的写作流程和写作技巧
❖ 了解内容文案的推广方式
❖ 熟悉内容文案的推广策略

 能力目标

❖ 能够根据营销需求，完成小红书平台内容选题的策划
❖ 能够根据营销需求，完成小红书平台内容文案的撰写
❖ 能够根据营销需求，完成小红书平台内容文案的推广

 素养目标

❖ 具备创新意识，能够在内容营销选题和文案撰写过程中发挥主观能动性，设计出新颖独特的内容
❖ 具备规则意识，能够在内容文案撰写与推广过程中，严格遵守平台的相关规则

作为年轻人分享生活方式的平台和消费决策的入口，小红书目前已拥有超过2亿月活用户及4 300万创作者，在这里，消费者可以搜索与获取想要的经验心得，品牌方则希望能影响消费者决策。

以"6·18"营销节点为例，不少品牌会提前部署，打造出多样的营销玩法，下面请一起分析某品牌的营销内容。

"6·18"期间正处于"夏日"，可谓是当之无愧的讨论热点，话题除了围绕防晒、解暑，驱蚊也是一大热门话题，从新红的"趋势查询"中可以了解到，在某年"6·18"开始前一段时间30天内，"驱蚊"相关笔记共计发布6 848篇，累计获赞数63.86万。

而作为该领域中的老牌国货，某驱蚊品牌早已提前规划，不仅在近期投放的种草笔记中，展现出产品的另类使用场景，赋予产品新用途，而且发布了最新的广告宣传片，在实用性、趣味性和热点上都吸引了广泛的用户关注。

可以结合某驱蚊品牌近期的种草笔记互动量趋势,分析其内容创作形式。

4月20日,初级达人笔记分享某驱蚊品牌沐浴露,并带#某驱蚊品牌;头部博主出视频教程"老国货"的正确用法——驱蚊祛味限量香薰。

4月23日,初级达人笔记分享某驱蚊品牌沐浴露,并带#某驱蚊品牌;腰部达人再次分享升级版用法——火锅祛味花露水,并带话题#某驱蚊品牌花露水。

5月4日,某驱蚊品牌号发布5月4日节日海报,分享某驱蚊品牌的5种不同用法。

5月11日,@某驱蚊品牌号发布"夏日战痘计划"种草沐浴露;素人博主整理出某驱蚊品牌的各种香型。

5月13日,笔记互动量达到峰值,其中,腰部达人发布旅行vlog,不仅在视频中露出某驱蚊品牌产品,并带上话题#某驱蚊品牌花露水。

5月15日,@某驱蚊品牌号发布最新广告片《多样场景,随心切换,和××一起……》,并同时带上#每刻神奇尽在×× #某驱蚊品牌花露水#明星品牌代言人等多个话题。

经过以上营销方式,某驱蚊品牌种草笔记数量较前一天翻了5倍,笔记内容包括产品安利、广告片截图、晒单购买记录及模仿广告拓展出花露水的新用途。

案例思考:

通过阅读案例,思考并回答以下问题:

(1)某驱蚊品牌是如何打造出吸引眼球的内容的?

(2)除了案例中的方法,还有哪些内容营销方法?

任务一 内容选题策划

任务背景

小静是一名电子商务专业的毕业生,在校期间,她热爱写作,多次参加写作大赛并获得了多项奖项,毕业后,她想在自己所擅长的领域工作,因此,她决定去一家电商企业从事网络营销内容策划的工作。为了找到一份与自己专业相关的工作,她在众多招聘网站上搜索招聘信息,并成功应聘进入了某辣条网店的营销内容策划岗位。马上就是6月1日儿童节了,店铺老板决定让小静在小红书平台上为辣条策划选题,并要求选题富有新意,能够帮助店铺提升人气,从而提高产品销量。

一、内容选题策划的流程

选题策划可以帮助作者在写作之前先明确文章的方向和内容,避免盲目撰写,浪费时间和精力。内容选题策划的流程主要包括明确目标用户类型、收集整理信息、挖掘核心利益点、撰写标题。

(一)明确目标用户类型

内容选题策划的第一步是明确目标用户的类型,通过目标用户类型的分析,可以达到以下目的:① 明确内容文案面向的用户群体,从而针对性地制定营销策略和撰写文案标题;② 深入了解用户的需求、偏好和痛点等信息,从而更好地把握用户的心理需求,撰写更有吸引力的文案标题;③ 了解用户的行为习惯和购买决策过程等信息,从而在文案标题中运用这些信息,提高转化率和销售额。常见的目标用户类型及目标用户关注点如表5-1所示。

表5-1 常见的目标用户类型及目标用户关注点

目标用户类型	目标用户关注点
穿搭类	穿搭风格、穿着体验等
零食类	零食味道、零食口感、零食成分等
美妆类	美妆技巧、美妆产品推荐等
电子产品类	电子产品性能、电子产品配置等
养生类	养生知识、养生产品推荐等
宠物类	宠物日常、宠物护理、宠物物品等
阅读类	书籍推荐、读书心得分享等
厨艺类	厨艺技巧、厨房用品推荐等
……	……

(二)收集整理信息

在明确目标用户类型后,作者可以通过各种渠道获取与选题主题相关的信息,例如搜索引擎、社交媒体、行业报告等,寻找新颖且有价值的信息进行选题的创作。小红书平台标题相关的信息可以从小红书平台的搜索发现,或是点赞、收藏和评论较高的热门标题中获取;也可以从淘宝同类产品、抖音热门、快手热门、微博热搜、微信公众号等平台获取;还可以将当下较为热门的话题作为标题的创作依据。

（三）挖掘核心利益点

标题内容的核心利益点是指能够吸引读者、使其产生兴趣和愿望，进而点击阅读或采取行动的信息点。在标题中揭示核心利益点可以吸引用户的眼球，增加文章的点击率和阅读量。挖掘标题核心利益点的方法如下。

1. 竞争对手分析

作者通过了解竞争对手的电商标题，可以找到自身的优势和独特之处，从而确定电商标题的核心利益点。例如，如果竞争对手在标题中强调了价格优势，那么其电商标题可以强调品质保证或售后服务等其他方面的优势。

2. 用户调研

通过用户调研了解用户对产品的评价和需求，可以发现内容选题的核心利益点。例如，如果用户更注重产品的质量和口碑，那么内容选题的核心利益点可能是品质保证或用户好评等。

3. 产品特点

通过对产品的成分、功能、特点等方面进行分析，可以找到内容选题的核心利益点。例如，如果一款化妆品的主要特点是天然植物提取物，那么其电商标题的核心利益点可能是天然、安全、有效。

4. 品牌定位

品牌定位也是挖掘内容选题核心利益点的重要方法。通过明确品牌的定位和目标受众，可以找到内容选题的核心利益点。例如，如果一个品牌的定位是高端品质，那么其内容选题的核心利益点可能是高品质、奢华、独特。

5. SWOT 分析

SWOT 分析可以帮助企业全面了解自身的优势、劣势、机会和威胁，从而找到内容选题的核心利益点。例如，如果企业的竞争优势是独特的设计风格，那么其内容选题的核心利益点可能是时尚、个性、与众不同。

需要注意的是，选题内容的核心利益点应该与用户的需求和利益紧密相关，同时要简洁明了、具有亲和力，让用户感到舒适和愉悦，从而引起他们的兴趣和欲望。

（四）撰写标题

在确定好目标受众，收集与整理完标题相关信息，挖掘出内容标题的核心利益点后，就可以撰写标题内容了。在撰写标题时，并不是简单的文字拼凑，而是要利用一定的方法和技巧，做好目标用户的分析，将标题相关信息和核心利益点进行整合，从而撰写出具有针对性和吸引力的标题。

二、内容选题策划的技巧

内容选题策划是指内容策划人员根据产品、活动或品牌信息，提炼出产品卖点，从而撰写出吸引人的内容选题来促进产品销售的过程。内容选题策划并非简单的文字组合，在策划内容选题时，内容策划人员需要认真分析有关产品的各项信息，根据用户需求，挖掘出产品的核心卖点,从而策划出具有竞争力的选题。

以小红书平台为例,内容选题策划的技巧主要有以下几种。

（一）罗列数字

相较于文字,数字在呈现上更加直观,可以让标题更加醒目和更具冲击力。在进行标题策划时,可以适当在标题中添加权威资料数据、产品参数、产品价格、产品数量等信息,吸引用户眼球,让用户产生信任感。例如,在零食选题中,使用标题"那些值得狂囤100次的平价小零食!",该选题中用"100次"证明零食被购买的次数之多,用户观看标题后立即点击阅读笔记的次数会大大增加,并产生相应的购买行为。

（二）创造标签

标签是一种分类方式,可以让用户更方便地找到自己感兴趣的标题,从而提高文章的曝光度。标题中可以创造身份标签,利用用户对其身份的认同感,让用户对号入座,产生强烈的归属感。例如"便宜又好吃的零食推荐! 学生党必囤!"标题,使用"学生党"标签的方式来吸引特定的用户群体——学生,从而增加特定群体的购买行为。

（三）体现利益

在标题中直接呈现出产品或者文章带给用户的价值和利益,可以吸引用户的眼球,增加文章的点击率和阅读量,从而促进用户采取购买行动。如图5-1所示,标题中直接体现Excel表格制作的"干货"——使用常用快捷键,这个标题会让经常使用Excel表格的用户眼前一亮,立刻点进去阅读Excel表格制作的高效方法。

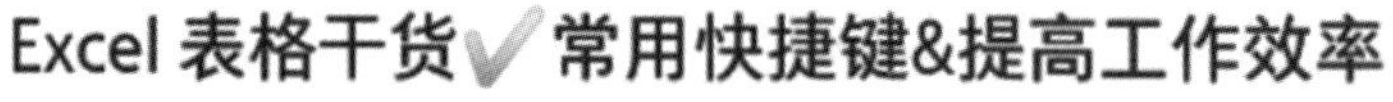

Excel 表格干货✔常用快捷键&提高工作效率

图5-1　体现利益标题

（四）使用表情符号

在标题中适当加入表情符号,可以增加一些趣味性和幽默感,从而吸引读者的眼球,增加点击率;同时,特定的表情符号还能够表达出创作者的情感态度,让读者更好地理解文章的情境和语气。如图5-5所示,标题中加入了星星、感叹号、葡萄等表情符号,让整个标题看起来更加具有趣味性和色彩感,能够吸引更多年轻女性用户的眼球。

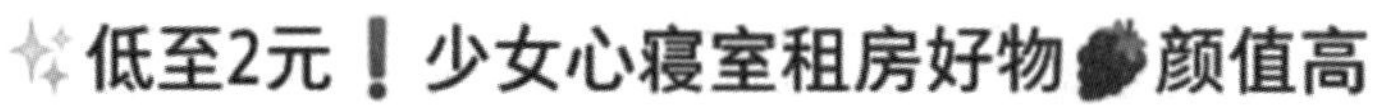

✨低至2元❗少女心寝室租房好物🍇颜值高

图5-2　使用表情符号标题

（五）巧设疑问

疑问式的标题能够有效激发用户的好奇心和求知欲,从而吸引读者的眼球,增加点击率;同时,疑问式的标题还能够引发用户思考,让用户更好地理解标题的主题,从而深入阅读文章内容。如图5-3所示,标题中引入了疑问式的话题"女生的第一辆车怎么选?"这个标题精准吸引到准备买车的女生的注意力,从而提高点击率。

女生Di一辆车怎么选?|看看学姐的买车经验

图5-3　巧设疑问标题

(六) 加入热点话题

在标题中加入当下热点话题,能够提高标题的话题性和关注度,增加内容的社交分享度,让内容更容易传播和扩散,从而增强内容的影响力和知名度。如图5-7所示,标题中加入了"多巴胺"话题,该话题为当下最新流行的穿搭风格——各种颜色组合在一起的穿搭风格,这会大大吸引"多巴胺"穿搭爱好者的注意力,从而提高内容的阅读量。

夏日彩虹色系 💕 多巴胺少女穿搭合集

图5-4　加入热点话题标题

 **任务实施**

步骤1:明确目标用户类型

小静首先要明确辣条的目标用户类型,包括目标用户的消费需求、消费心理、消费关注点等信息。辣条属于零食,因此,小静明确出目标用户的类型为零食爱好者,他们更加关注辣条的味道。

步骤2:收集整理信息

在确定辣条目标用户类型及其关注点后,小静需要根据已确定好的目标用户信息收集整理与其相关的信息作为标题撰写的素材。她在小红书平台搜索关键词"辣条味道",查看热门标题,从热门标题中获取有用信息,如图5-5所示。小静查看了热门标题,发现热门标题多以体现辣条的味道为主。

步骤3:挖掘核心利益点

在完成辣条标题相关信息的收集与整理后,小静需要从热门标题中挖掘出辣条的核心利益点。她发现热门标题都采用了夸张的手法描写出辣条的味道——好吃,如图5-6所示,因此,她将"好吃"作为辣条的核心利益点。

步骤4:撰写标题

在完成辣条核心利益点的挖掘后,小静就可以进行标题的撰写了。她决定采用夸张的手法来撰写标题,为了让标题更有吸引力,她决定在标题中加入表情符号,最终,她完成了标题的撰写,撰写结果如图5-7所示。

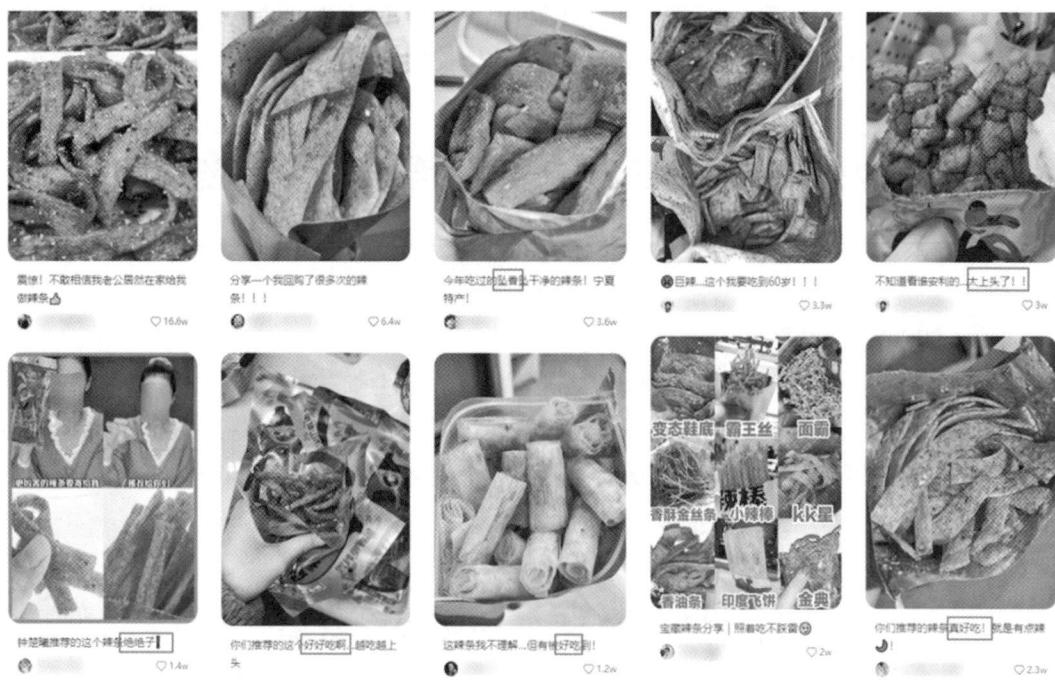

图 5-5　辣条热门标题

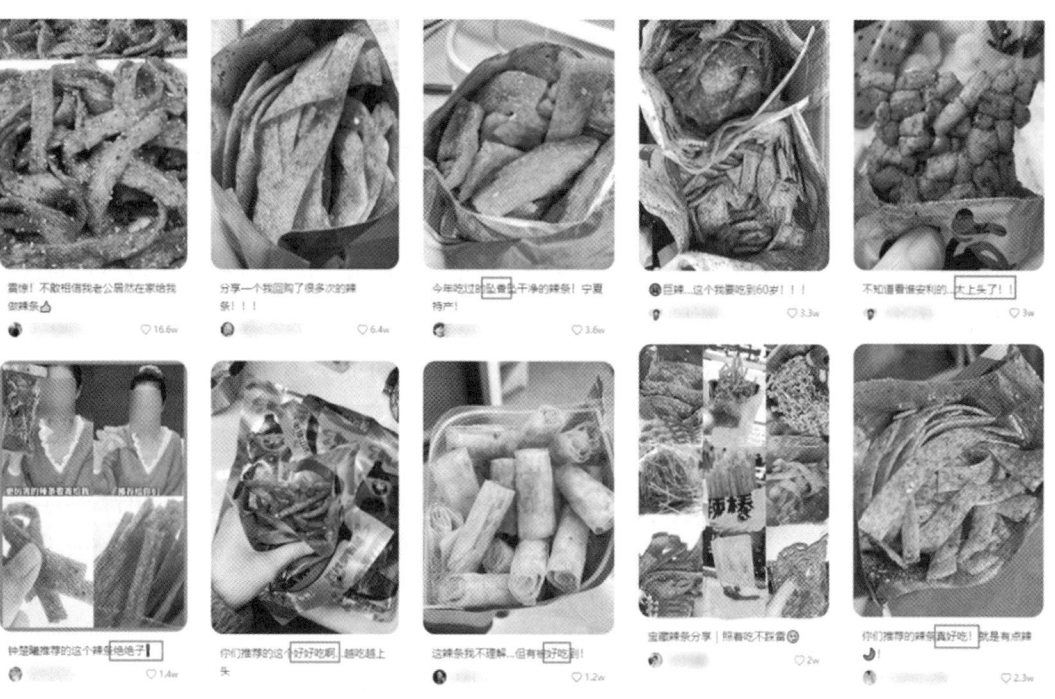

图 5-6　辣条热门标题核心利益点挖掘

救命 SOS 怎么会有这么好吃的辣条啊 🔥🔥🔥

图5-7　撰写辣条标题

国潮营销
新机遇

任务思考

小红书平台和其他社交媒体平台的内容选题有什么不同？请简要说明。

任务二　内容文案撰写

任务背景

马上就是6月1日儿童节了，该辣条店铺老板决定让小静在小红书平台上为店铺辣条策划内容文案，要求文案富有新意，能够帮助店铺提升人气，从而提高产品销量。

一、内容文案的写作流程

内容文案策划是指文案策划人员根据产品、活动或品牌信息,收集并整理所需信息,从而撰写出吸引人的文案来促进产品或服务销售的过程。内容文案的策划并不是简单的文字组合,在撰写内容文案时,文案策划人员需要认真分析运营人员提供的文案需求信息,包括产品的市场发展现状、产品的目标受众、产品的基本信息、品牌信息、活动信息等,从而有针对性地设计出内容文案。内容文案的写作流程如图5-8所示。

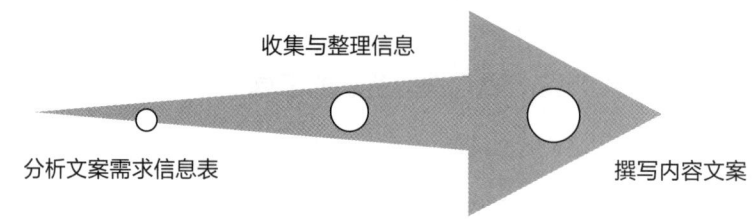

收集与整理信息

分析文案需求信息表

撰写内容文案

图5-8　内容文案的写作流程

(一)分析文案需求信息表

分析文案需求信息表是内容文案策划的首要步骤。文案策划人员在撰写文案前,首先要从运营人员处获取并分析文案需求信息表,了解产品的基本信息、分析产品的用户需求、活动信息、品牌信息等,从而对文案需求有更加深入和全面的了解,才能有针对性、有依据地制定出文案内容。文案需求信息表如表5-2所示。

表 5-2　文案需求信息表

产品的基本信息	产品的用户需求	活动信息	品牌信息
1. 产品名称 2. 产品类别 3. 产品规格 4. 产品包装 5. 产品的制作工艺 6. 生产日期和保质期 7. 生产厂家 8. 产品价格 9. 售后服务 ……	1. 功能需求 2. 性能需求 3. 易用性需求 4. 可靠性需求 5. 定制化需求 6. 社交化需求 7. 售后服务需求 ……	1. 活动时间 2. 活动方式 ……	1. 品牌logo 2. 品牌故事 3. 品牌发展历程 4. 品牌荣誉 ……

(二)收集与整理信息

在分析完产品各方面的信息后,就可以收集与整理出文案所需的信息内容,文案策划人员则可以根据整理到的所需信息进行内容文案的撰写。

若文案的类型为活动促销文案或品牌宣传文案,则可以直接根据活动信息或品牌信息来撰写文案。

若文案的类型为产品介绍文案,则需要根据文案需求信息表提炼出产品卖点,向目标用户传达产品的价值和优势,从而提高产品的销售量和市场份额。

(三)撰写内容文案

在收集与整理完所需信息后,即可撰写内容文案。在撰写内容文案时,文字需要简明扼要,突出卖点,并以需求为导向,强调差异并加入创意,以吸引用户的注意力并促进购买。

(1)简明扼要:文案需要简短、精炼,并尽量使用简单易懂的词汇和语句,让用户一目了然。

(2)突出卖点:在文案开头或者醒目的位置,突出产品的核心优势和特点,引起用户的兴趣。

(3)需求导向:描述产品时,需要紧密围绕用户需求展开,阐述产品如何解决用户的问题,并突出产品的独特价值。

(4)强调差异:描述产品时,需要强调产品的优势和与众不同之处,以突出产品的独特性,给用户留下深刻印象。

(5)加入创意:文案的创意设计也是非常重要的,可以通过图片、字体、排版、颜色等元素来增强文案的吸引力和记忆度。

二、内容文案的写作技巧

文案的创作除了要策划好文案标题外,还要掌握文案内容正文的写作技巧,包括文案的开头、主体和结尾的具体写作技巧。

(一)开头写作技巧

文案的开头是吸引用户注意力的关键,它决定了用户是否会继续阅读下去。一个好的文案开头可以引起用户的兴趣和好奇心,激发他们的购买欲望,从而提高转化率和销售额。文案开头的写作技巧主要有以下几点:

1. 直奔主题

直奔主题是指文案的开头部分直截了当、开门见山地向用户展示文案的写作目的,直接告知用户文案的写作主题,能够让用户阅读完开头部分的文案内容就能够了解整篇文案所要表达的核心内容。直奔主题式文案开头如图5-9所示,此文案开头部分直接告诉用户文案主题——平价又好吃的网购零食,让用户第一眼就能够抓住文案的核心主题。

图5-9 直奔主题式文案开头

2. 借助热点话题

借助热点话题是指在文案开头引入当下讨论度和关注度较高的话题来吸引更多用户注意力的写作方法。某穿搭文案开头如图5-10所示，其引用了当下非常热门的"多巴胺"话题。

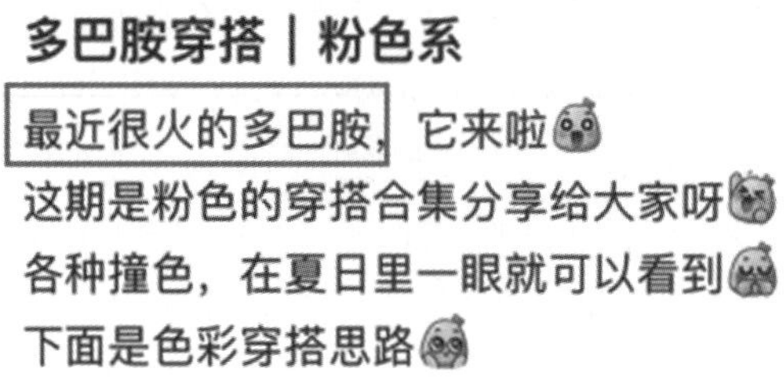

多巴胺穿搭｜粉色系

最近很火的多巴胺，它来啦🐼
这期是粉色的穿搭合集分享给大家呀🐼
各种撞色，在夏日里一眼就可以看到🐼
下面是色彩穿搭思路🐼

图5-10　借助热点话题的文案开头

3. 运用修辞手法

运用修辞手法是指文案开头部分运用排比、比喻、夸张、拟人、反问、设问等修辞手法，让文案开头变得更加生动有趣。某咖啡文案开头如图5-11所示，文案开头"只要它不停产，我会一直无限回购"，"没有咖啡续命就无法打起精神工作"等语句采用了夸张的手法。

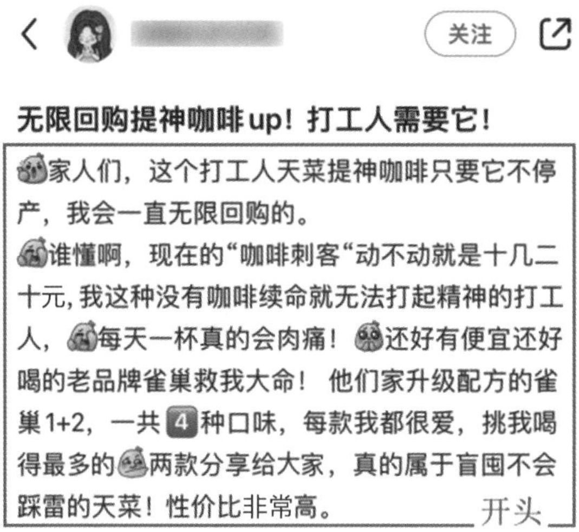

关注

无限回购提神咖啡up！打工人需要它！

🐼家人们，这个打工人天菜提神咖啡只要它不停产，我会一直无限回购的。
🐼谁懂啊，现在的"咖啡刺客"动不动就是十几二十元，我这种没有咖啡续命就无法打起精神的打工人，🐼每天一杯真的会肉痛！🐼还好有便宜还好喝的老品牌雀巢救我大命！他们家升级配方的雀巢1+2，一共 4 种口味，每款我都很爱，挑我喝得最多的🐼两款分享给大家，真的属于盲囤不会踩雷的天菜！性价比非常高。　开头

图5-11　运用修辞手法的文案开头

4. 设置悬念

设置悬念是指在文案开头中使用疑问、反转、夸张等手法，来制造一种悬念和吸引读者的好奇心和兴趣的写作方法。悬念式文案开头能够吸引读者的注意力，让读者产生好奇心和兴趣，从而更愿意继续阅读下去。某款速食粥的文案开头如图5-12所示，"为什么我才发现这个免煮免洗碗的速食粥"这句话采用了疑问的方式设置了悬念，能够有效吸引用户的注意力。

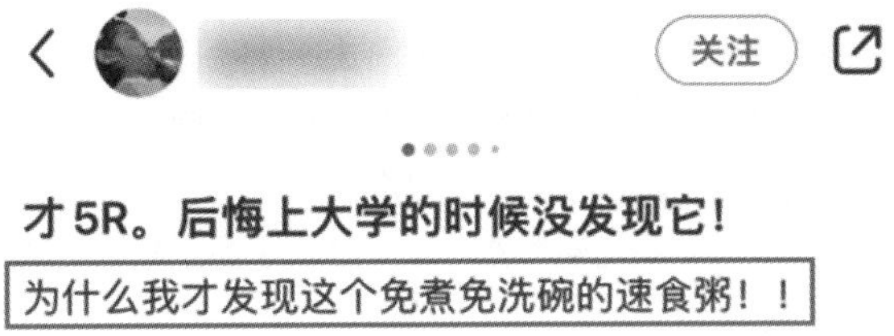

< 关注 ↗

• • • • •

才5R。后悔上大学的时候没发现它！

为什么我才发现这个免煮免洗碗的速食粥！！

图5-12 设置悬念的文案开头

（二）主体写作技巧

文案主体是文案的重要组成部分，是介绍产品的主要途径，通过详细地描述产品的性能、功能、特点和优势，能够让用户更加了解产品。文案主体部分的写作技巧主要有以下几点：

1.分点列举

分点列举是指文案主体部分逐一列举产品的种类、特点、优势、性能、功能等，能够体现出文案内容的层次，让文案内容更加具有逻辑性和可读性，也能够让文案呈现效果更加美观。某零食推荐文案的主体内容如图5-13所示，文案主体部分采用了分点列举，让用户能够更加清晰地了解文案主体内容。

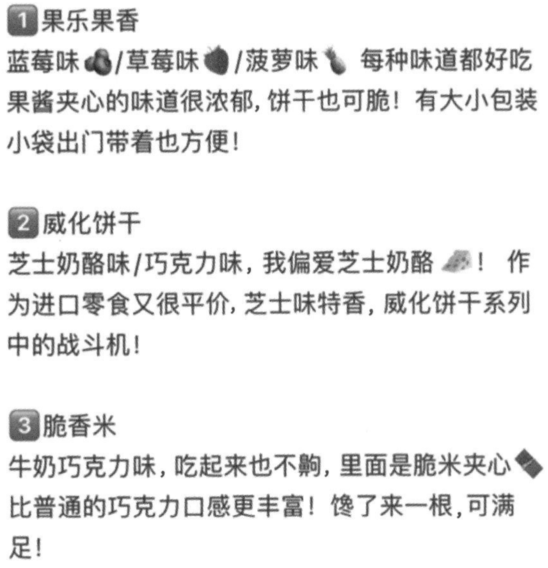

1 果乐果香
蓝莓味 🫐/草莓味 🍓/菠萝味 🍍 每种味道都好吃
果酱夹心的味道很浓郁，饼干也可脆！有大小包装
小袋出门带着也方便！

2 威化饼干
芝士奶酪味/巧克力味，我偏爱芝士奶酪 🧀！作
为进口零食又很平价，芝士味特香，威化饼干系列
中的战斗机！

3 脆香米
牛奶巧克力味，吃起来也不齁，里面是脆米夹心 🍫
比普通的巧克力口感更丰富！馋了来一根，可满
足！

图5-13 分点列举的文案主体

2.直接展示

直接展示是指在文案主体部分不拐弯抹角，直接向用户展示产品卖点或品牌特点的写作方法。某速食粥的文案主体如图5-14所示，该文案主体直接告知用户速食粥的特点和优势。

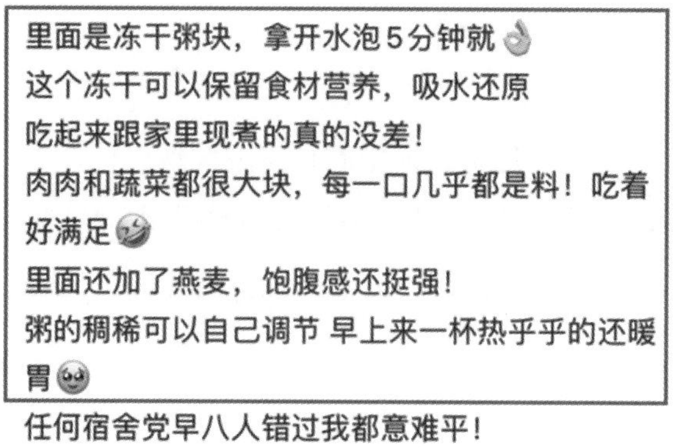

里面是冻干粥块，拿开水泡5分钟就👌

这个冻干可以保留食材营养，吸水还原

吃起来跟家里现煮的真的没差！

肉肉和蔬菜都很大块，每一口几乎都是料！吃着好满足😋

里面还加了燕麦，饱腹感还挺强！

粥的稠稀可以自己调节 早上来一杯热乎乎的还暖胃😊

任何宿舍党早八人错过我都意难平！

图5-14 直接展示的文案主体

（三）结尾

文案的结尾是对整篇文案的总结、提炼和升华，也是打动用户的关键一步，是否能够激发用户的兴趣并让他们转发文案或购买产品，往往就要看文案的结尾是否具有特色。文案结尾的写作技巧主要有以下几点。

1. 引导行动

引导行动式文案结尾是一种文案写作技巧，用于在文案的结尾部分引导用户采取具体的行动。这种文案通常会使用明确的行动呼吁语言，如"现在就购买""快快尝试吧"等，以鼓励用户采取下一步行动。某小饼干的文案结尾如图5-15所示，"赶快囤货囤起来"这句话就采用了引导行动的写作方法。

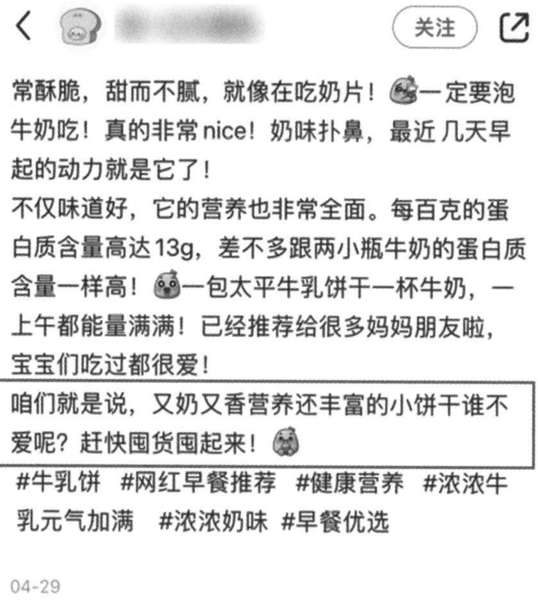

⟨ 🐷 ▓▓▓▓▓▓ 　　　关注 ↗

常酥脆，甜而不腻，就像在吃奶片！🍪一定要泡牛奶吃！真的非常nice！奶味扑鼻，最近 几天早起的动力就是它了！

不仅味道好，它的营养也非常全面。每百克的蛋白质含量高达13g，差不多跟两小瓶牛奶的蛋白质含量一样高！🥛一包太平牛乳饼干一杯牛奶，一上午都能量满满！已经推荐给很多妈妈朋友啦，宝宝们吃过都很爱！

咱们就是说，又奶又香营养还丰富的小饼干谁不爱呢？赶快囤货囤起来！😋

\#牛乳饼 \#网红早餐推荐 \#健康营养 \#浓浓牛乳元气加满 \#浓浓奶味 \#早餐优选

04-29

图5-15 引导行动式文案结尾

2. 激发互动

互动式文案结尾是一种文案写作技巧,用于在文案的结尾部分鼓励用户与品牌或产品进行互动。这种文案通常会使用一些互动元素,目的是增强品牌与读者之间的互动和联系。某零食推荐文案的结尾如图5-16所示,结尾处采用"欢迎评论"的方式邀请用户进行互动。

每次都奔着这几款好吃的去!

这几款零食我每次去都爱买一大堆!一边追剧一边吃,简直就是假期最快乐的日子了!

> 姐妹们还有其他零食分享吗?欢迎评论!

👏 #零食分享 #零食日常 #零食推荐

图5-16 互动式文案结尾

3. 总结全文

总结全文式文案结尾是一种文案写作技巧,用于在文案的结尾部分对全文进行简要总结和回顾。这种文案通常会在结尾部分回顾全文的主题、重点和关键信息,以帮助读者更好地理解和记忆文章的内容。某巧克力的文案结尾如图5-17所示,结尾对三种巧克力浓度的口感和特点进行了总结。

🍫65%可可浓度黑巧来自-厄瓜多尔,是世界顶级巧克力出产国!口感是很馥郁的可可香,一入口就感受到了它的特别之处,夹带着特殊的花香!与榛子香结合的恰到好处~我自己超爱这个味道!

🍫80%可可浓度来自-科特迪瓦,这里被誉为"可可王国",遍地都是可可树!真的很厉害了~这是三款里可可浓度最高的!口感更加醇厚香浓,略带点微苦后有回甘,与香甜的榛果相得益彰,不会像别的黑巧一样只有苦味!在嘴里萦绕着更丰富的层次感~喜欢吃黑巧的人一定会很爱这款!

-

> 三种浓度的口味,每一种都有自己独特的黑巧风味,建议从低到高品尝,可以感受黑巧克力层层递进的浓郁~

图5-17 总结全文式文案结尾

步骤1: 整理文案需求信息

小静根据运营人员提供的文案需求信息表整理出了辣条的各项信息,包括产品的基本信息、促销信息和品牌信息,如表5-3所示。

表5-3 文案需求信息

需求信息	具 体 内 容
基本信息	(1)产品名称: × × 辣条 (2)产品规格: 500 g/袋 (3)产品包装: 袋装 (4)产品的制作工艺: 精选知名品牌压榨一级菜籽油, 精选花椒、朝天椒、天然面粉等优质原材料, 采用单螺杆挤压熟化机、物理高温高压挤压熟化、拒绝油炸 (5)产品口味: 很麻很辣、微麻微辣 (6)生产日期和保质期: 2024年6月1日—2025年6月1日 (7)产品价格: 9.9元/3袋
促销信息	6.1儿童节, × × 辣条"买1赠1"
品牌信息	(1)品牌故事: 来自辣条发源地湖南省平江县, 传承地道辣条麻辣味 (2)品牌荣誉: 2020年被评为"质量信用等级A级企业" 2021年被评为"食品放心跟踪单位" 2022年12月荣获中国驰名商标。 2023年 × × 辣面筋全年销量首次突破10万件。

步骤2: 提炼产品卖点

在整理完文案需求信息后,小静需要提炼出产品的核心卖点。她决定将辣条的制作工艺提炼为卖点,提炼出的产品卖点包括以下几点:

(1)精选知名品牌压榨一级菜籽油。

(2)精选花椒、朝天椒、天然面粉等优质原材料。

(3)采用单螺杆挤压熟化机。

(4)使用物理高温高压挤压熟化,非油炸。

步骤3: 撰写文案开头

为了撰写出更加具有吸引力的文案开头,她决定采用直奔主题的写作方法,直接告知用户文案的写作主题,能够让用户阅读完开头部分的文案内容就能够了解整篇文案所要表达的核心内容,并在文案开头部分加入了"火焰""好吃"的表情符号,增加文案的趣味性。撰写好的文案开头如图5-18所示。

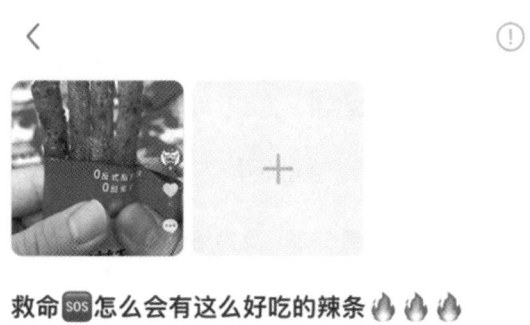

图5-18　文案开头

步骤4：撰写文案主体

文案的主体内容是文案的核心，需要凸显出产品的核心卖点，为了避免文字堆砌，让用户失去阅读兴趣，小静决定采用分段描述的方式撰写辣条的制作工艺，并在每段开头加入分段符号，增加主体内容的层次性。撰写好的文案主体如图5-19所示。

图5-19　文案主体

步骤5：撰写文案结尾

为了使文案结尾具有更强的引导购买氛围，小静决定使用明确的行动呼吁语言"快快尝试吧"，并配上"冲呀""购物车"等表情符号，以鼓励用户采取下一步行动。撰写好的文案结尾如图5-20所示。

最终，小静完成了辣条文案的撰写，文案整体内容如图5-21所示。

🐻爱吃辣条的朋友们

🐷真的超级好吃

快快尝试吧！🛒🛒🛒

话题　@ 用户　互动组件　　　　　∧

图5-20　文案结尾

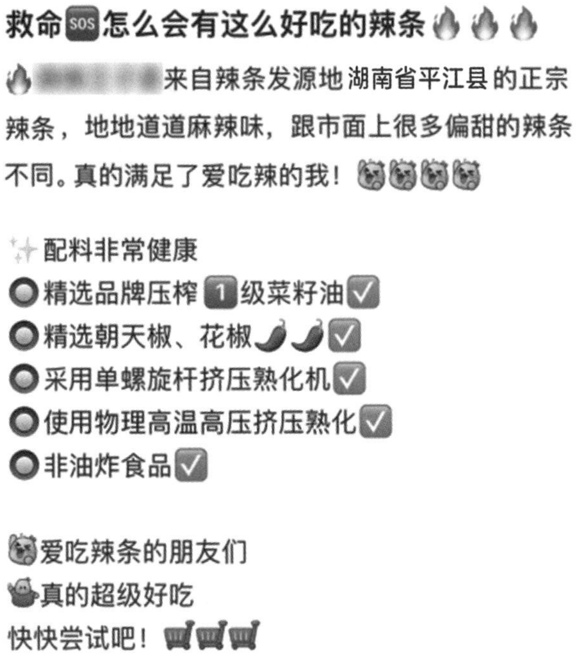

救命SOS怎么会有这么好吃的辣条🔥🔥🔥

🔥██████来自辣条发源地湖南省平江县的正宗
辣条，地地道道麻辣味，跟市面上很多偏甜的辣条
不同。真的满足了爱吃辣的我！🐻🐻🐻

✨配料非常健康
◯精选品牌压榨 1 级菜籽油✅
◯精选朝天椒、花椒🌶🌶✅
◯采用单螺旋杆挤压熟化机✅
◯使用物理高温高压挤压熟化✅
◯非油炸食品✅

🐻爱吃辣条的朋友们
🐷真的超级好吃
快快尝试吧！🛒🛒🛒

图5-21　辣条整体文案

知识拓展

小红书优质图文评定标准

　　小红书优质图文的评定标准有以下两个：

　　（1）用户所发表的内容必须是原创的，字数不宜过多，一般以300～600字为宜，所表达的内容要具有一定的意义，语句的表达要简洁明了无错别字。

　　（2）选取与主题相关的美图与之搭配，若图片选取过多，可根据其主题内容的发展顺序来排放照片，照片要具有统一大小标准。需要注意的是，在上传图片时应确保所上传的图片是符合小红书的图片要求的，小红书的图片尺寸要求有两个，分别是1∶1和3∶4。

小红书平台的文案有哪些类型？请举例说明。

任务三　内容文案推广

任务背景

小静在完成辣条文案标题和文案内容的撰写后，需要将撰写好的文案内容进行宣传推广，为店铺获取更多流量和浏览量，从而提升店铺辣条的销售量。

知识准备

一、内容文案的推广方式

当前，小红书的主要的内容文案推广方式包括素人笔记、KOL原创图文推广、广告投放、品牌号营销等。

（一）素人笔记

素人笔记是指邀请小红书平台粉丝数量不够多、没有粉丝基础的用户来发布相关的种草笔记。素人笔记推广方式的优势有两个，一是推广成本低，因为素人的推广费用相对来说较低；二是更加真实可靠，因为在一些用户心中，他们会认为素人笔记更加真实可信。

（二）KOL图文推广

KOL通常拥有大量准确产品信息，他们能够被粉丝所信任，并且能够影响粉丝的购买行为。一般来说，KOL通常是某个行业或领域的专业人士，如美妆博主、美食博主。

（三）广告投放

广告投放是根据广告主以及广告的内容在相应的平台上以文字、图片或者视频的形式精准地推送给用户。小红书广告投放主要分为两类：一类是商业广告，以开屏广告为主；另一类是竞价广告。

1. 商业广告

商业广告主要是开屏广告，这种广告的价格相对较高，如图5-22所示。

图5-22　商业广告

2. 竞价广告

在小红书中,竞价广告主要分为两种:搜索广告和信息流广告。搜索广告通常是与用户的搜索有关,广告系统会根据用户的搜索来识别、分析有价值的关键词,如图5-23所示。

信息流广告的主要形式通常是图片、图文、视频等,其最大的优势在于算法技术领先,能够精准地定向,用户体验好,且能够通过算法技术在平台中精准投放,因此无论是曝光率还是转化率都能得到提升。信息流广告如图5-24所示。

图5-23　搜索广告　　　　　　图5-24　信息流广告

(四)品牌号营销

品牌号营销是指在小红书平台,将原本的品牌账号升级成更加具有影响力的品牌号,再利用品牌号进行营销推广的方式。其主要目的是促进消费者与品牌之间的交流,实现品牌主在小红书平台上的消费闭环。

二、内容文案的推广策略

在选择好文案的推广方式后,还需要选择合适的推广策略,才能实现文案推广效果的最佳。以下是几个文案推广的策略。

(一)保持频繁更新

每天更新的好处是为了获得更好的播放量,同时让系统认为此账号是有良好的运营基础,从而渐渐地给账号增加更多的曝光度。

（二）进行推广和宣传

可以在小红书文案结尾加入与产品相关的话题，这样用户在搜索关键词时可以精准地定位到与之相关的文案中，可以起到很好的推广作用。

（三）加入热点内容

可以多多关注一些比较流行的热点话题和热点内容，发送的内容尽量与当天发生的热点相关联，这样平台也会有更高的推送量，从而提升阅读量、点赞量和收藏量。

（四）多与粉丝互动，引导粉丝转发

可以在评论区与用户互动，并及时回复粉丝消息，这样粉丝可能会感受到创作者对其的重视，从而更愿意观看创作者的内容，并且帮助转发和点赞。另外也需要多引导粉丝进行互动。例如可以在文案中留下问题，引导粉丝在评论区发起讨论，从而调动粉丝积极性并帮助粉丝转化。

（五）IP的联合运营与互相引流

联合运营是一种互惠互利的形式，可找到IP双方受益的合作点，彼此互推，从而实现受益最大化。账号可以和一些自媒体相关领域的名人进行合作，互相关注进行引流。

（六）参加平台的热门活动

通过参加平台举办的各种活动，商家可以让更多人知道自己的品牌和产品，从而带来更多的关注度。

（七）选择合适的推广时间

节假日、促销活动等特殊时期往往能吸引更多消费者关注。因此，在这些时候进行推广可能会带来更高的转化率。另外，应观察竞争对手在哪些时间进行推广活动，以避免重合时段。这样可以确保自己的推广策略具有竞争优势。

任务实施

步骤1：选择推广方式

由于店铺的小红书账号粉丝量为21.9万个，用官方账号推广会取得较高的浏览量和点赞量，所以小静利用官方账号进行推广。

步骤2：制定推广策略

为了辣条能在6月1日取得更好的营销效果，店铺老板要求小静为辣条制定合适的推广策略。小静的推广策略如下。

1. 保持频繁更新

为了取得更好的推广效果，小静决定在活动开始前两周开始进行文案推广，每日更新并发布文案内容。

2. 文案结尾加入话题

小静在辣条文案结尾加入与产品相关的话题，如图5-25所示，这样用户在搜索关键词时可以精准地定位到与之相关的文案中，从而起到很好的推广作用。

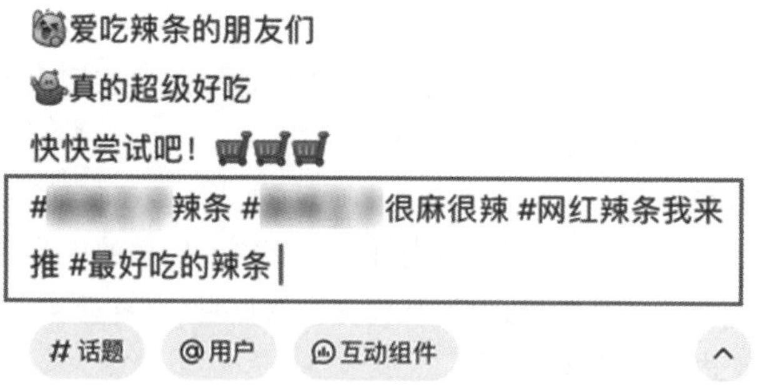

图5-25　文案结尾加入话题

3. 多和粉丝互动，引导粉丝转发

小静发布文案后，保持每天在评论区跟用户互动，粉丝在下面评论后，及时互动回复，从而引起粉丝的关注。

4. 选择合适的推广时间

小静决定在每天上午的8点至9点发布文案，因为在这个时段，会有较多的"上班族"在地铁和公交上浏览小红书，这个时段的浏览量会比较高；另外，小静还选取了每天晚上的6点至10点发布文案，因为这个时段为下班时间，很多上班族有大量的空闲时间浏览小红书，这个时段也会获得较高的浏览量、收藏量和点赞量。因此，在这个时段进行推广可能会带来更高的转化率。

知识拓展

小红书的内容推广规范

小红书的内容推广规范如下：

（1）尊重原创，真诚分享。在小红书分享与交流时，请确保所用材料均为原创。如需参考，要确保具有使用权，同时要保证所有素材的真实性，如需转载，应取得对方同意，并注明出处。

（2）尽量避免内容修饰过多，特别是在对别人提出建议的美妆、穿搭、探店等领域。小红书社区之所以流行，关键在于社区中有一群乐于给别人提供建议和帮助的人群，但是其所分享的内容随时可能被别人用作决策的基础，因此，修饰和美化要有度，不要误导别人。

（3）避免使用夸张、猎奇之类的方法来吸引用户点击。使用夸张的标题和封面，是一种不诚恳的分享行为，小红书社区对这一点也有适当调控，博主不应抱有侥幸心理，要通过真诚分享不断积累粉丝。

（4）小红书禁止销售高风险的内容，不鼓励发布营销或导流信息，包括但不限于以下内容：

① 发布销售高风险类相关内容,例如医美整形、医疗器械。

② 发布具有营销性内容,例如代购,转售,拼单。

③ 发布个人联系方式,例如手机号,微信号,地址。

④ 发布其他平台的联系方式,例如网址链接、二维码、水印。

(5) 避免恶意行为。小红书平台的恶意行为如下:

① 恶意注册账号,例如批量注册。

② 滥用权益登记或开设多个账号,进行如破坏、扰乱小红书平台秩序等不当行为。

③ 异常发布小红书,例如批量发布、高频发布、机器发布。

④ 通过程序、脚本模拟、人刷或其他异常手段与方法制造假数据,如假粉丝关注、点赞、收藏、评论。

⑤ 自己或通过第三方车取不当利益,损害他人权益或干扰小红书平台正常运营的行为,如恶意陷害、恶意举报。

 任务思考

小红书文案推广后,还需要进行哪些工作?

素养提升

发挥创新精神,让文案在创新创作中闪闪发光

近年来,随着电子商务的高速发展,电子商务已经成为人们购物的主要方式,网店商家为了吸引更多的消费者,不仅注重把控产品品质,而且注重对产品文案的创作。优质的文案能够让消费者通过文案就能立刻说出产品或品牌名称,例如一提到文案"水中贵族",大家就能立刻想到"百岁山";一提到"你本来就很美",大家就能立刻想到"自然堂";一提到"只买对的,不买贵的",大家就能立刻想到"雕牌";这些文案的影响力为产品或品牌带来了巨大的流量和销量。因此,文案对于网店商家的重要性不言而喻。优质的文案内容可以辅助视觉设计,解决电子商务的流量和转化问题。优秀的文案内容可以提升产品的价值,促进销售,同时还可以提升店铺的信任度,增强品牌影响力。

然而,随着时代的发展,大众对于新事物的接受速度也越来越快,文案的创作如果只是墨守成规,则很快会被大众抛弃,被时代淘汰。因此,文案的创作要时刻保持创新。习近平总书记曾多次提到,"只有创新才有发展,只有发展才有出路。创新是一个民族

发展进步的灵魂精神,是一个国家兴旺发达的不竭动力。"无论任何时候,都要增强创新意识,发挥创新精神,不断为工作注入创新动力。

　　作为新时代的文案创作者,要不断增强自身的学习能力,提升知识储备,还要拥有一双敏锐的双眼,时刻从生活中发现创新的闪光,在文案的创作中发挥创新精神,让文案在创新创作中闪闪发光,在创新创作中永葆新的生命力。

 **技能自测**

一、单项选择题

1. 小红书内容选题策划的第一步是(　　　)。

　　A. 明确目标用户类型　　　　　　　　　B. 收集整理信息

　　C. 挖掘核心利益点　　　　　　　　　　D. 撰写标题

2. "36款春节必备零食,每款低至1元!",该标题采用的写作技巧是(　　　)。

　　A. 贴标签　　　　　　　　　　　　　　B. 讲利益

　　C. 列数字　　　　　　　　　　　　　　D. 设置疑问

3. 直截了当、开门见山地向用户展示文案的写作目的,直接告知用户文案的写作主题的写作技巧是(　　　)。

　　A. 借助热点话题　　　　　　　　　　　B. 运用修辞手法

　　C. 设置悬念　　　　　　　　　　　　　D. 直奔主题

4. 根据产品的种类、特点、优势、性能、功能等,逐一列举,体现出文案内容的层次性的写作技巧是(　　　)。

　　A. 分类列举　　　　　　　　　　　　　B. 设置悬念

　　C. 总结全文　　　　　　　　　　　　　D. 引导行动

5. 通过某个行业或领域的专业人士进行图文推广的方式是(　　　)。

　　A. 素人笔记推广　　　　　　　　　　　B. KOL 图文推广

　　C. 品牌号营销推广　　　　　　　　　　D. 广告投放推广

二、多项选择题

1. 内容选题的策划技巧包括(　　　　　)。

　　A. 列数字　　　　　　　　　　　　　　B. 设置疑问

　　C. 贴标签　　　　　　　　　　　　　　D. 运用表情符号

2. 下列属于文案标题信息获取渠道的有(　　　　　)。

　　A. 小红书搜索平台　　　　　　　　　　B. 微博热搜

　　C. 抖音热搜　　　　　　　　　　　　　D. 快手热搜

3. 小红书内容文案主要由( )组成。

　　A. 开头　　　　　　　　　　　　　　　B. 摘要

　　C. 主体　　　　　　　　　　　　　　　D. 结尾

4. 小红书内容文案的推广方式包括( )。

　　A. 素人笔记推广　　　　　　　　　　　B. KOL 图文推广

　　C. 品牌号营销推广　　　　　　　　　　D. 广告投放推广

5. 下列关于小红书内容文案的推广策略说法正确的有( )。

　　A. 小红书内容保持频繁更新的好处是获得更好的播放量

　　B. 可以在小红书文案结尾加入与产品相关的话题,能够起到更好的推广作用

　　C. 发送的内容应尽量多与当天发生的热点相关联,这样平台也会有更高的推送量

　　D. 可以与竞争对手选择相同时段进行推广,以确保自身的推广策略具有竞争优势

三、判断题

1. 在进行推广时,可以多利用节假日、促销活动等特殊时期。　　　　　　　( )

2. 小红书标题的字数越长,越容易吸引用户。　　　　　　　　　　　　　( )

3. 运用排比、比喻、夸张、拟人、反问、设问等修辞手法,能够让文案开头变得更加生动有趣。

　　　　　　　　　　　　　　　　　　　　　　　　　　　　　　　　( )

4. 在进行推广时,可以选择开屏广告的推广方式,因为这样的推广方式成本较低,且推广效果好。　　　　　　　　　　　　　　　　　　　　　　　　　　　　( )

5. 若文案的类型为产品介绍文案,则需要根据文案需求信息表提炼出产品卖点,向目标用户传达产品的价值和优势。　　　　　　　　　　　　　　　　　　　　( )

四、技能训练题

　　请同学们注册小红书账号,根据所学知识,为自己喜欢的一款零食策划文案标题和文案内容,内容包括开头、主体和结尾三个部分,并选择合适的标题和文案内容写作技巧,完成内容的发布。

项目六

搜索引擎优化与营销

学习目标

 **知识目标**
- ❖ 了解网站SEO分析的主要内容
- ❖ 熟悉网站SEO优化的方法
- ❖ 熟悉网站SEO效果评估的主要指标
- ❖ 了解SEM策划与实施的流程
- ❖ 熟悉APP关键词优化的方法

 能力目标
- ❖ 能够利用在线搜索引擎优化工具对网站进行SEO综合分析
- ❖ 能够根据分析结果进行SEO优化实施及监控工作
- ❖ 能够根据竞价推广目标进行SEM策划与实施,包括目标用户特征分析、推广关键词分析、确定创意文案、确定推广预算、注册及设置推广信息
- ❖ 能够通过在线工具对应用程序进行ASO分析
- ❖ 能够根据分析结果对应用进行标题、关键词、描述优化

 素养目标
- ❖ 在搜索引擎营销过程中,严格遵守《互联网信息搜索服务管理规定》等相关法律法规
- ❖ 具备独立思考的能力,能够发现搜索引擎优化与营销过程中的问题,并对问题进行分析,提出解决方法

学习导图

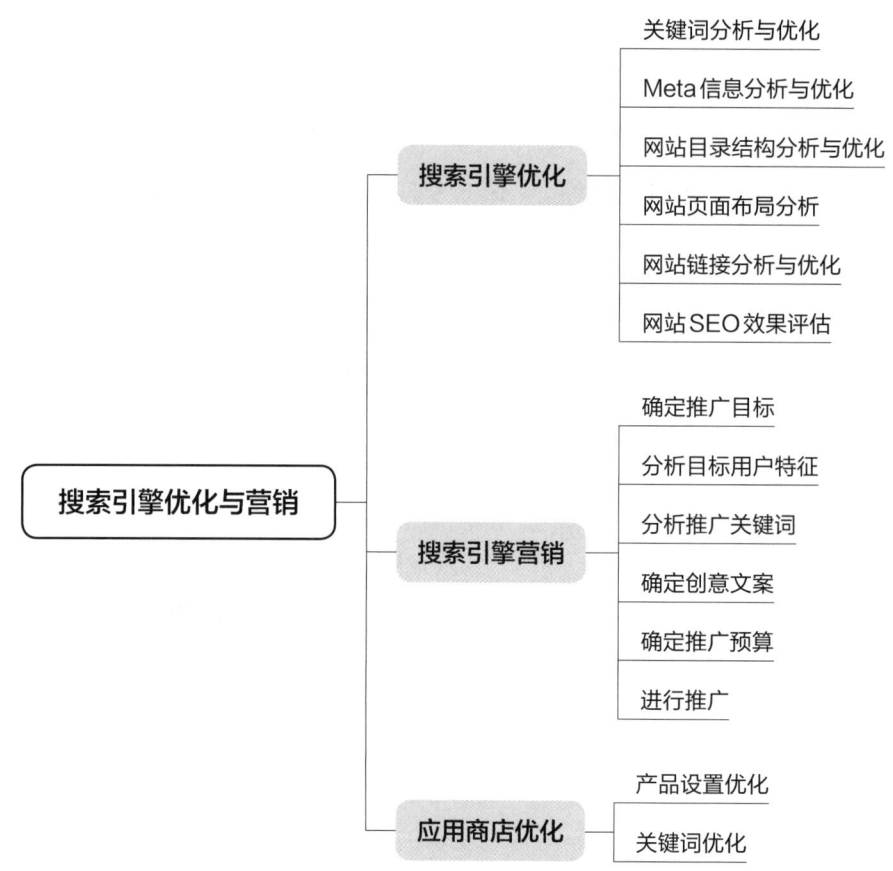

搜索引擎优化与营销
- 搜索引擎优化
  - 关键词分析与优化
  - Meta 信息分析与优化
  - 网站目录结构分析与优化
  - 网站页面布局分析
  - 网站链接分析与优化
  - 网站SEO效果评估
- 搜索引擎营销
  - 确定推广目标
  - 分析目标用户特征
  - 分析推广关键词
  - 确定创意文案
  - 确定推广预算
  - 进行推广
- 应用商店优化
  - 产品设置优化
  - 关键词优化

案例导入

　　某饮品品牌创建于1987年,一直有不错的销量。2019年年底,该饮品品牌为顺应时代的变迁,开启了线下茶饮店品牌项目,奶茶取名为HAHA TEA。

　　该奶茶以搜索推广和品牌广告的形式进行招商加盟,并与百度公司进行深入合作。从该饮品品牌奶茶品牌成立之初到目前,全国加盟超2 000余家实体店面,百度对其规模的扩张起到决定性的作用。随着移动互联网时代的来临,移动端的流量更加巨大,为了更好地在移动端做推广,百度公司对网站的移动端进行改版升级。此次推广以移动端的布局为主,后期更是加入品牌广告全天点击不收费的投放模式,以便找到更多有需求的客户,也让该饮品品牌奶茶在2020年、2021年、2022年的加盟店数量不断创新高。2022年,该饮品品牌奶茶的搜索推广总曝光量为214.7万次,有效访问次数为9.6万次,点击价格为5.66元。

案例思考：

通过阅读案例，思考并回答以下问题：

（1）该饮品品牌奶茶为什么要选择百度公司进行推广？

（2）通过案例分析，搜索引擎营销的营销价值体现在哪些方面？

任务一　搜索引擎优化

 **任务背景**

　　小静是一名电子商务专业的毕业生，毕业后，她应聘到了某饮品品牌奶茶公司的电商运营专员岗位。为了提高搜索引擎的营销效果，获得更多有价值的流量，为用户提供更好的浏览体验，老板要求她对品牌官网进行搜索引擎优化分析并提出优化建议。

知识准备

一、网站SEO分析

　　搜索引擎优化（search engine optimization，SEO）是一种通过优化网站内容和结构，提高网站在搜索引擎中的自然排名，从而获得更多有价值的流量和更好的用户体验的技术和策略。通过优化网站的内容、结构、技术等，可使得网站能够被搜索引擎更好地理解和收录，并且在搜索结果中排名更高，从而吸引更多的用户访问和提高转化率。

　　网站SEO分析主要包括关键词分析、Meta信息分析、网站目录结构分析、网站页面布局分析、网站链接分析。

（一）关键词分析

　　关键词分析是指对网站的核心关键词、间接关键词、长尾关键词进行分析，以了解用户搜索行为和网站流量来源。关键词分析可以帮助网站优化人员确定网站的核心关键词，以及如何将这些关键词合理地分配到网站的各个页面上，从而提高网站在搜索引擎中的排名。

（二）Meta信息分析

　　Meta信息是指网页Html代码Head区的一个标记代表，用于描述网页的基本属性，内容包括指关键词（Keywords）、标题（Title）以及描述（Description）。通过查看源代码，可判断其是否摆放了大量的关键词。通过对网站的Meta信息分析，可以帮助搜索引擎更好地理解网站的主题和内容，从而提高网站在搜索引擎中的排名。

（三）网站目录结构分析

网站目录结构是指网站文件的组织方式，包括文件夹和文件的层次关系。通过分析网站目录结构，可以帮助网站优化人员确定网站的核心关键词，以及如何将这些关键词合理地分配到网站的各个页面上，从而提高网站在搜索引擎中的排名。

（四）网站页面布局分析

网站页面布局分析需对网站整体的布局、布局模块的分布等进行分析。针对用户体验，一个好的布局可以让用户很快找到所需要的东西，从而大大提高用户的体验度，因此布局要符合用户操作习惯。

（五）网站链接分析

网站链接分析是指对网站的友情链接、外部链接、内部链接、死链等进行分析，以了解网站的流量来源和质量。通过分析网站链接，可以帮助网站优化人员确定哪些页面受到了更多的关注，哪些页面需要更多的优化，从而提高网站在搜索引擎中的排名。

1. 友情链接

友情链接是指网站之间交换互惠链接，从而实现互惠互利。

2. 外部链接

外部链接是指将添加到其他网站的链接导入自己的网站。外部链接可以提高关键词的排名，并为网站带来流量，外链不注重数量，而注重质量，质量是导入链接的页面的权重，它可以间接影响网站在搜索引擎中的权重。

3. 内部链接

内部链接是指网站域名下的网页链接。蜘蛛爬行网站的时候都是直接通过链接进行爬行的，当一个网站在合理地构建了网站内部链接时，即可提高搜索引擎对网站的收录率和网站的权重。

4. 死链

死链是指服务器的地址已经改变，无法找到当前地址位置，包括协议死链和内容死链两种形式。死链出现的原因有网站服务器设置错误、某文件夹名称修改、路径错误链接变成死链等。

二、网站SEO优化

网站SEO优化是指通过一系列的技术手段，提高网站在搜索引擎中的自然排名，从而增加网站的曝光度和流量的方法。

（一）关键词优化

1. 关键词挖掘

关键词的挖掘是网站排名优化的重要环节。所以，需要根据网站的实际情况及用户的搜索需求,选择最适合网站优化的关键词,最好避开过于热门或者过于冷门的关键词。因为过热、过冷的关键词,都会影响优化效果。只有找准了关键词,才能精准锁定目标用户。

关键词挖掘的方法有以下三种:

(1)从产品、业务或者行业中寻找热门词。

(2)利用一些工具和方法,例如站长工具、百度推广后台、百度下拉框等寻找出真正需要的相关词。

(3)根据目标词,利用工具挖掘出需求长尾词,让关键词的精准度更高且指向性更明显。

在挖掘关键词时,需要重点关注三个数据:收录量、长尾词数量和移动日均流量。收录量越高,优化价值越高,但同行之间竞争越大;长尾词越多,展现出来的用户需求维度就越丰富;移动日均流量指该词在移动端的浏览量,随着智能手机的普及,大家也越来越习惯在手机端搜索内容,所以,移动端的流量也需要重点关注。

2. 关键词筛选

关键词筛选是指将挖掘出的关键词进行整理,分析出适合网站的核心关键词和长尾关键词。

核心关键词的筛选标准:有较大搜索量并且和产品匹配。

长尾关键词的筛选标准:搜索量相对核心关键词和行业大词较小,但相对比较精准,转化率较高。

(二)Meta标题优化

Meta标题优化需要注意以下几点。

(1)标题的独特性:网站中,不同栏目都代表不同的涉及范围,所以不同栏目需具备不同的标题,以显示其相对独立性,但需在其主体相关性之中。

(2)字数限制:若只从技术角度来分析,标题可不受字符限制,但为达到良好的用户体验,需将字数设置在30个汉字内。

(3)通顺勿堆砌:关键词应具有相关性,切勿通过关键词堆砌来实现。

(4)主次有序:权重传递由左至右,关键词排序也需紧扣核心到非核心,词的排序位置越靠前,就与网站整体的相关性越高,网站排名的情况越好。

(5)标题吸引力:优质的标题可以吸引更多用户点击,提升网站排名。因此应增强标题的吸引力。

(6)关键词的组合搭配:从页面角度进行分析,一个页面最多优化4个关键词,一般来说,关键词的合理搭配在页面优化中占据重要地位,页面所体现的关键词越多,页面权重值就越低,参与排名的机会就会下降。

(三)网站目录结构优化

网站的目录结构不能太复杂,应让用户最多通过4次点击就能找到需要的内容。链接深度还要看链接中"/"的数目,一般"/"域名后面有2到3个比较合适,从而保证终端页、详情页或是存放路径比较深的页面易被搜索引擎抓取,且获得高权重。

网站目录命名可以是英文、拼音及中文,但与之结合的多项数据分析系统的中文识别技术欠成熟,所以在进行网站目录命名时,采用更多的是英文,一方面可以使得网站看上去比较正规,另一方面也能获得较好的搜索引擎识别。

（四）网站页面布局优化

网站页面布局优化的内容包括以下几点:

（1）网站头部:包括Logo、导航栏、搜索框等,应该放在页面最显眼的位置,方便用户快速找到所需信息。

（2）网站主体部分:应该根据用户需求和网站主题进行分类,使用户能够快速找到所需信息。同时,应该注意页面排版美观大方,避免出现过多的文字和图片。

（3）网站底部:包括版权信息、联系方式等,应该放在页面的最下方,不影响用户的浏览体验。

（4）网站速度:应该尽量减少页面加载时间,提高网站速度。可以通过压缩图片、使用内容分发网络等方式来实现。

（5）网站地图:在网站页面左侧或者右侧加入网站地图,一方面可以提升用户体验,为网站访问者指明方向;另一方面可以帮助搜索引擎蜘蛛浏览整个网站的链接,为其提供一些指向动态页面的链接。网站地图也可以作为一种潜在的着陆页面,对搜索流量进行优化。

（6）页面排版:排版优化要求版式美观,易于阅读,且用户所需要的内容应位于网页最重要的位置;同时能够通过页面布局清楚地区分广告位置,并且广告不妨碍用户对主题内容的获取。

（五）网站链接优化

（1）内部链接优化:应在网站内部建立良好的链接结构,使用户能够快速找到所需信息。同时,应该注意页面排版美观大方,避免出现过多的文字和图片。

（2）外部链接优化:应通过在其他网站导入自己网站的链接,提高被链接页面以及整个网站权重。

三、网站SEO效果评估

SEO是一个循环渐进的过程,对网站进行优化后,运营人员会定期对网站数据进行整理记录,统计近期网站关键词排名及网站访问数据,并汇总表格,最后进行数据对比,配合市场反馈再次对网站完成优化。

对网站独立IP访问数和页面访问量进行统计,可在网站代码中添加百度统计代码,通过百度统计后台,每周对网站访问数据进行查看,统计网站访问数量等。通过百度数据统计分析,也可以看到网站受访页面入口、关键词来路、受访页面;通过关键词来路的统计,方便日后挖掘准确关键词,制定SEO的目标,挖掘更多潜在客户。百度数据统计后台如图6-1所示。

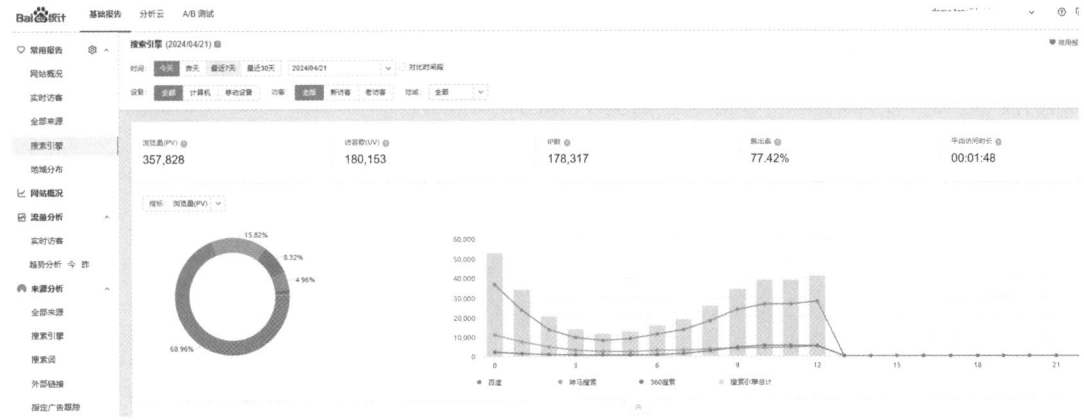

图 6-1　百度数据统计后台

![任务实施]

步骤 1：关键词分析与优化

步骤 1.1：关键词分析

小静首先要在搜索引擎中搜索关键词"奶茶品牌"，与之相关的词条有 CoCo 奶茶、香飘飘奶茶、伊利奶茶等，但与小静公司饮品品牌奶茶的相关词条基本没有，说明该饮品品牌奶茶搜索度并不高。

在站长工具中查询该饮品品牌奶茶的关键词，发现其搜索权重也非常低，在各大搜索引擎中的搜索量非常低，如图 6-2 所示。

当前位置：站长工具 ＞ 权重综合查询							移动端SEO排名★竞价开户高返		大咖联盟 收一切流量 日结	
综合权重	百度权重	搜狗权重	必应权重	360权重	神马权重	头条权重			SEO中介平台 排名优化有保障	

综合权重查询　www.dakuaihuo-jm.cn　　查询

综合权重概况　　　　　　　　　　　　　　　　　　　　　　　　获取API　历史数据

综合	权重	关键词数	第一页	第二页	第三页	第四页	第五页	预估流量
百度PC	0	1 (0)	1 (0)	0 (0)	0 (0)	0 (0)	0 (0)	0 ~ 0
百度移动	1	3 (+1)	0 (-1)	1 (0)	1 (+1)	1 (+1)	0 (0)	5 ~ 9
搜狗PC	0	0 (0)	0 (0)	0 (0)	0 (0)	0 (0)	0 (0)	0 ~ 0
搜狗移动	0	0 (0)	0 (0)	0 (0)	0 (0)	0 (0)	0 (0)	0 ~ 0
必应权重	1	2 (0)	1 (0)	1 (0)	0 (0)	0 (0)	0 (0)	6 ~ 10
360PC	1	2 (0)	2 (0)	0 (0)	0 (0)	0 (0)	0 (0)	18 ~ 28
360移动	1	1 (0)	0 (0)	0 (0)	0 (0)	0 (0)	0 (0)	11 ~ 17
神马权重	0	0 (0)	0 (0)	0 (0)	0 (0)	0 (0)	0 (0)	0 ~ 0
头条权重	0	0 (0)	0 (0)	0 (0)	0 (0)	0 (0)	0 (0)	0 ~ 0

图 6-2　某饮品品牌奶茶关键词搜索权重

步骤1.2：关键词优化

小静决定使用站长工具对关键词进行优化，如图6-3所示，点击站长工具平台提供的挖词功能，进行"××奶茶"长尾关键词挖掘，如图6-4所示。

图6-3　站长工具挖词

图6-4　长尾关键词挖掘

小静将挖掘出的关键词进行整理，如表6-1所示，分析出适合网站的核心关键词和长尾关键词。

表 6-1　关键词一览表

搜 索 词	挖 掘 方 法	长 尾 关 键 词
× × 奶茶	站长工具关键词挖掘	× × 冰淇淋奶茶、× × 蜂蜜奶茶、× × 黑糖奶茶、× × 奶茶价格、× × 奶茶图片、× × 奶茶配料

小静根据整理出的长尾关键词，分析出适合网站的核心关键词为"××（品牌）+口味+奶茶"，长尾关键词为"××价格、××图片、××配料"。

步骤2：Meta信息分析与优化

步骤2.1：Meta信息分析

完成关键词分析与优化后，小静开始分析××奶茶Meta信息。如图6-5所示，是该饮品奶茶官网首页的Meta标签，标题为网站名称，简单明了，描述内容概括网站属性及用途编辑规范，但是××奶茶的关键词明显较少。

```
1  <!DOCTYPE html>
2
3  <html>
4
5   <head>
6
7   <meta http-equiv="Content-Type" content="text/html; charset=utf-8" />
8
9   <meta http-equiv="X-UA-Compatible" content="IE=7" />
10
11  <title>▨▨▨▨奶茶官方网站</title>
12
13  <meta name="keywords" content="▨▨▨奶茶,▨▨▨奶茶官网,▨▨▨奶茶加盟" />
14
15  <meta name="description" content="▨▨▨奶茶官网秉行AD钙奶为成主要的原料,奶茶重新回忆童时的味道,我们用心聆听和关心员工,藉此吸引优秀的人才
16
17  <link href="http://www.dakuaihuo-jm.cn/favicon.ico" rel="shortcut icon">
18
19  <link href="http://www.dakuaihuo-jm.cn/skin/css/css.css" rel="stylesheet" type="text/css" />
20
21  <script type="text/javascript" src="http://www.dakuaihuo-jm.cn/skin/js/sj.js"></script>
22
23  <script type="text/javascript" src="http://www.dakuaihuo-jm.cn/skin/js/cfcoda.js"></script>
24
25  <script type="text/javascript" src="/skin/js/common53tjts.js"></script>
26
27  <meta http-equiv="mobile-agent" content="format=xhtml;url=http://m.dakuaihuo-jm.cn">
```

图6-5　××奶茶Meta信息

步骤2.2：Meta信息优化

小静对Meta信息中关于该饮品奶茶的描述进行进一步优化，优化后的描述为"××奶茶主打AD钙奶为主题的各式精致茶饮，精选优质食材原料，搭配新鲜水果和现萃的茶底，为大家带来各式创意满满的特调奶茶"，这样能够让用户搜索后能够被描述所吸引。

步骤3：网站目录结构分析与优化

步骤3.1：网站目录结构分析

在完成Meta信息分析后，小静需要对网站目录结构进行分析。该饮品奶茶官网的目录为"http://www.dakuaihuo-jm.cn/"，其中".cn"之前是域名，之后是首页或者根目录。该饮品奶茶网站结构的域名为"dakuaihuo"，并没有以该饮品奶茶的拼音为域名，而用户若想要使用网站搜索该饮品奶茶官网，第一时间肯定会使用其拼音进行搜索，但搜索结果是"该网站暂时无法访问"。

步骤3.2：网站目录结构优化

小静找到网站目录结构存在的问题后，决定联系IT部门的工作人员对网站域名进行优化，优化后的网站域名为"http://www.该饮品奶茶拼音bubbletea.com/"。

步骤4：网站页面布局分析

步骤4.1：网站页面布局分析

在完成网站目录结构的优化后，小静需要对网站的页面布局进行分析。用户在浏览一

个网站时会从上边开始,而该饮品奶茶网站的导航设置在最上方,且网页中间部分的展示过于单一简单,如图6-6所示。

图6-6　某饮品奶茶网站首页布局

步骤4.2:网站页面布局优化

针对网站页面所存在的问题,小静联系IT部门的工作人员对网站页面布局进行了重新排版,如图6-7所示,最左侧展示的是导航窗口,页面中心部分展示了店铺的多种口味奶茶,这样让用户第一眼就能够被产品所吸引。

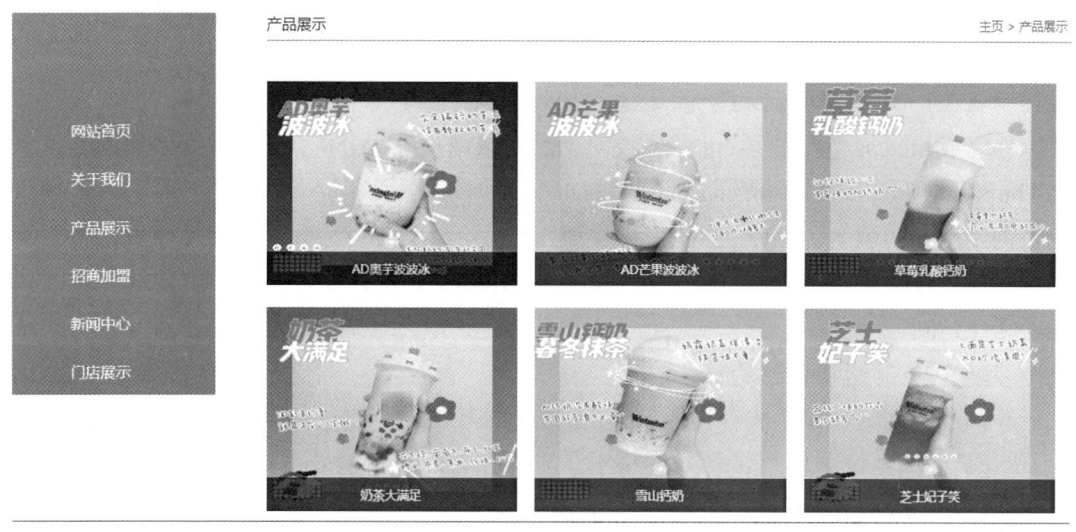

图6-7　某饮品奶茶优化后网站布局

步骤5：网站链接分析与优化

步骤5.1：网站链接分析

小静还需要对网站链接进行分析，通过网站后台或站长工具可以查看网站链接情况，如图6-8所示，可以看出该饮品奶茶并无任何一个友情链接，说明该饮品奶茶网站链接的质量并不高。

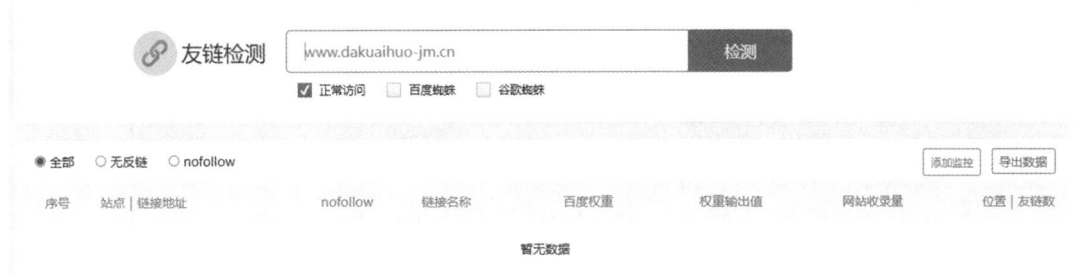

图6-8　某饮品奶茶网站链接

步骤5.2：网站链接优化

对于网站链接的优化，小静和IT部门的工作人员进行讨论，决定在其他网站导入自己网站的链接，提高被链接页面以及整个网站权重。

步骤6：网站SEO效果评估

在完成关键词、Meta信息、网站目录结构、网站页面布局、网站链接的分析与优化后，小静还需要对网站SEO优化后的结果进行监控，以此来评估优化的效果。

步骤6.1：搜索引擎效果评估

小静手动在搜索引擎中直接查看网站排名，如图6-9所示，搜索"××奶茶官网"网站排名第一。

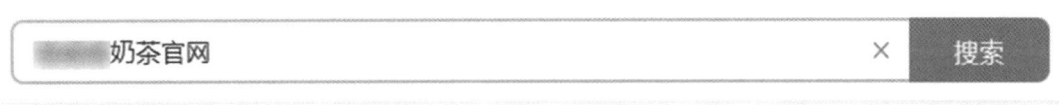

图6-9　某饮品奶茶网络搜索结果

步骤6.2：网站流量效果评估

在完成了网站关键词、网站收录等数据的统计后，小静对近一周的网站流量效果进行评估。通过百度数据统计后台，逐一对网站关键词、网站收录情况进行查询统计后，形成数据统计表，如表6-2所示。由此可以看出，优化后的网站SEO访问人数明显增多，网站访问途径也明显增多。

表 6-2　网站流量数据统计表

网站 IP 及 PV								
访问量	6月1日	6月2日	6月3日	6月4日	6月5日	6月6日	6月7日	总计
IP	356486	635855	658942	589236	598764	689534	695325	4224142
PV	425153	756134	769512	658922	635894	756985	752354	4754954
网站访问来路统计								
来路地址	www.Baidu.com	study.163.com/	www.sogou.com/	www.so.com/	www.sogou.com	……	……	……
访问IP	122987	101955	68801	23171	27093	……	……	……
访问比值%	34.5%	28.6%	19.3%	6.5%	7.6%	……	……	……

知识拓展

关键词选择的原则

第一，关键词要与网站主题相关。即要考虑关键词与网站主题的相关性。

第二，关键词不能太宽泛。太宽泛的关键词并不能明确用户的搜索目标，其对应的转化率也不高。

第三，关键词不能太特殊。一般来说，企业名称、品牌名称、产品名称或地名等都属于特殊关键词。太特殊的关键词，搜索用户很少，达不到营销效果。

第四，站在用户角度思考。营销策划人员不能根据自身的主观想法选词，要在借助网站数据调查或分析工具的基础上，熟悉用户搜索习惯，最终确定关键词。

第五，选择竞争度小的关键词。可通过关键词挖掘、扩展工具列出搜索次数及竞争度数据，从中找出搜索次数相对较多、竞争度较小的关键词。

第六，选择商业价值高的关键词。不同的关键词有不同的商业价值，例如："数码相机价格""数码相机促销"这两个关键词，后者关键词的商业价值就要高于前者。

理性使用搜索引擎营销

 任务思考

网站SEO分析的工具有哪些？

任务二　搜索引擎营销

知识准备

一、SEM策划与实施

　　搜索引擎营销(search engine marketing, SEM)是指在搜索引擎上使用适当的费用购买和自己产品相关的关键词,使自己的品牌或者产品出现在显著位置,以此带来更多目标客户,从而提升企业网站影响力和曝光度。

　　SEM从策划到实施需要完成以下几项工作:确定推广目标、目标用户特征分析、推广关键词分析、确定创意文案、确定推广预算、注册及设置推广信息。

　　(一)确定推广目标

　　常见的SEM推广目标有提高网站流量和曝光率、增加品牌知名度和美誉度、提高转化率和销售量、优化用户体验和满意度等。

　　(二)目标用户特征分析

　　目标用户特征分析主要分析用户的年龄、性别、职业、收入、教育程度、兴趣爱好等基本信息,以及用户的消费习惯、购买力、购买意愿等行为特征。通过分析这些信息,可以更好地了解目标用户的需求和偏好,从而制定更加精准的营销策略。

　　(三)推广关键词分析

　　SEM推广关键词分析的主要内容包括以下几点:

　　(1)关键词竞争度分析:分析这个关键词在行业排名的难易程度以及估算排名时间。主要包括关键词搜索指数、关键词的商业价值等。

　　(2)关键词的选择:选择与产品或服务相关的关键词,同时要考虑用户搜索习惯和需求,以及竞争对手的情况。

　　(3)关键词的密度:关键词出现的频率应该适中,不要过度堆砌,否则会被搜索引擎认为是作弊行为。

　　(4)关键词的相关性:选择与产品或服务相关性高的关键词,这样才能吸引到真正有需求的用户。

（四）确定创意文案

撰写创意文案的最终目的是让目标用户点击广告，所以在确定文案之前需要了解用户需求，打消用户顾虑。如用户搜索"××精品课怎么样"说明用户对课程质量有质疑，所以应在创意文案中帮助用户消除顾虑。创意文案在推广单元中编写的部分包括标题、描述第一行、描述第二行。

（五）确定推广预算

确定推广预算是指在制定SEM推广计划时，应根据企业的实际情况和市场环境，合理地分配推广费用。SEM推广费用主要包括关键词出价费用，因此在进行关键词推广时，要合理控制关键词出价费用。

（六）注册及设置推广信息

在完成以上步骤后，就可以在推广平台注册和设置推广信息，并进行SEM的推广。以百度竞价为例，进行竞价账号注册及推广信息的设置，具体步骤如下：

1. 注册并完善账户

打开百度推广页面进行申请，完成账号注册后进入主界面，如图6-10所示。

图6-10　百度推广主页

联系百度服务商进行账户资金充值，完成充值后，推广余额中就会有金额显示。

2. 建立推广计划

百度推广分为搜索推广、信息流推广和知识营销。为了配合SEO，占据更显著的优势价值，搜索推广的效果在一定程度上比信息流推广的效果更好。

点击"搜索推广"后面的"进入"按钮，进入搜索推广便捷管理页面。

点击"推广管理"，可以看到账户概况，其中包括：日点击次数、展现量、消费金额、展现人数、实时的消费状况、触达人群的分布以及用户画像等信息，如图6-11、图6-12所示。

账户推广计划页面展示了现有的推广计划分布以及各种详细数据，如图6-13所示。

图6-11 推广管理账户概况(1)

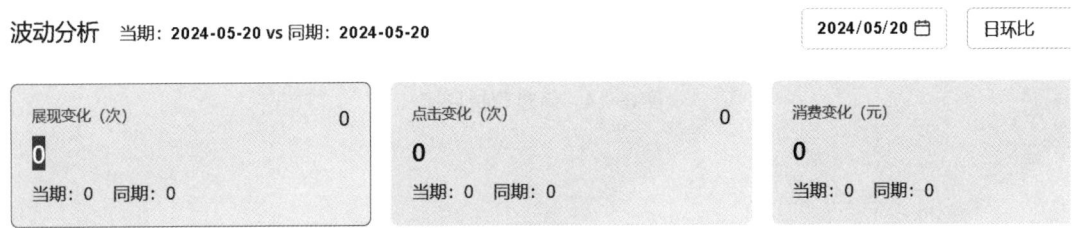

图6-12 推广管理账户概况(2)

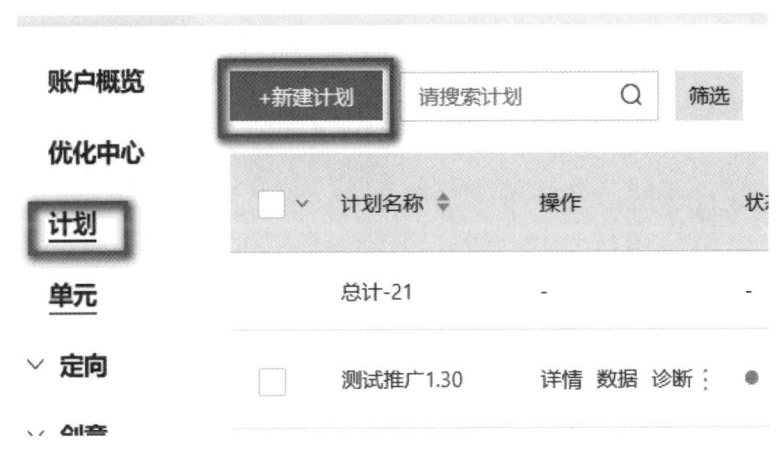

图6-13 账户推广计划页面

　　点击"新建计划"按钮可以到达创建计划的页面,如图6-14所示。创建计划总共分为三个步骤:一是推广计划的建立,二是推广单元的建立,三是推广创意的建立。

　　(1)推广计划的建立分为两步,营销目标的建立和计划的设置。

　　营销目标要选择相对应的推广形式,并配置推广业务以及推广业务所对应的网址。

　　计划的设置可以自定义计划名称以及要推广的地理区域和推广时段。还可以在此页面设置出价以及受众人群,建立完成后保存并新建单元即可完成设置,如图6-15所示。

1 推广计划
营销目标
计划设置
2 推广单元
单元设置
定向设置
3 推广创意
创意文案
落地页信息
图片设置
营销目标 为计划选择营销目标，系统帮您找到达成该目标最佳的产品功能，帮您节省广告制作时间并制作更出色的广告
WWW
网站链接
APP
应用推广
商品目录
本地推广
电商店铺推广
推广设置
* 推广业务 ⓘ: 选择一个推广业务
只推广品牌类关键词 ⓘ
按推广业务组织账户，即每个计划只推广一个业务，有利于管理和分析，为您带来更好的效果
已有推广业务
其他推广业务
从计划设置过的推广业务中选择
确定
取消

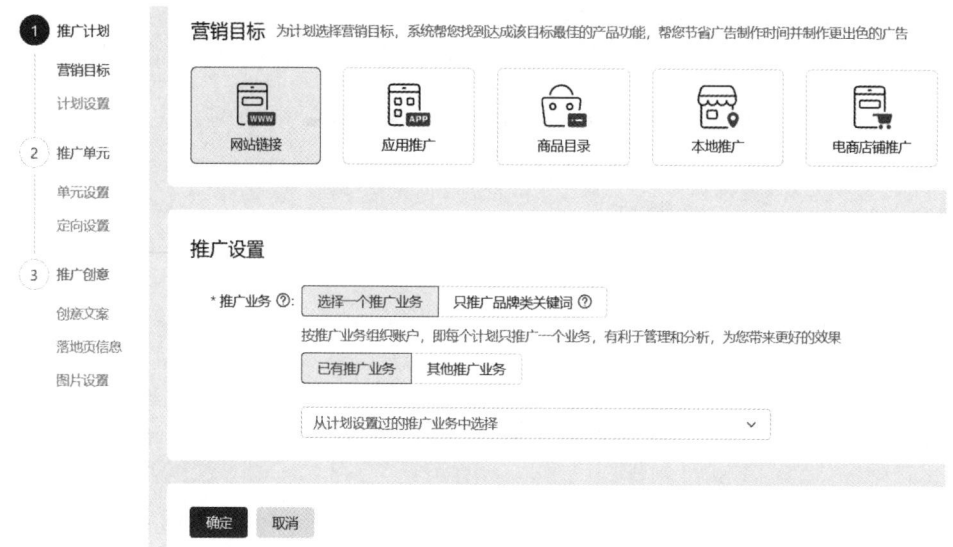

图6–14　新建营销目标

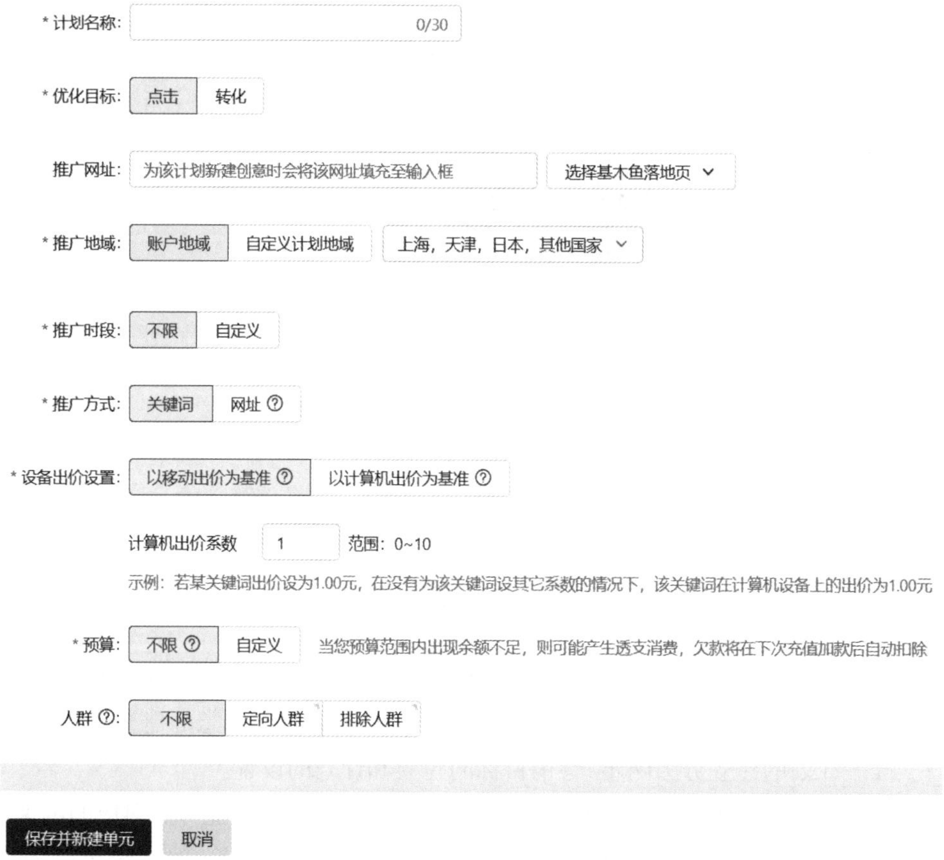

* 计划名称:
0/30
* 优化目标:
点击
转化
推广网址:
为该计划新建创意时会将该网址填充至输入框
选择基木鱼落地页
* 推广地域:
账户地域
自定义计划地域
上海，天津，日本，其他国家
* 推广时段:
不限
自定义
* 推广方式:
关键词
网址 ⓘ
* 设备出价设置:
以移动出价为基准 ⓘ
以计算机出价为基准 ⓘ
计算机出价系数
1
范围：0~10
示例：若某关键词出价设为1.00元，在没有为该关键词设其它系数的情况下，该关键词在计算机设备上的出价为1.00元
* 预算:
不限 ⓘ
自定义
当您预算范围内出现余额不足，则可能产生透支消费，欠款将在下次充值加款后自动扣除
人群 ⓘ:
不限
定向人群
排除人群
保存并新建单元
取消

图6–15　新建计划设置

（2）新建推广计划完成后，进入推广单元的设置。首先要设置单元名称以及单元的相关出价。然后定向设置具体要推广的关键词。

（3）最后是设置关键词创意，点击添加创意，按照规划好的创意内容进行信息填充，如图6-16所示。

图6-16　推广创意的设置

推广创意的设置，主要有三大部分的内容：文案、落地页以及展示图片。相关配置上传之后即可在右侧预览不同设备端上的创意效果，如图6-17和图6-18所示。

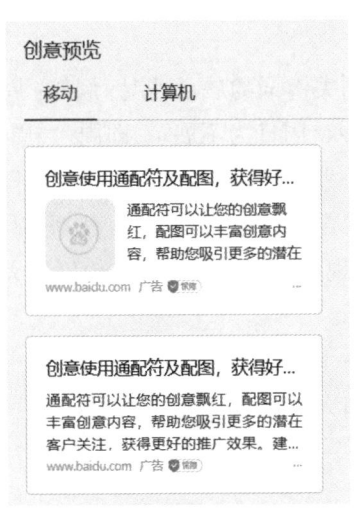

图6-17　移动端预览

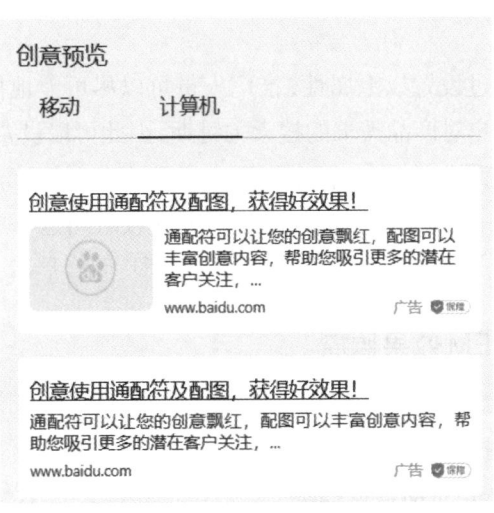

图6-18　创意PC端预览

完成了创意建立之后,返回关键词列表,一旦创意经过审核,关键词的质量度会发生变化,再根据质量度判断是否继续调整策略,优化关键词创意。

3. 设置关键词

在新增关键词的操作上,首先要找到需要补充的关键词隶属于哪个计划和哪个单元,并进行关键词相关信息查询,如关键词的特色、指导价、月均搜索量以及竞争激烈程度,如图6-19所示,然后再决定是否添加关键词。

关键词		特色	指导价 ⇅	月均搜索量 ⇅	竞争激烈程度	操作
☐ ∨						
☐	哈尔滨艺考培训	热搜	9.19	169616	高	添加
☐	python	热搜	1.26	1524468	高	添加
☐	一级建造师	热搜	6.38	300801	高	添加
☐	作业精灵	热搜	0.44	204846	高	添加
☐	高考400~450分能上哪所大学	热搜	2.27	404763	高	添加

图6-19　关键词相关信息查询

新建关键词后,为了精准营销,使得关键词的触达率更高,可将关键词定义推广区域进行推广。

与此同时,关键词也可以分时段进行精准推广从而有效减少成本。时段设置可自行选择。

通过设置以上属性,推广人员可以尽可能地控制关键词的展示情况,例如:周六、周日并非客户对产品需求的搜索关键期,因此可以设置周六、周日为不展示,即周六、周日使用推广关键词进行搜索,百度将不会展现其推广,这可在一定程度上实现"节流";每日凌晨0—8点,往往大家的习惯是睡觉,因此这段时间也不是核心展示期;就地域而言,可以根据公司销售热点地区进行分类,配合展示时段,组合展示,实现百度竞价搜索推广价值最大化。

二、SEM效果监控

网络营销的优势在于可追踪与可评估,因此营销人员需要每天紧盯数据。百度推广后台的数据中心提供了快速效果分析的可能性。

(一) SEM数据指标

(1)展示量:若展现量过低,可能的原因有出价太低、关键词不够多或不够热门、整体需求不强等。可通过调价、增加关键词数量等方式来解决展现量过低的问题。

（2）点击量：点击量的多少与创意标题、创意文案质量、能否满足用户搜索习惯和需求等有关，若想提高点击量，则需要优化文案和关键词。

（3）点击率：点击率的计算公式为"点击率＝点击量÷展现量"。当点击率过低时，需要分析是展示量过高还是点击量过低导致，并根据分析结果进行相应优化。

（4）平均点击价格：平均价格的调整可以更好地控制推广成本，同时衡量出价与实际价格的差距，通过优化关键词和调整关键词出价，可以最低价格达到最佳排名，从而避免成本浪费。

（5）投资回报率：投资回报率的计算公式为"（收入－成本）÷成本×100%"。企业的最终目标是盈利，该指标用于评估推广渠道的盈利能力，至少应保证不能低于100%。提高投资回报率应从两方面入手：增加收入（提高线索成交率、提高客单价等）和降低成本（优化账户、减少投入、SEM与SEO相结合等）。

（二）数据异常分析

1.后台下载查看数据

一般数据异常，首先要下载查看数据，如果能选择计划或者单元的维度更好，下载对比数据就知道问题是出现在哪个计划（单元）。

2.查看关键词/搜索词报告

其次是查看关键词报告/搜索词报告，最好是下载有对比某个时间段的数据，这是为了明确知道具体哪个关键词的数据异常，查看搜索词可以分析是否因为搜索词异常导致的数据异常。

从上述指标和分析来看，SEM数据分析是为了用数据更好地促进SEM推广的效果，除了竞价人员，还需要客服、销售、产品等角色一起参与才能达到良好效果。

任务实施

步骤1：确定推广目标

该饮品奶茶进行竞价排名的最终目的是提高转化，引导目标用户通过关键词搜索直接进入网站，并完成奶茶的购买，所以本次推广的目标为提升网站奶茶点击购买转化率。

步骤2：分析目标用户特征

小静通过查看该饮品奶茶的介绍"奉行AD钙奶成为主要原料，奶茶重新回忆童年的味道。"可以提取关键词"AD钙奶""童年味道"，加上该饮品奶茶的名称，通过百度指数查看这几个关键词的搜索趋势和人群画像，可得出搜索该类词的人群特点。

查看近30天通过百度搜索该类词的指数变化，该饮品奶茶搜索指数的变化波动较大，且在5月29日后呈稳步上升趋势，如图6-20所示。

点击"人群画像"分析目标用户特点，如图6-21所示，广东省、江苏省、山东省、浙江省等地的搜索指数较高，说明目标人群的地域分布主要在这几个地方。

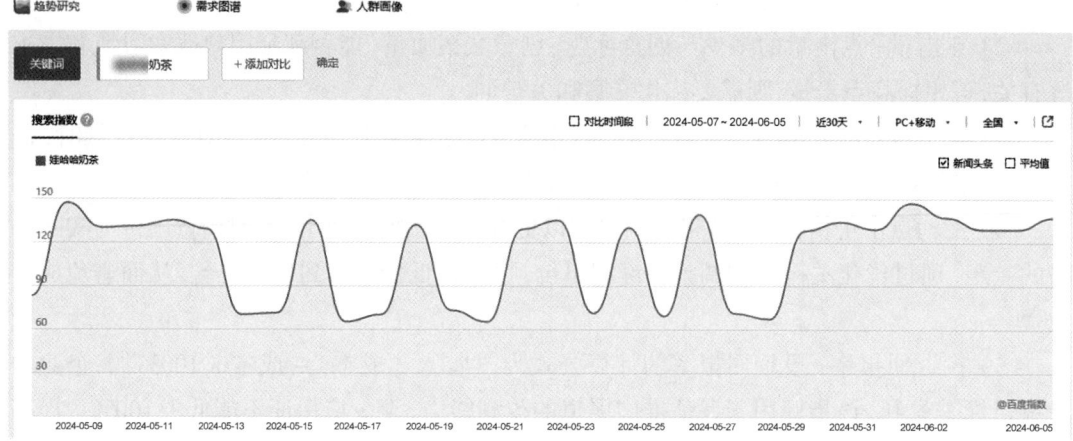

图6-20　某奶茶饮品的搜索趋势

2023-05-08 ～ 2023-06-05　| 近30天 ▾

省份	区域	城市
1. 广东		
2. 江苏		
3. 山东		
4. 浙江		
5. 湖北		
6. 河南		
7. 北京		
8. 安徽		
9. 黑龙江		
10. 广西		

图6-21　人群地域分布

通过分析目标用户的年龄和性别特点，如图6-22所示，可知20—29岁的用户占比最高，男性占比高于女性，说明关注该饮品奶茶的人群主要为20—29岁的男性。

如图6-23所示，在兴趣分布中，影视娱乐、教育培训、医疗健康等排名较高。

综上所述，本次推广的目标用户特点为：居住在广东、江苏、山东、浙江等地，年龄在20—39岁的男性，喜好影视娱乐、关注教育培训和医疗健康等。

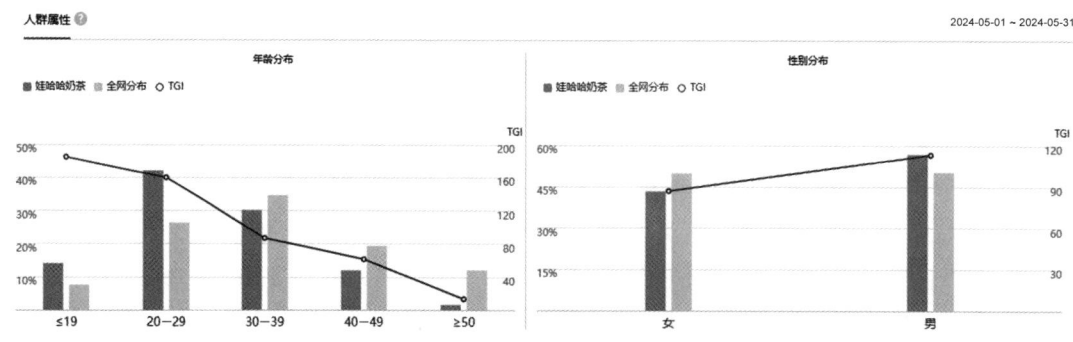

图6-22　年龄和性别特点

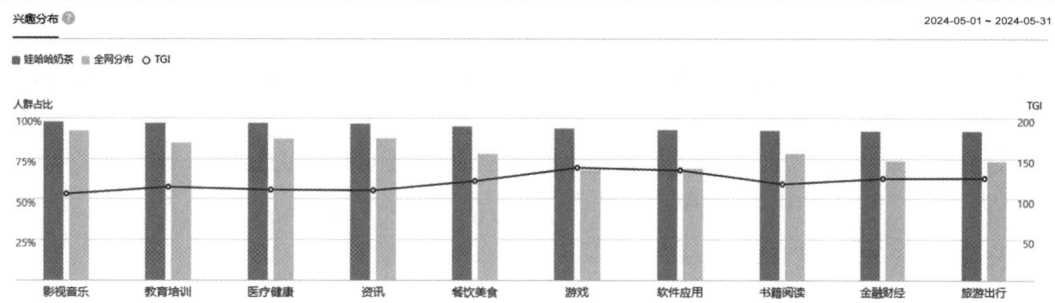

图6-23　兴趣分布特点

步骤3：分析推广关键词

关键词的筛选决定着最终的推广效果，竞价推广需要投入预算，所以小静在选词时，需要选择起价低、竞争热度低、客户意向明确、精准且转化率高的关键词，符合这些要求的关键词只有品牌词，如"××（该饮品品牌名）奶茶"。像行业热度词"奶茶排行榜""奶茶品牌"等竞争较激烈，就精准度来说，没有品牌词价值高，没有产品词意图明确，但是胜在曝光率高，如果企业产品流量过低，可以用行业词带来流量。

除品牌词外，小静还需要确定核心产品词、拓展关键词以及分类关键词。根据该饮品奶茶的产品名称以及用户特点，最终确定需要推广的关键词，并进行分类，如表6-3所示，方便后期监控。

表6-3　推广关键词分类

关键词分类	关 键 词 名 称
品牌词	××（该饮品品牌名）奶茶
核心产品词	××（该饮品品牌名）AD奥芋波波冰、××（该饮品品牌名）AD芒果波波冰
拓展关键词	××（该饮品品牌名）奶茶配料、××（该饮品品牌名）奶茶价格
分类关键词	××（该饮品品牌名）奶茶好喝吗、××（该饮品品牌名）奶茶喝了还想喝

步骤4：确定创意文案

接下来，小静需要确定该饮品奶茶SEM推广的创意文案。以"××（该饮品品牌名）奶茶AD奥芋波波冰"关键词为例，创意标题可以为"××（该饮品品牌名）AD奥芋波波冰"，第一行是"××（该饮品品牌名）AD奥芋波波冰真的绝了"，第二行可以是"半杯料的波波和芋圆，淡淡的AD钙奶风味，一点都不腻。"第一行用于吸引用户注意力，第二行用于介绍产品。

步骤5：确定推广预算

接下来，小静需要确定推广预算。她需要对确定好的关键词进行定价，如表6-4所示，为一周的竞价预算，并设置后台控制每日预算为100～150元。

表 6-4　关键词出价

关键词分类	关键词名称	出价元 / 次	每日预算 / 元	预计总预算 / 元
品牌词	××（该饮品品牌名）奶茶	2.3	100～150	5 000
核心产品词	××（该饮品品牌名）AD 奥芋波波冰	3.5	100～150	
	××（该饮品品牌名）AD 芒果波波冰	3.5	100～150	
拓展关键词	××（该饮品品牌名）奶茶配料	2.6	100～150	
	××（该饮品品牌名）奶茶价格	2.6	100～150	
分类关键词	××（该饮品品牌名）AD 奥芋波波冰好喝吗	4.5	100～150	
	××（该饮品品牌名）AD 芒果波波冰好喝吗	4.5	100～150	

步骤6：进行推广

最后，小静需要完成该饮品奶茶的SEM推广。

步骤6.1：开通推广账户

小静首先需要开通百度推广账户。依此完成准备开户资料、注册申请、信息审核等流程。

步骤6.2：新建推广计划

小静需要设置推广计划，将营销目标设置为"网站推广"，推广业务设置为"推广已有业务"，如图6-24所示。

图6-24　推广目标设置

对于推广计划,小静将出价方式设置为"点击",出价设置为"5.5元/次",推广预算设置为"50元/日",如图6-25所示。

图6-25 推广出价和预算设置

对于推广地域和推广时段,根据目标人群的分析和用户浏览网站习惯的分析,小静将推广地域设置为"广东、江苏、山东、浙江",推广时段设置为"周一至周日的8:00—18:00",如图6-26所示。

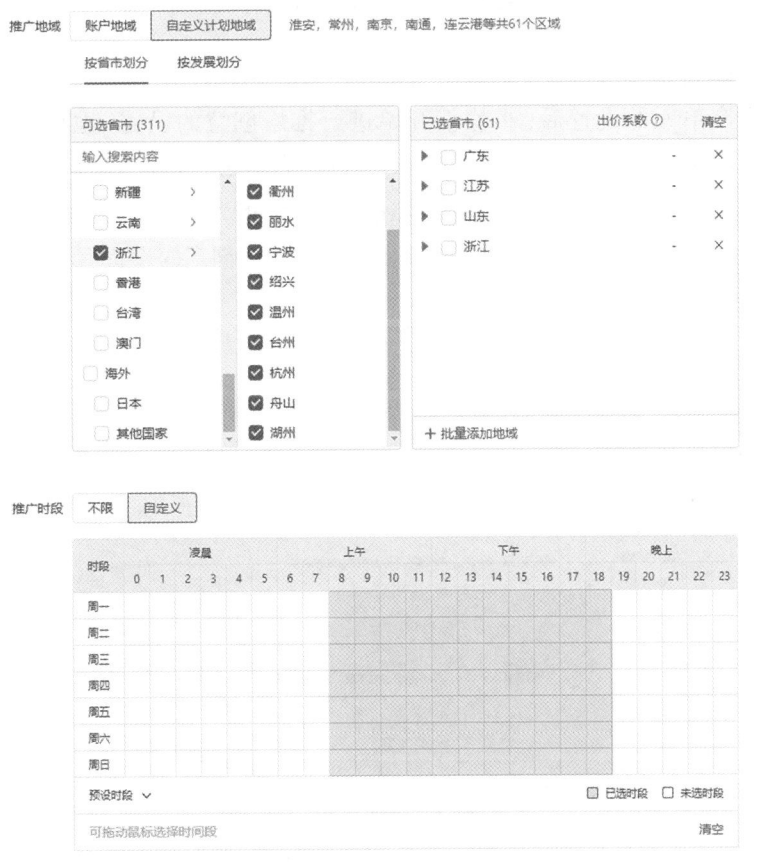

图6-26 推广地域和推广时段设置

步骤6.3：新建单元

接下来，小静继续进行推广单元的设置。为了让用户能够更加精准地找到网站，她将网站域名修改为该饮品奶茶拼音加英文，"https://www.（该饮品奶茶名拼音）bubbletea.cn"。

对于定向设置和单元名称设置，小静设置了启用自动定向功能，并设置了推广关键词为"××（该饮品品牌名）奶茶、××（该饮品品牌名）AD奥芋波波冰、××（该饮品品牌名）AD芒果波波冰、××（该饮品品牌名）奶茶配料、××（该饮品品牌名）奶茶价格、××（该饮品品牌名）AD奥芋波波冰好喝吗、××（该饮品品牌名）AD芒果波波冰好喝吗"，单元名称设置为"××（该饮品品牌名）奶茶"，如图6-27所示。

图6-27　定向设置和单元名称设置

步骤6.4：新建创意

在完成推广单元的设置后，小静就开始进行推广创意的设置，她将创意标题设置为"××（该饮品品牌名）奶茶AD奥芋波波冰"，创意描述第一行设置为"××（该饮品品牌名）奶茶AD奥芋波波冰真的绝了"，创意描述第二行设置为"半杯料的波波和芋圆，淡淡的AD钙奶风味，一点都不腻"，如图6-28所示。在完成推广创意的设置后，小静就可以点击发布，对该饮品奶茶网站进行推广。

图6-28　推广创意设置

SEM推广的优势

一、按效果付费

SEM竞价与SEO相比,SEO在优化的过程中会受到各种因素的影响,而SEM竞价是按照用户点击的效果来收费,还可以获取免费的信息展现。

二、灵活性、针对性强

企业可以根据自身的情况进行资金投入,充分利用好每一分钱,对于用户的点击,竞价后台会有详细的数据、报表,企业可根据用户的点击情况进行适当调整,不进行推广时,则不收取任何费用。

三、覆盖群体广,见效快

百度是国内最大的中文搜索引擎平台,每天都有2亿搜索次数,覆盖了95%的网民,可见用户数据之大。结合推广的相关词进行投放,可以覆盖大部分的用户,而进行其他的推广,只是根据所优化的词进行排名,竞价则无须担心这个问题。

四、推广关键词没有限制

进行SEO优化时,关键词有限制,而竞价的关键词则没有限制,还能更好地让用户搜索到,营销效果会更佳。

五、方便用户数据分析

SEM可以根据客户的搜索,在竞价后台进行适当的调整,竞价后台通过关键词工具进行查询,借助每日搜索指数,对客户搜索习惯进行分析,从而量身定制推广方案。

任务思考

影响SEM推广效果的因素有哪些?

任务三　应用商店优化

任务背景

随着线下APP的广泛应用,该饮品奶茶店铺也开发了相关的APP,为了APP能够被更多用户发现,老板要求小静对新开发的APP进行分析,并提出相应的优化措施。

一、ASO认知

应用商店优化（APP store optimization，ASO），是指通过对APP相关信息优化来提升APP在APP Store中的排名，与搜索引擎优化类似。其优化的内容包括产品名称、产品关键词、用户评论、应用截图设计、推广策略优化等。

二、ASO优化实施

在开始ASO优化之前，需要了解应用商店都包括哪些板块。以苹果应用商店为例，如图6-29所示，在Today栏目中会以专题的形式推荐优秀APP，游戏作为一个大类设计专属栏目并推荐给用户。APP栏目中则分为多个模块，分别是值得一看、限时特惠与特别活动、大家都在用、热门APP、免费APP排行、精选十佳、iPhone必备APP、你可能会喜欢的活动、本周编辑推荐、人气热门APP、热门类别等。用户可根据个人喜好进行下载。搜索栏目包括探索更多和为你推荐，该页主要是用户使用关键词精准寻找APP。

图6-29　苹果应用商店板块设置

APP运营者要想在应用市场拥有较高排名，应实施的ASO优化具体步骤如下。

（一）产品设置优化

在进行产品设置优化时主要对关键词进行优化，优化内容包括应用程序名称、关键词、应用程序描述以及应用内部的购买名称或描述。关键词的权重排序为：应用程序名称 > 关键词 > 应用程序描述 > 应用程序内购买或描述。

1. 应用程序名称

应用程序名称允许使用255个字节，约为90个字符，一个汉字为一个字符，但应用商店的检索结果中只会出现应用标题的前32个字符。所以设置名称时要保持简洁性，并用这32个字符清楚表达重要信息，堆砌过多的字符以及关键词会造成语句不通、语义矛盾，因此应用名称需尽可能做到语句通顺、语义正确、语言凝练。

2. 关键词

应用关键词可以有多个，但是关键词之间也有权重分配，越靠前的关键词，权重越大，而且核心的关键词应当放在应用程序的副标题里。在选择关键词时，还应大量分析竞品的关键词，并进行搜索热度对比，从而形成自己的APP关键词库。

3. 应用程序描述

在APP Store之类的应用商店上，一大段的应用描述中，用户能看到的通常只是前两三句，其余的文字，往往需要点击"更多"按钮才会进一步显示出来。在APP Store中，用户能直接看到的是开头的225个字符（大约是112个汉字）。

4. 应用程序内购买或描述

对于提供内购服务的应用，优化应用内部的购买名称或描述同样重要。内购项目名称要简洁明了，准确传达功能或价值。

（二）关键词优化

在APP Store中，绝大多数的下载量来自搜索，在关键词的搜索结果中，排名前三的APP可以占据80%的流量。关键词大致可分成以下四类：

（1）精准品牌词：即产品名，或者包含产品名的行业核心词。

（2）行业核心词：包括核心词和长尾词。

（3）竞品词：即竞品的名称，可以直接作为关键词使用。

（4）高热度词：与当下热点相关的词语。可借助百度指数等工具了解一段时期内关键词的热度情况。

从转化率角度来比较，精准品牌词 > 行业核心词 > 竞品词 > 高热度词。

任务实施

步骤1：产品设置优化

小静在对该饮品奶茶进行产品设置优化时主要是对关键词进行优化，优化内容包括应用程序名称、关键词、应用程序描述以及应用内部的购买名称或描述。关键词的权重排序为：应用程序名称 > 关键词 > 应用程序描述 > 应用程序内购买或描述。

（1）查询关键词指数。

小静对该应用进行关键词指数查询，可看出产品名称的ASO指数并不高，且近30天，只有在6月6日和6月7日有用户搜索过，其他时间都没有被搜索过，如图6-30和图6-31所示。

图6-30　ASO关键词指数查询（1）

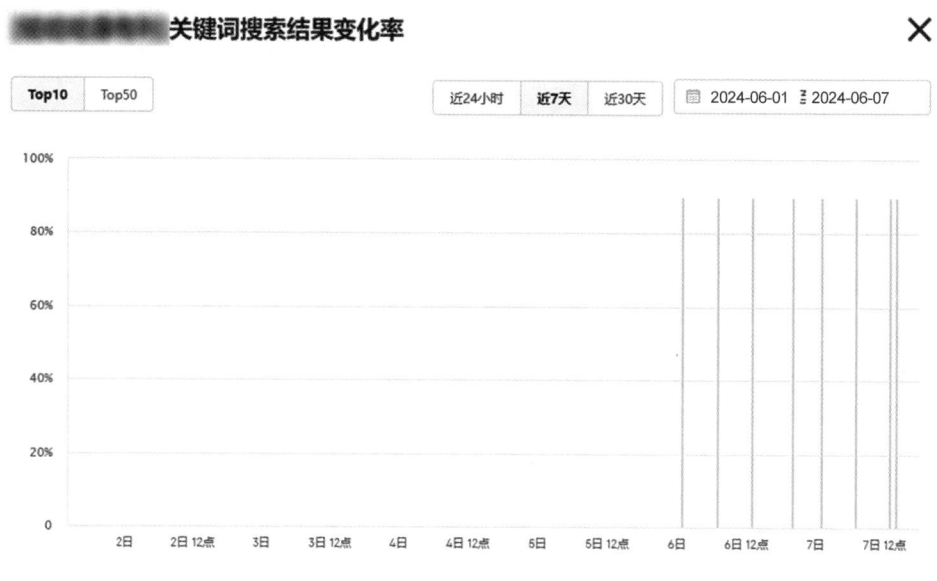

图6-31　ASO关键词指数查询（2）

通过查看关键词关联度排行，对于奶茶的搜索关键词中，"奶茶、奶茶店、奶茶游戏、奶茶了么、奶茶打卡"等关键词搜索次数较多，因此，该饮品奶茶APP在进行关键词优化时，可以将APP名称改为与奶茶相关的名称，例如"××（该饮品奶茶名）——奶茶打卡"，以此来吸引用户下载APP参加奶茶打卡活动，从而提高APP的下载量。

（2）优化应用程序描述。

整个应用程序描述的字数限制为4 000个字符，但是最开头的225个字符决定了用户会不会继续看完后面的描述语句。因此该饮品奶茶APP在该部分的前三句应保持简明风格，突出"产品优势、产品口味"等,然后在后续内容中对APP进行更深入的描述。

步骤2：关键词优化

小静还需要对APP的关键词进行优化,包括精准品牌词优化、行业核心词优化、竞品词优化、高热度词优化。

（1）精准品牌词优化：即产品名,或者包含产品名的行业核心词,如"××（该饮品品牌名）奶茶"。

（2）行业核心词：包括核心词和长尾。如带"奶茶"的关键词。通过关键词挖掘工具对关键词进行拓展,如"××（该饮品品牌名）奶茶店、××（该饮品品牌名）奶茶打卡"等。

（3）竞品词：即竞品的名称,可以直接作为关键词使用,如"CoCo奶茶"。

（4）高热度词：与当下热点相关的词语。可借助百度指数等工具了解一段时期内关键词的热度情况。如在冬天流行的"冬天的第一杯奶茶"话题发起时,这时奶茶的热度会较高,用户对奶茶的需求旺盛,因此在这一时期产品投放时,"××（该饮品品牌名）——冬天的第一杯奶茶"关键词的使用频率会较高。

从转化率角度来比较,精准品牌词 > 行业核心词 > 竞品词 > 高热度词,确定词的分类后,小静需要建立一个关键词词库来整理关键词,如表6-5所示。

表6-5　××奶茶应用关键词列表

精准品牌词	××奶茶
行业核心词	××奶茶店、××奶茶打卡
竞品词	CoCo奶茶、一点点奶茶、益禾堂奶茶
高热度词	××——冬天的第一杯奶茶

知识拓展

ASO关键词分析工具

一、蝉大师

蝉大师APP是专门从事APP大数据分析的ASO工具,可实现对180万iOS应用和400万安卓应用的数据跟踪,涵盖下载量、关键词覆盖数量、关键词搜索量等数据。蝉大师服务包括但不限ASO基础优化、ASO关键词优化、海外ASM投放管理、海外游戏/应用发行以及推广等业务。

二、七麦数据

七麦数据是国内专业的移动应用数据分析平台,覆盖App Store和Google Play双平台,提供iOS和Android应用市场多维度数据、关键词优化和竞价搜索广告优化服务工具、关键词优化等服务。

三、APPduu

APPduu是一个APP竞品大数据平台,针对苹果应用市场,为各类APP提供各种竞品分析数据,帮助运营者提供推广决策,同时提供推广渠道。

 任务思考

如何对ASO优化效果进行评估?

 素养提升

遵纪守法,构建良好的互联网信息搜索环境

近年来,随着互联网的高速发展,人们在互联网上获取想要了解的信息和想要购买的商品,都会打开搜索引擎进行搜索,搜索引擎成了连接用户和信息、用户和商家的重要"链接"。

然而,越来越多的不法分子利用搜索引擎传播大量非法链接,例如色情网站、暴力网站、赌博网站等,让不少用户不慎点入,从而达到谋财获利的目的,牟取不正当利益。

为了构建良好的互联网信息搜索环境,国家互联网信息办公室在2016年发布了《互联网信息搜索服务管理规定》。规定要求,互联网信息搜索服务提供者应当落实主体责任,建立健全信息审核、公共信息实时巡查等信息安全管理制度,不得以链接、摘要、联想词等形式提供含有法律法规禁止的信息内容;提供付费搜索信息服务应当依法查验客户有关资质,明确付费搜索信息页面比例上限,醒目区分自然搜索结果与付费搜索信息,对付费搜索信息逐条加注显著标识;不得通过断开相关链接等手段,牟取不正当利益。

作为商家应遵纪守法,坚决不传播含有违法信息的链接,见到违法链接要及时举报、投诉或报警,为用户营造有一个安全、健康的购物环境。

 **技能自测**

一、单项选择题

1. 用于描述网页的基本属性,内容包括指关键词(Keywords)、标题(Title)以及描述(Description)的是(　　)。

　　A. 网页 Meta 信息　　　　　　　　　　　B. 网站目录结构

C. 关键词   D. 网站页面布局

2. 网站与网站之间交换链接属于(　　　)。

   A. 内部链接   B. 外部链接

   C. 友情链接   D. 死链

3. 描述元标签由关键词及短语组成,字数通常为(　　　)个汉字。

   A. 34   B. 44   C. 54   D. 64

4. SEM 是指(　　　)。

   A. 搜索引擎营销   B. 应用商店优化

   C. 搜索引擎优化   D. 应用商店营销

5. ROI 是指(　　　)。

   A. 点击率   B. 投资回报率

   C. 展示量   D. 平均点击价格

二、多项选择题

1. 网站 SEO 分析主要包括(　　　　　　)。

   A. 关键词分析   B. 网站目录结构分析

   C. Meta 信息分析   D. 网站页面布局分析

2. 下列属于关键词挖掘方法的有(　　　　　　)。

   A. 从产品、业务或者行业中寻找大词和热门词

   B. 利用一些工具和方法,例如站长工具、百度推广后台、百度下拉框等寻找出真正需要的相关词

   C. 根据目标词,利用工具,挖掘出需求长尾词

   D. 抖音搜索

3. 网站页面布局优化包括(　　　　　　)。

   A. 网站导航   B. 网站排版

   C. 网站标签   D. 网站速度

4. 下列选项中,属于 SEM 推广目标的是(　　　　　　)。

   A. 提高网站流量和曝光率   B. 增加品牌知名度和美誉度

   C. 提高转化率和销售量   D. 优化用户体验和满意度

5. ASO 产品设置优化的内容包括(　　　　　　)。

   A. 应用程序名称   B. 关键词

   C. 应用程序描述   D. 应用程序内购买或描述

三、判断题

1. 在进行 SEM 推广时,可以选择在夜晚进行推广,推广效果会更好。(　　　)

2. 关键词越长,SEM 推广效果越好。(　　　)

3. 需要根据网站的实际情况及用户的搜索需求,选择最适合网站优化的关键词。　　(　　)

4. 在进行ASO优化时,堆砌过多的字符以及关键词会造成语句不通、语义矛盾。　　(　　)

5. 完成SEO的优化后,为了能够及时改进优化过程中存在的问题,还需要对SEO优化结果进行监控和评估。　　　　　　　　　　　　　　　　　　　　　　　　　　　　　(　　)

四、技能训练题

　　请选择一个品牌官网作为研究对象,了解该网站的基本情况(页面布局、导航栏、网站地图、网页链接),检查网站的内容更新情况及网站的备案信息,并查看网站首页的HTML代码、标题、关键词及其描述是否规范,检查网站的功能和服务是否符合用户需求,检查网站优化及运营情况,被百度收录的页面数量、网站PR值、网站访问量,最后汇总网站的调研诊断报告。

项目七

网络广告营销

学习目标

 **知识目标**
- ❖ 了解网络广告的主要类型
- ❖ 熟悉网络广告选择的流程
- ❖ 熟悉网络广告营销方案策划的流程
- ❖ 了解网络广告设计与制作的方法
- ❖ 熟悉网络广告营销效果监控分析的方法

 能力目标
- ❖ 能够根据营销推广需求,选择合适的网络广告形式
- ❖ 能够根据营销推广需求,完成网络广告营销方案的策划
- ❖ 能够根据营销推广需求,完成网络广告的设计与制作
- ❖ 能够通过在线工具对网络营销效果进行监控和分析

 素养目标
- ❖ 具备法律意识,在网络广告设计与制作过程中,严格遵守《中华人民共和国广告法》等相关法律法规的规定
- ❖ 树立尊重他人创作成果的意识,在网络广告设计与制作过程中坚持原创

学习导图

网络广告营销

- 网络广告选择
  - 明确网络广告营销目标
  - 分析目标受众群体
  - 分析网络广告的优势和劣势
  - 选择网络广告形式
- 网络广告营销方案策划
  - 确定网络广告营销目标
  - 明确目标受众
  - 分析竞争对手
  - 确定广告投放时间和平台
  - 确定广告投放预算
  - 设计广告内容和创意
- 网络广告设计与制作
  - 导入广告图片
  - 制作广告文案
  - 完成广告制作
- 营销效果监控与分析
  - 获取营销效果数据
  - 分析营销效果

案例导入

　　2016年成立的某鸡爪零食品牌，在"2021年'双11'国货品牌直播成交图鉴"的休闲零食类成交额中排名第三位。最近，更是与很多国内一线国民品牌并列，形成了广泛的知名度。

　　追溯其走红路线，才发现其脱颖而出的秘诀只有四个字——广告出圈。2021年初，某鸡爪零食品牌推出了五连搞笑广告《生活向我出手了》，用PS恶搞、热血高燃纪录片、怪诞动画、国风水墨画、翻译腔译制片5种画风，凸显自身虎皮凤爪的美味。广告片一经发布，就引来网友关注和疯狂吐槽："原以为看的是飞机起飞，结果看到的是飞机鸡爪助跑起飞"，"剧情反转,猝不及防","看到了开头,想不到结尾"……

春节期间,该鸡爪零食品牌再次发力,与《和平精英》破次元联动,推出了"吃鸡"系列短片,无论是"飞机仓跳伞"关键时刻的突然反转,还是在吃鸡游戏中的"苟住",该鸡爪零食品牌都以幽默、无厘头的内容直击年轻人的爽点,并将产品信息植入广告内容里,让消费者加深产品印象,形成固有认知。

至此可以看到该鸡爪零食品牌清晰的品牌发展路径:以一个核心创意点发散营销思维,从特定人群、传播渠道等进行深耕,在大品牌心智战中争得一个独特领域的认知,稳稳地守住卤鸡爪的赛道,成了该品类的引领者。

案例思考:

通过阅读案例,思考并回答以下问题:

(1)该鸡爪零食品牌的广告创意有哪些?

(2)通过案例分析,网络广告的作用主要有哪些?

任务一　网络广告选择

任务背景

　　小静是一名电子商务专业的毕业生,毕业后,她应聘到了一家水果电商公司从事网络广告策划岗位。马上到节假日了,公司老板决定让小静为公司的荔枝选择合适的网络广告推广形式,帮助公司取得更好的营销推广效果。

知识准备

一、网络广告的主要类型

在互联网新思维、新技术的推动下,出现了多种网络广告形式,包括展示广告、搜索广告、EDM广告三种类型。

（一）展示广告

展示广告是发布在互联网综合门户、垂直媒体或者移动端APP固定广告位上,以图文相结合的形式,通过图片、Flash、富媒体等方式来表现品牌或产品信息的广告。展示广告可分为以下几种类型:网幅广告、文本链接广告、信息流广告、开屏广告、插屏广告、视频广告、微信朋友圈广告等。

1. 网幅广告

网幅广告是指出现在网站或APP的顶部、底部等位置，以条形图文（包括动态图）形式展示的广告。这种广告占据的空间仅次于开屏和插屏广告，且在PC端和移动端均可实现。网幅广告示例如图7-1所示。

图7-1　网幅广告示例

2. 文本链接广告

文本链接广告是以一排文字作为一个广告，点击链接即可进入相应的广告页面。这是一种对浏览者干扰最小，但却较为有效果的网络广告形式。搜狐网站首页的文本链接广告如图7-2所示。

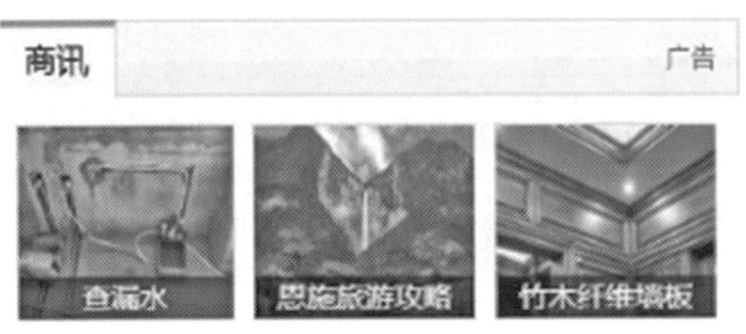

图7-2　文本链接广告示例

3. 信息流广告

信息流广告是位于社交媒体用户的好友动态或者资讯媒体和视听媒体内容流中的广告。信息流广告依托海量的用户数据和信息流生态体系，可精准捕捉用户意图，有效降低用户干扰，并且容易激发受众的主动性，促使其主动接受与分享。

微博手机APP中的信息流广告如图7-3所示,在展示形式上为镶嵌在好友动态中间。这种广告可以以点赞、评论、分享或关注等方式与网友进行互动,从而增加广告内容的趣味性和二次传播。除此之外,用户在看到信息流广告时,可以选择隐藏动态或取消关注,用户体验较好。

4. 开屏广告

开屏广告是基于移动端APP的广告样式,在用户启动APP时展示的广告。开屏广告的展示时间一般在3至5秒,用户可以选择跳过广告直接进入APP,广告形态可以是静态图片、动态图片甚至是Flash。开屏广告基本上是移动端中占据空间最大的广告形式。微博APP开屏广告如图7-4所示。

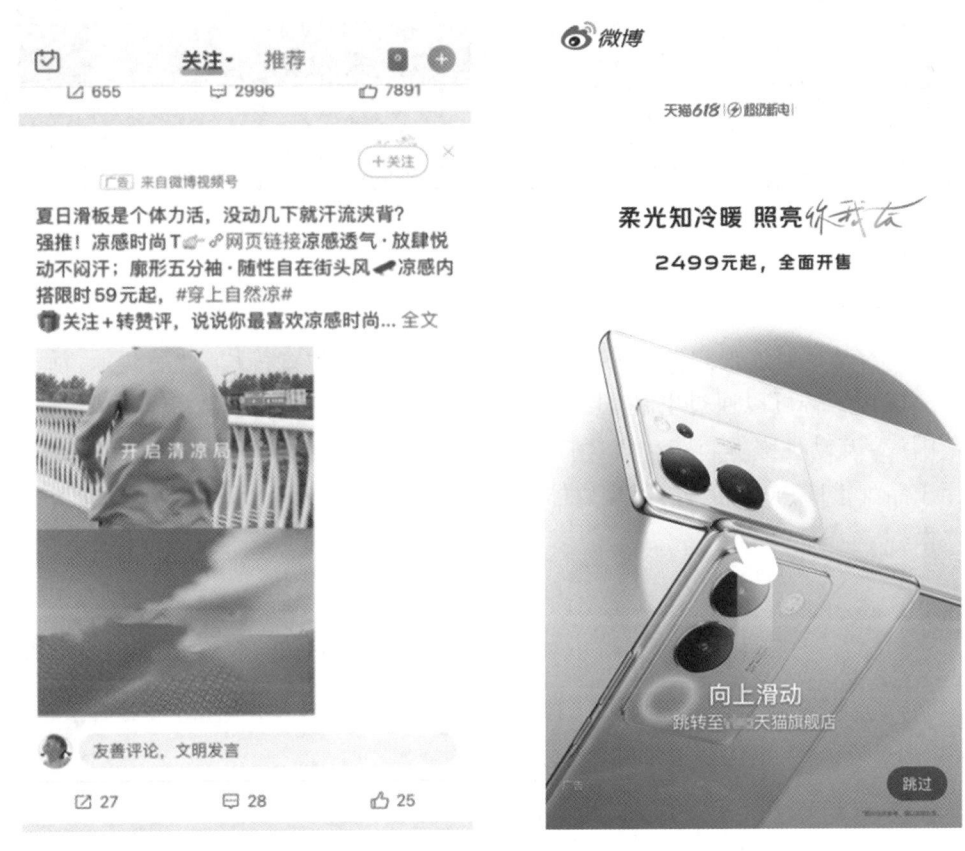

图7-3 微博信息流广告   图7-4 微博开屏广告

5. 插屏广告

插屏广告是用户在网站或者APP上进行暂停、切换等动作时触发的广告。常见于视频、工具和游戏类应用,这种广告通常占据半个手机屏幕,且位于屏幕的正中间。这种广告可直接插入到用户的使用过程中,影响用户操作效率,体验较差。但是由于其占据的屏幕空间较大,用户误操作进入的概率大,对于急于产品推广和流量变现的广告主来说是一种不错的选择。用户在线观看某视频暂停时的插屏广告如图7-5所示。

图7-5 插屏广告示例

6.视频广告

视频广告是指通过视频形式展示的广告,通常包括品牌宣传片、产品演示、活动推广等内容。视频广告可以通过电视、互联网、移动设备等渠道进行投放,具有视觉效果强、传播范围广、互动性强等特点。视频广告已经成了现代营销中不可或缺的一部分,被广泛应用于品牌推广、产品销售、社交媒体营销等领域。如图7-6所示的为某视频APP中的视频广告。

图7-6 视频广告示例

7. 微信朋友圈广告

微信朋友圈广告是基于微信公众号生态体系，以类似朋友的原创内容形式在朋友圈进行展示的原生广告。这种广告形式是目前最受欢迎的网络广告形式之一，以契合朋友圈浏览体验的广告形式进行推广。朋友圈广告如图7-7所示。

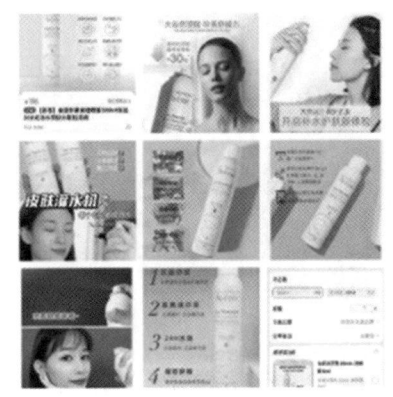

图7-7　朋友圈广告示例

(二) 搜索广告

搜索广告是用户通过搜索关键词触发广告主在搜索引擎或电商平台上投放的广告。搜索广告包括搜索引擎广告和电商搜索广告。

1. 搜索引擎广告

搜索引擎广告是指广告主根据自己的产品或服务的内容、特点等，选择相关关键词，撰写广告内容并自主定价投放的广告。

当用户搜索到广告主投放的关键词时，相应的广告就会展示。关键词有多个广告主购买时，广告根据竞价排名原则展示，并在用户点击后按照广告主对该关键词的出价收费，无点击不收费。搜索引擎广告常见于各种搜索引擎，例如百度、搜狗、360搜索等。某搜索引擎展示的广告如图7-8所示。

2. 电商搜索广告

电商搜索广告是电商平台的进驻商家在平台上投放的广告。电商搜索广告的原理和搜索引擎广告基本一致，都是由用户搜索关键词触发的广告。由于电商平台上售卖同类商品的商家有很多，但是商品展示的页面有限，用户浏览习惯往往只看前三页，所以为了争取好的展示位置，广告主通常会花钱向平台购买广告位。电商搜索广告常见于大型电商平台，例如淘宝、天猫、京东，淘宝直通车、京东快车的广告都属于这类广告，如图7-9所示。

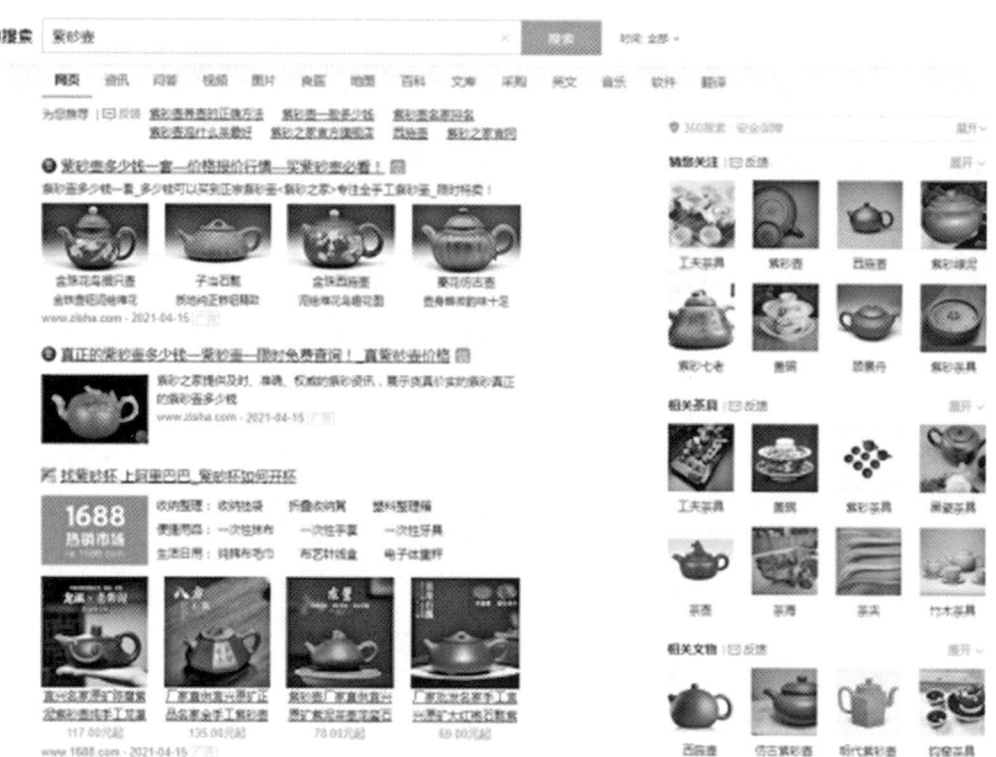

图7-8　搜索引擎广告示例

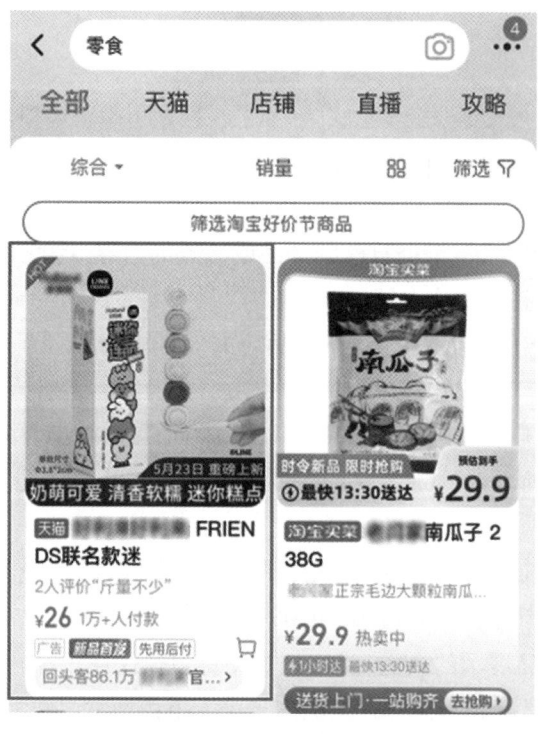

图7-9　电商搜索广告示例

（三）EDM广告

EDM广告又称电子邮件营销，是商业信函的网络延伸版。通过邮件营销系统向目标客户定向投放对方感兴趣或者是需要的广告及促销内容，以及派发礼品、调查问卷等，可及时获得目标客户的反馈信息。QQ邮箱的EDM广告如图7-10所示。

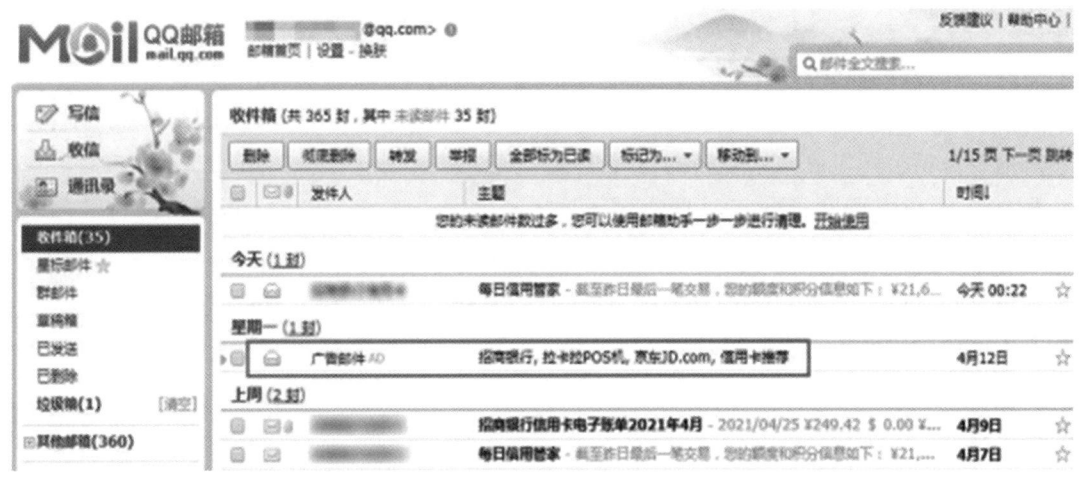

图7-10　EDM广告示例

二、选择网络广告的流程

在进行网络广告选择时，首先需要明确网络广告营销的目标，其次分析网络广告的目标受众群体，对目标受众群体有清晰的认知后，还需要分析各种网络广告的优缺点，最后选择出合适的网络广告形式。

（一）明确网络广告营销目标

选择网络广告的第一步，首先要确定企业利用网络广告营销想要实现的目标，例如提高品牌知名度、增加产品销售额、建立良好口碑、与客户互动、拓展营销市场等。

（二）分析目标受众群体

在确定好网络广告营销目标后，要根据产品或服务的特点，确定目标受众群体的特征，例如目标群体的年龄、性别、地域、喜好。不同的广告平台有不同的用户群体，企业需要选择适合自己目标受众的广告平台。

（三）分析网络广告

在确定好网络广告营销目标后，要根据产品或服务的特点，确定目标受众群体的特征，例如目标群体的年龄、性别、地域、喜好。不同的广告平台有不同的用户群体，企业需要选择适合自己目标受众的广告平台。

（四）选择网络广告形式

根据产品或服务的特点和目标受众的需求，选择适合的广告形式，例如文字、图片、视频。不同的广告形式有不同的表现效果和投放成本，企业需要选择适合自己的广告形式。

步骤1：明确网络广告营销目标

小静首先要明确公司此次网络广告营销的主要目标。老板利用网络广告对荔枝进行宣传，目的是提高荔枝的销量，因此，小静明确了此次网络广告营销的主要目标——提高产品销量。

步骤2：分析目标受众群体

在明确网络广告营销的主要目标后，小静需要分析公司王牌水果荔枝的目标受众群体。她利用百度指数工具搜索了荔枝，获取了荔枝的人群画像，包括目标群体的地域分布、年龄、性别、兴趣，如图7-11、图7-12、图7-13所示。

通过对人群画像的分析，小静得出如下结论：

（1）目标受众群体主要分布在广东、山东、江苏、浙江、北京等地。

（2）目标受众群体的年龄主要集中在

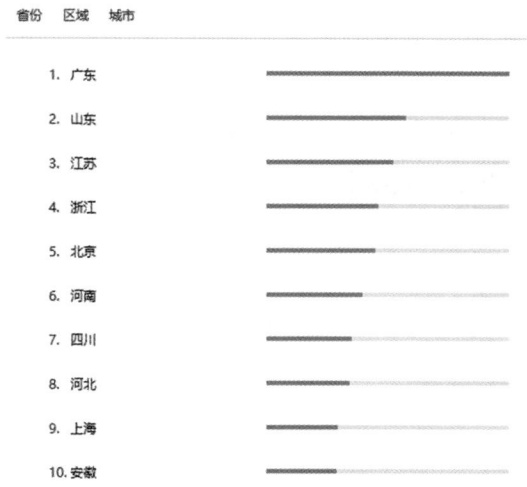

图7-11　地域分布

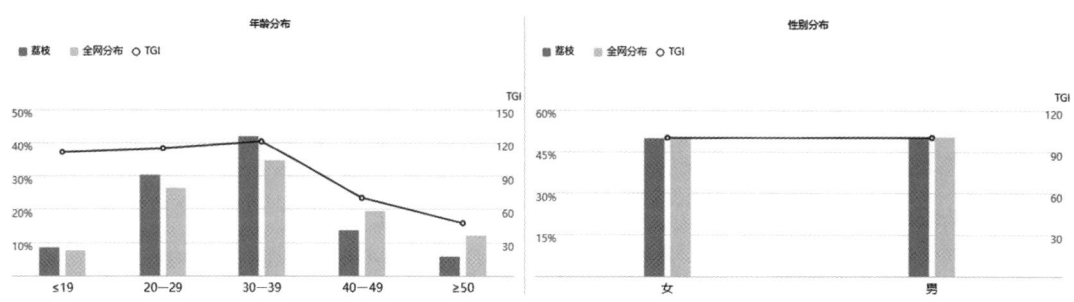

图7-12　年龄和性别分布

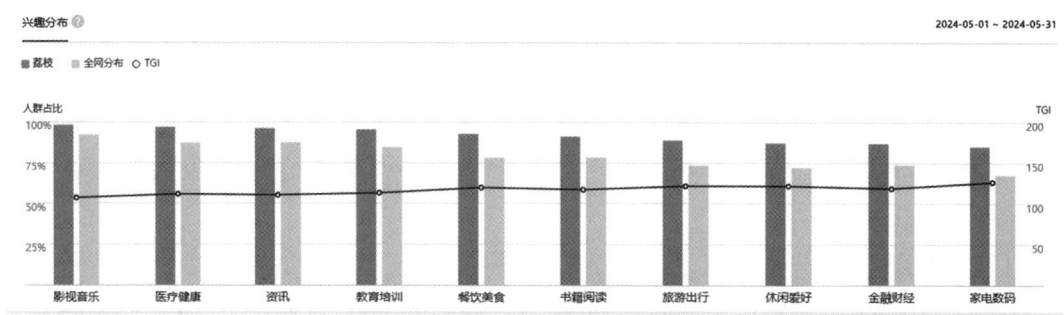

图7-13　兴趣分布

30—39岁,女性居多。

（3）目标受众群体对影视音乐、医疗健康、咨询、教育培训较为感兴趣。

步骤3: 分析网络广告的优势和劣势

完成目标受众群体分析后,接下来,小静需要分析每种网络广告的优势和劣势,并根据目标公司的营销目标和目标受众的特点,最终选择出合适的网络广告形式。小静对每一种网络广告优缺点的分析结果如表7-1所示。

表 7-1 网络广告形式的优缺点汇总

网络广告的形式	优 点	缺 点
网幅广告	针对性强、精准度高、传递信息速度快	存在感不高,易被忽略;效率不高;会分散网民的注意力,影响正常的浏览
文本链接广告	简洁明了、对浏览者干扰最少	文件体积小、传输率快、费用低
信息流广告	可以让广告得到较好的曝光,有利于提升用户对广告的认知	投放效果无法完整掌控
开屏广告	可以抢占应用开启的"黄金5秒",增强品牌记忆度,且广告更具权威性	收费较高
插屏广告	视觉冲击力强、效果显著	影响用户体验,可能会被用户误认为是恶意软件,从而引起用户的反感,导致用户流失
视频广告	视觉冲击力强、效果显著	影响用户体验,可能会被用户认为是强行插入的广告,引起用户反感
搜索引擎广告	传播速度快,资金投入相对较小;在竞价排名推广中见效快,即投即显	搜索结果里的排名很大程度上与广告费用有关;搜索引擎上的广告数量很多,用户可能会忽略或忘记某些广告
电商搜索广告	主动意愿强,是由用户根据目的性主动发起的搜索行为,主动意愿强烈;用户通过关键词搜索,定位明确,展示效果好	竞价排名需要投入大量资金,成本较高
EDM广告	针对性强,可以精准地推送给目标用户;传播面广,可以覆盖大量的潜在用户	发送效率不高,可能会被列入黑名单
朋友圈广告	传播性强,不受时间及空间的限制;成本低,价格远远低于传统广告	用户在朋友圈购物的可能性不如电商平台大;可能会影响用户体验

步骤4: 选择网络广告形式

通过对各种常见的网络广告形式的优缺点的总结和分析,小静决定选择电商平台广告,其原因主要是电商平台是专门的购物平台,用户对于购物的需求和意愿较为强烈,商家只需要通过提高竞价排名来吸引用户的注意力,整体的营销效果更佳。

影响企业选择网络广告的因素

（1）受众群体：企业会考虑其目标消费者的年龄、性别、地理位置、兴趣爱好等因素，来选择适合的网络广告平台和形式。

（2）投放成本：企业会根据自身的经济实力和广告效果，权衡成本与收益之间的关系，从而选择最有利的投放方式。

（3）竞争环境：企业所处的行业竞争环境也是影响选择网络广告的因素之一。如果竞争激烈，企业可能需要加大广告宣传力度，通过网络广告来提高品牌知名度和销售额。

（4）广告形式：不同类型的广告形式（例如横幅广告、贴片广告、搜索引擎广告）对于不同的企业来说具有不同的吸引力，因此企业会根据自身需求来选择合适的广告形式。

（5）广告效果：企业会根据过去的广告投放效果来选择网络广告，例如点击率、转化率、品牌知名度等指标都是企业决策的重要因素。

（6）法律法规：企业必须遵循国家相关的法律法规，例如《中华人民共和国广告法》等，选择合适的广告投放方式和内容，以免违法违规。

尊重他人
创作成果

任务思考

选择网络广告的原则有哪些？

任务二 网络广告营销方案策划

任务背景

马上就是年中"6·18"活动了，公司决定举办一场"水果大放送"促销活动，老板决定让小静提前策划荔枝的网络广告营销方案，以便在此次活动中能够取得更好的营销效果。

知识准备

一、网络广告营销方案策划

网络广告营销方案策划的流程一般包括以下几个步骤：

（一）确定营销目标

确定营销目标是广告计划中至关重要的起步性环节,是为整个广告活动定性的一个环节。网络广告的营销目标主要有品牌推广、网站推广、销售促进、在线调研、顾客关系、信息发布等。

（二）明确目标受众

首先需要明确要推广的产品或服务的目标受众是哪些人群,这样才能更好地制定广告营销策略。

（三）分析竞争对手

应了解竞争对手的广告策略、广告投放时间、广告投放渠道等,从中找到他们的优势和不足之处,为自己的广告投放时间提供参考。

（四）确定广告投放时间和平台

根据目标受众和目标市场的特点,选择合适的广告投放时间和平台,例如选择适当的推广平台和渠道,进行广告投放。

1. 广告投放时间的选择

（1）受众习惯:不同受众有不同的生活和工作习惯,需要根据目标人群的特点来确定广告投放的时间。例如,对于上班族,可以在早晨或晚间投放广告;对于年轻人,可以在周末或节假日投放广告。

（2）节假日及活动:各种节假日和活动是品牌宣传和推销的好机会,可以选择在这些时期投放广告。例如春节、国庆、圣诞节。

（3）行业特点:不同行业的广告投放时间也有其特点。如汽车、房地产等大宗消费品一般会在年初或年底投放广告,而保健品、美容产品等则会在春季和秋季投放广告。

（4）竞争状况:需要考虑与竞争对手的投放时间,避免在对手投放高峰期进行广告投放,导致广告效果不佳。

（5）预算限制:广告投放时间还需要根据预算限制来确定。如果预算充足,可以选择长期投放广告,持续提升品牌影响力;如果预算有限,可以选择在重要时期进行集中投放。

2. 广告投放平台的选择

（1）搜索引擎广告平台:如百度推广,可以根据关键词搜索进行投放。

（2）社交媒体广告平台:如微信公众号、微博、抖音、快手、小红书,可以针对不同用户画像进行定向投放。

（3）视频平台广告:如优酷、爱奇艺、腾讯视频,在视频或直播间内进行品牌广告投放。

（4）需求方广告平台:如阿里云DSP、腾讯广点通、快手DSP等,可以根据受众特征和需求进行智能化广告投放。

（5）电视广告平台:可以通过互联网传输视频内容到各种设备,如电视、手机、平板电脑,从而进行视频广告投放。

（6）线下广告平台:如户外广告、地铁广告、电梯广告,可以覆盖更广泛的人群。

（五）确定广告预算

应根据推广的产品或服务、目标受众和目标市场，确定广告预算，将广告预算控制在最低。

广告预算通常包括以下几个方面的费用：

（1）媒介费用：即广告在各种媒体上的展示费用，包括电视、广播、报纸、杂志、户外广告等。媒介费用通常是广告预算中占据比例最大的一部分，因为广告在不同媒体上的展示效果和费用各异。

（2）创意制作费用：包括广告文案、平面设计、摄影、视频制作、音乐制作等费用。这些费用主要是为了制作出具有吸引力和创意的广告内容，提高广告对观众吸引力和品牌价值。

（3）推广费用：包括促销活动、公关活动、赞助活动等费用。这些费用主要是为了增加品牌曝光度，提高消费者对品牌的认知度和好感度，进而促进销售。

（4）数字广告费用：包括在搜索引擎、社交媒体、移动应用等数字媒体上投放广告的费用。这些费用通常按照点击量、展示量、转化率等指标进行计费。

（5）其他费用：如策划费、顾问费、培训费。这些费用通常是为了提高广告效果和提高公司的专业化水平而产生的。

（六）设计广告内容和创意

根据前期所作的分析和策略，可设计具有吸引力的广告内容和创意，以达到吸引消费者的目的。

在制定网络广告营销方案时，还应该注重以下几点：

1. 投放平台的选择

根据目标受众的特征和消费习惯，选择合适的投放平台，如搜索引擎、社交媒体、视频网站等。

2. 广告内容的创意性和互动性

为了吸引目标受众的注意力和兴趣，广告内容应该有趣、新颖、具有互动性，从而创造出与目标受众的沟通和互动机会。

3. 广告效果的监测和评估

应及时监测广告效果，评估广告投放策略和内容的效果，对广告营销策略进行调整和优化。

4. 多方面考虑

网络广告营销方案的制定需要综合考虑多方面因素，包括市场和消费者需求、竞争状况、投放平台特点、广告创意设计等，从而为企业带来更好的品牌形象和商业效益。

二、网络广告创意策划

网络广告创意策划就是要确定广告的内容及形式。广告创意主要是来自产品的信息，它表明产品提供的主要利益。企业可通过与消费者、经销商、专家以及竞争者沟通，形成各种广告思想，其中消费者是好创意的最主要来源。

（一）广告创意的制定标准

网络广告创意的制定标准需要考虑到目标相关性、可行性、可信性、独特性、视觉效果和情感共鸣等多个方面，以确保广告创意在实际操作中能够达到预期的效果。

（1）创意与目标相关性：广告创意需要与广告目标相关联，即广告需要能够明确地传递广告主的信息，并且让用户更好地理解广告的目的。创意与目标不相关或者无法传递广告主的信息的广告没有实际意义。

（2）创意可行性：广告创意需要在实际操作中是可行的。例如，如果广告创意需要大量复杂的制作工艺，那么实际操作中的成本可能会非常高昂，难以实现。

（3）创意独特性：广告创意需要具有独特性，即需要让用户感到创意新颖，而不是与其他广告的展现形式雷同，才能引起用户的关注和兴趣。

（4）创意视觉效果：广告创意需要具备足够的视觉吸引力，以引起用户的注意。广告创意不仅可以通过图片、视频等来实现视觉效果，还可以通过文字、配音、动画等多种形式来实现。

（5）创意情感共鸣：广告创意需要能够引起用户的情感共鸣，即让用户感到亲近、自信、愉悦等积极情绪。这种情感共鸣可以帮助用户记住广告内容，并更容易接受广告主的信息。

（6）创意可信性：广告创意必须是具有可信度的。强词夺理或牵强附会的广告内容，会大大降低商品的可信性及用户心理上的接受度。

（二）广告创意策划内容

1. 广告创意的产生

广告创意人员可以利用各种不同的方法构思广告信息。可以从广告客户、广告公司、广告专家及竞争者的谈话中收集灵感，也可以试着想象消费者在购买及使用产品时所寻求的利益。

（1）广告客户：广告客户是广告创意的最主要来源。广告客户通常会提供自己的品牌和产品信息，以及目标受众人群和广告预算等条件，要求广告公司或者相关人员根据这些信息制定出切实可行的广告创意。

（2）广告公司：广告公司作为专业的广告服务机构，拥有专业的广告创意团队和丰富的广告经验，可以根据客户的需求和市场情况，独立或与客户协作进行广告策略、概念和创意的设计。

（3）广告专家：广告专家是指在广告创意设计领域具有超高知名度和影响力的人物，他们通常有多年的广告经验和对市场的深刻理解，能够提供创意和灵感，为广告设计提供有效的支持和指导。

（4）竞争者：从竞争对手的广告中，可以了解到行业内最新的趋势和变化，可以为设计更好的广告创意提供参考和灵感。此外，了解竞争对手的广告创意，可以更加深入地了解目标受众的需求和喜好，从而更加精准地定位广告的目标受众和传播效果。

2. 广告创意的评估和选择

有吸引力的广告创意应具备下列三种特点：

（1）趣味性，能使消费者渴望或感兴趣的产品特点。

（2）独特性，提及此产品如何优于竞争品牌产品。

（3）可信性，消费者对广告的真实性是否怀疑。广告商应对广告的趣味性、独特性和可信性进行评估。

3. 广告创意的设计与表达

广告创意必须设法争取目标受众的注意与兴趣。广告需要使用醒目、易记的用语，选择一种有效的广告格调，此外还要注意广告的格式。

（1）插图：插图必须足以吸引用户的注意力。

（2）标题：标题须能有效地吸引足够的人数阅读内容。

（3）内容：内容为广告的主要部分，必须简洁且具有说服力。

任务实施

步骤1：确定网络广告营销目标

小静根据老板的需求，确定了此次荔枝网络广告营销策划的目标——提高荔枝销量。

步骤2：明确目标受众

通过前期的分析，小静已经对此次营销推广的目标受众群体有了清晰的认知。荔枝的目标受众群体主要为居住在广东、山东、江苏、浙江、北京等地的30—39岁的女性群体，她们对影视音乐、医疗健康、咨询、教育培训较为感兴趣。

步骤3：分析竞争对手

小静利用广告监测工具对销量第一名的荔枝在近30天内的广告投放创意、广告创意投放曝光数进行了查看，如图7-14所示。

推广日程	广告创意投放	
	⑦ 投放广告创意	总曝光数估算
2024-05-17	1	10,672
2024-05-16	2	5,956
2024-05-15	0	0
2024-05-14	0	0
2024-05-13	0	0
2024-05-12	0	0
2024-05-11	0	0
2024-05-10	0	0

图7-14　广告投放监控

通过对竞争对手广告投放结果的查看，小静发现竞争对手只在5月16日和5月17日进行了一共3次的广告创意投放，并且获得了不错的曝光量，因此，小静决定加大投放广告创意的次数，计划每个月投放6或7次广告创意。

步骤4：确定广告投放时间和平台

接下来，小静需要确定广告投放的时间和平台。

1. 投放时间确定

对于30—39岁的女性群体来说，她们多为已婚已育的女性，有固定的工作时间，在周末、节假日或下班时间浏览网络广告的时间较多，因此，小静确定的投放时间为：

（1）周一至周五的18：00—22：00；

（2）周六、周日的8：00—22：00；

（3）节假日的8：00—22：00。

2. 投放平台确定

对于投放平台的选择，小静认为淘宝、微信、微博、小红书、抖音等平台的投放效果会更好，因为这些平台的用户量大、用户使用频率高、用户的购买能力也较强，投放效果会更佳。

步骤5：确定广告投放预算

接下来，小静需要确定广告投放预算，她准备从媒介费用、创意制作费用、推广费用、数字广告费用、其他费用几个方面确定此次荔枝广告投放的预算，广告投放预算费用如表7-2所示。

表7-2　广告投放预算费用

广告投放预算类型	广告投放预算费用 / 元
媒介费用	5 000
创意制作费用	15 000
推广费用	8 000
数字广告费用	10 000
其他费用	2 000
合　计	40 000

步骤6：设计广告内容和创意

接下来，小静需要为店铺的荔枝设计广告内容和创意。根据此次广告营销方案的目的，小静决定通过图片加文字的方式，再加上醒目的营销文案带给消费者强烈的视觉冲击，从而刺激消费者的购买欲望。在设计广告时，需要突出产品的特点、营销活动等。

网络广告预算确定的方法

网络广告预算的确定方法需要考虑多种因素,如营销目标、受众定位、广告形式、竞争情况。以下是一些常用的方法。

(1)市场占有率法:根据公司与竞争对手的市场份额比较,确定广告投入的比例。

(2)目标销售额法:根据公司的销售目标和过去的销售数据,确定广告投放量和费用。

(3)推广周期法:根据产品或服务的推广周期,确定每个阶段的广告投放量和费用。

(4)回报率法:根据广告费用和销售收入之间的投资回报率,确定广告预算。

(5)经验法:根据过去的广告经验和效果,适当调整广告预算。

以上方法并非完全独立,通常需要综合考虑多个方面。另外,要注意根据不同的渠道和受众特征,灵活调整广告预算和投放策略。

任务思考

网络广告营销方案策划的原则有哪些?

任务三　网络广告设计与制作

任务背景

对于即将到来的荔枝促销活动,老板要求网店美工小美为荔枝设计并制作一个促销广告,广告形式为"图片 + 文字"的形式,要求重点突出荔枝的特点与促销活动的具体形式。

知识准备

一、网络广告设计策略

网络广告设计需要进行策略性思考,设计的背后是策略和智慧。常见的网络广告设计的策略有USP策略、品牌形象策略、定位策略、情感共鸣策略。

(一)USP策略

USP是"Unique Selling Proposition"的缩写,也称为独特销售主张。USP策略是一种广告策略,通过突出产品或服务与竞争对手的差异化来吸引目标受众。

在网络广告中,USP策略可以采用以下几种方式。

1. 突出产品或服务的独特之处

网络广告中可以通过文字、图片和视频等多种形式来突出产品或服务的独特之处,例如品牌、功能、性能等方面。

2. 制定针对目标受众的营销口号

营销口号可以使目标受众更容易记住广告和产品。通过制定简单明了的口号,突出产品或服务的独特卖点,可吸引目标受众的注意力。

3. 提供个性化的促销活动

通过提供个性化的优惠活动或礼品等,可吸引潜在客户的注意力,增加销售量和提升口碑。

4. 利用个性化内容推广产品或服务

可利用网站、社交媒体等渠道,将广告内容个性化定制,根据不同的用户特点和兴趣推荐相应的产品或服务,从而提高广告的转化率。

(二)品牌形象策略

网络广告品牌形象策略是指企业在网络上建立并推广自己的品牌,达到提升品牌知名度和美誉度的目的。

网络广告设计可以通过以下几种方式来突出品牌形象。

(1)色彩搭配:选择与品牌形象相符合的颜色,如红色代表热情、活力;蓝色代表稳重、专业等。

(2)图片设计:使用与品牌形象相符的图片,如产品图片、公司标志等。

(3)字体设计:选择与品牌形象相符的字体,如现代风格的字体或手写风格的字体等。

(4)布局设计:合理的布局可以使广告更加美观、易读,同时也能突出品牌。

(三)定位策略

网络广告设计定位策略是指在对目标消费群体、广告产品、竞争产品进行深入分析的基础上,确定广告产品与众不同的优势和与此相联系的在消费者心目中的独特地位,并将它们传递给目标消费者的动态过程。

网络广告设计时的定位策略有以下几种。

(1)产品定位:即最大限度地挖掘产品自身特点,把最能代表该产品的特性、性格、品质、内涵等特征作为宣传的形象定位,如产品的特色定位、文化定位、质量/功效定位、价格定位、服务定位等。

(2)市场定位:即根据市场需求和竞争情况,确定产品在市场上的定位,如高端市场、中低端市场等。

(3)消费者定位:即根据目标消费者的需求和心理特点,确定产品在消费者心目中的定位,如年轻人喜欢的时尚产品等。

(4)品牌定位:即根据品牌形象和品牌价值观,确定品牌在消费者心目中的定位,如高端品牌等。

（四）情感共鸣策略

情感共鸣是指消费者在接触到广告时，由于广告中的情感元素与自己的情感产生了共鸣，从而对广告产生好感或者认同。网络广告情感共鸣策略是指通过网络广告来实现情感共鸣的一种营销策略。具体来说，它可以通过以下几种方式来实现。

（1）通过广告语、图片、视频等元素来表达品牌的情感价值。例如，苹果公司的广告经常使用简洁而有力的语言和优美的图像来表达其产品的情感价值。

（2）通过社交媒体等渠道来传递品牌的情感信息。例如，可口可乐公司在其社交媒体账户上发布了许多有趣的内容，这些内容不仅能够吸引用户的注意力，还能够传达品牌的情感信息。

（3）通过用户互动等方式来增强用户对品牌的情感认同。例如，许多餐厅在其网站上提供在线点餐服务，并且允许顾客评论和评分。这些功能可以增强用户对品牌的认同感。

（4）通过用户体验等方式来提高用户对品牌的好感度。例如，许多旅游公司在其网站上提供详细的旅游信息和预订服务，这些服务可以让用户更加方便地计划和享受旅行。

（5）通过故事情节等方式来引起用户的共鸣。例如，许多电影和电视剧都会讲述感人至深的故事情节，这些情节可以让观众产生共鸣并与角色产生情感联系。

二、网络广告设计与制作的流程

网络广告设计与制作主要分为五个步骤，分别是确定设计需求、拍摄产品图片、选择广告类型、确定广告排版方式以及制作广告。

（一）确定设计需求

设计与制作网络广告前首先是确定广告设计的需求，明确广告想要传达给用户的信息是什么。

（二）拍摄产品图片

在确定设计目标后，接下来就需要完成产品图片的拍摄工作。产品类目的不同，决定了拍摄风格的不同。如果是服装箱包类等产品，可以拍摄一些场景展示和模特展示的图片；如果是功能型产品，可以拍摄一些使用场景和功能展示的图片；如果生鲜类产品，可以拍摄一些产品产地和产品展示的图片。

（三）选择广告类型

在拍摄完产品图片后，就可以结合店铺营销目的、品牌风格特点等选择广告展示的类型。

（四）确定广告排版方式

排版方式指的是文字、图片、排版等元素在页面上的布局和组合方式。良好的版式设计可以提高产品的吸引力、用户体验和销售转化率。常见的电商文案布局版式有：中心分布版式、左右分布版式、上下分布版式、对角线分布版式等。不同版式的广告类型示例如表7-3所示。

表 7-3　不同版式的广告类型示例

版式类型	特　点	广　告　示　例
中心分布版式	文案置于图片中心,更容易让用户注意到	
左右分布版式	文案均匀或对称分布在图片左右两侧,具有平衡视线的作用	
上下分布版式	文案均匀或对称分布在图片上下两侧,内容区别对应性强	
对角线分布版式	文案分布在图片对角线的位置,更有视觉冲击力,更加个性化	

（五）制作广告

在完成了广告的基本设计思路搭建后，接下来就需要进行广告的制作。广告的制作可以使用Photoshop CC、美图秀秀等工具。在制作过程中可以根据具体的图片进行字体、字号、文字颜色、文字排版的设计、调整与完善，以便做出具有视觉美感和营销效果的广告。

 任务实施

步骤1：导入广告图片

小美首先需要制作产品图片，她使用Photoshop CC工具完成本次广告的制作，具体操作步骤如下。

步骤1.1：新建文件

通过快捷组合键Ctrl+N或者通过"文件"→"新建"命令操作，执行"新建"命令，在打开的"新建"对话框中，设置宽度和高度为800像素，分辨率为72像素/英寸，颜色模式RGB，背景内容白色，并将该文件命名为"荔枝主图"，如图7-15所示。

步骤1.2：置入产品素材

置入前期拍摄的产品素材，并且调整素材文件的大小和位置，如图7-16所示，本次设计的产品素材是荔枝实拍图，需要调整素材铺满画布。

图7-15　新建文件　　　　　　　图7-16　置入产品素材

步骤2：制作广告文案

小美提前设计好了广告的文案内容，包括顶部文案和底部文案两部分。顶部文案主要突出荔枝的特点，因此设计为"新鲜多汁荔枝"，底部文案主要突出活动力度，因此设计

为"满200元-10元，前50名包邮到家，惊喜价39.9元"。接下来，小美需要完成广告顶部文案和底部文案的设计。

步骤2.1：顶部产品文案

选择"横排文字工具"，输入产品文案"新鲜多汁荔枝"，在属性栏设置字体格式，设置字体为字魂111号-金榜招牌体，字体115点，间距为−70，参数如图7-17所示；设置之后效果，如图7-18所示。

图7-17 设置参数　　　　　　　　　　　　　　　图7-18 添加文案

选中"新鲜多汁荔枝"图层，通过图层面板底部的"添加图层样式"按钮添加"描边"，设置描边大小为6像素，位置为外部，描边颜色为浅黄色（fff5db），参数如图7-19所示。添加"渐变叠加"，设置渐变颜色为红白红（a50018，e27778，be010a），样式为线性，角度为−90度，参数如图7-20所示。产品完成图层样式的添加设置之后，效果如图7-21所示。

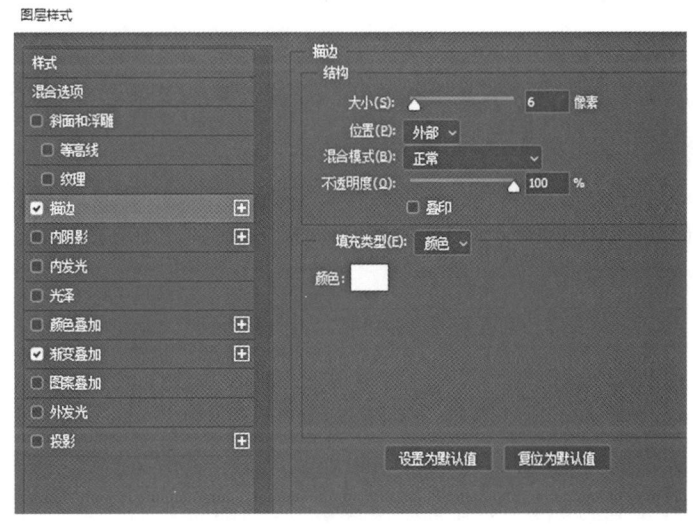

图7-19 添加描边效果（顶部）

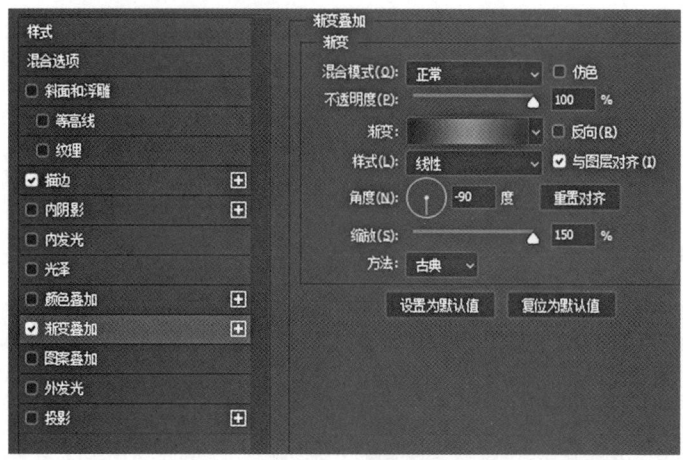

图7-20　添加渐变叠加效果(顶部)

图7-21　完成顶部效果设置

步骤2.2：底部促销文案

首先要进行底部形状绘制。选择"圆角矩形工具"，在背景的底部绘制一个732×144像素的圆角矩形选框，并设置其图层样式，添加为"描边"，设置描边大小为3像素，位置为外部，颜色为黄色(fde9b6)，参数如图7-22所示。添加"渐变叠加"效果，设置渐变颜色为粉和红(f1a8a1，950021)，样式为线性，角度为-90度，参数如图7-23所示。完成图层样式的添加设置之后，效果如图7-24所示。

选择"椭圆工具"，在背景的底部右侧绘制一个165×165像素的圆形选框，并设置其图层样式，添加为"描边"，设置描边大小为3像素，位置为外部，描边颜色为红色(980123)，参数如图7-25所示。添加"渐变叠加"效果，设置渐变颜色为黄、浅黄、黄(fde7ae，fff3da，f2e2bb)，样式为线性，角度为-90度，参数如图7-26所示。添加"投影"效果，设置不透明度为65%，角度为29，距离为8像素，大小为13像素，参数如图7-27所示。完成图层样式的添加设置之后，效果如图7-28所示。

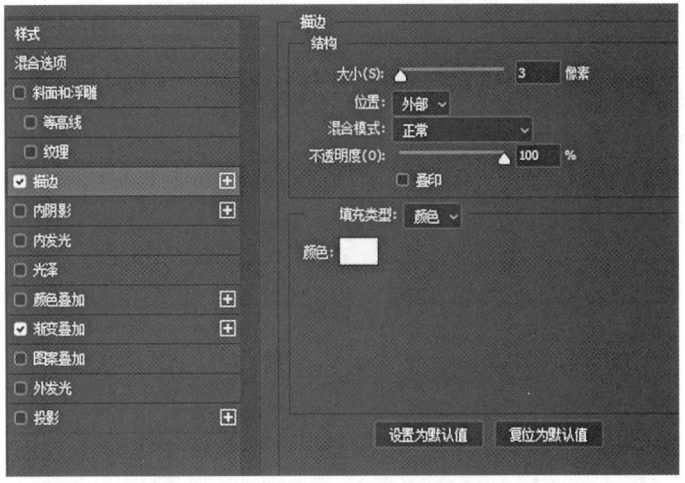

图7-22　添加描边效果（底部矩形）

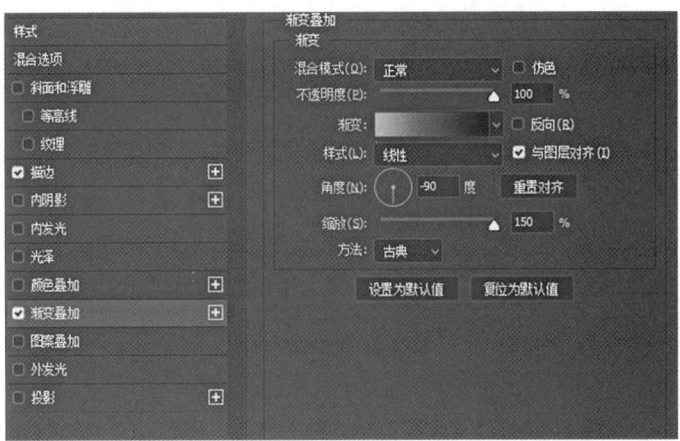

图7-23　添加渐变叠加效果（底部矩形）

图7-24　完成底部矩形形状绘制

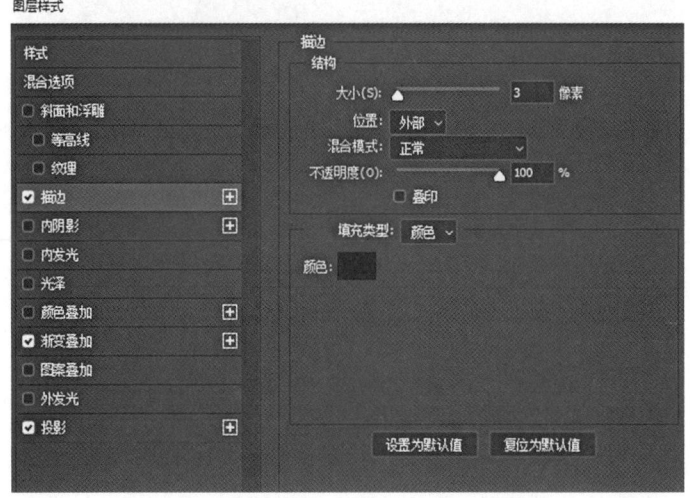

图7-25　添加描边效果（底部圆形）

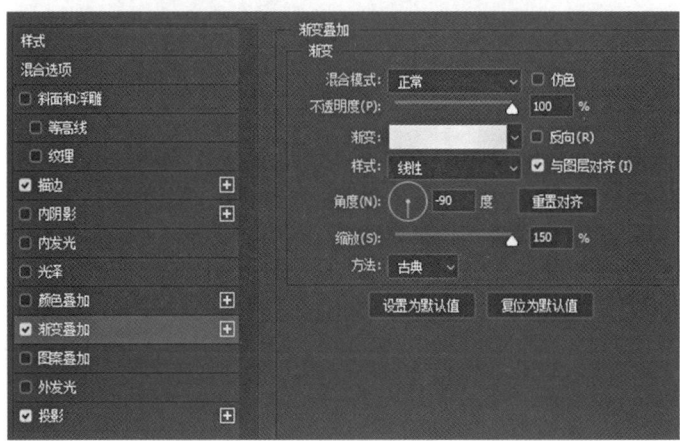

图7-26　添加渐变叠加效果（底部圆形）

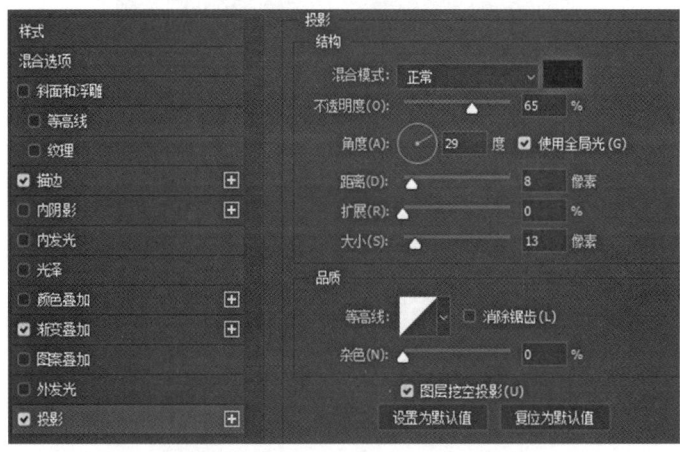

图7-27　添加投影效果（底部圆形）

选择"圆角矩形工具",在背景的底部绘制一个420×54像素的圆角矩形选框,并设置其图层样式,添加"渐变叠加"效果,设置渐变颜色为红和粉色(e10019,e68b85),样式为线性,角度为0,参数如图7-29所示;完成图层样式的添加设置之后,效果如图7-30所示。

完成底部形状绘制之后,选中底部形状绘制所有图层,使用快捷键Ctrl+G进行编组,并将其命名为底部形状。

接着需要进行底部促销文案设计。选择"横排文字工具",输入产品文案"前50名包邮到家",在属性栏设置字体格式,设置字体为思源黑

图7-28　完成圆形状效果设置

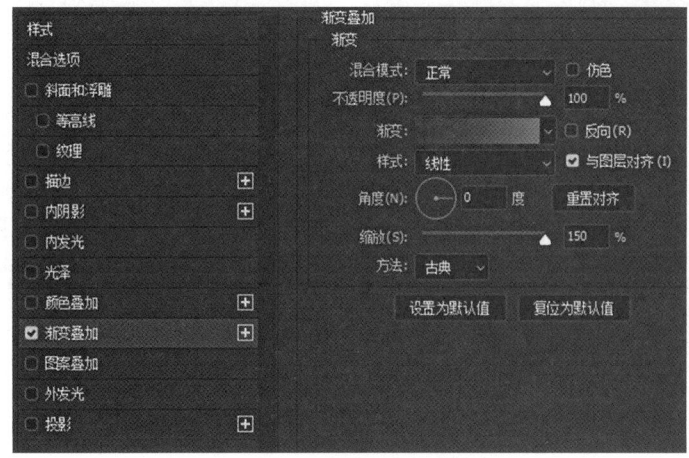

图7-29　添加渐变叠加设置

图7-30　完成底部形状绘制

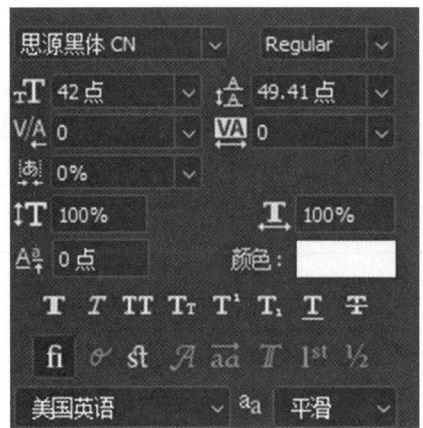

图7-31 设置字体(前50名包邮到家)

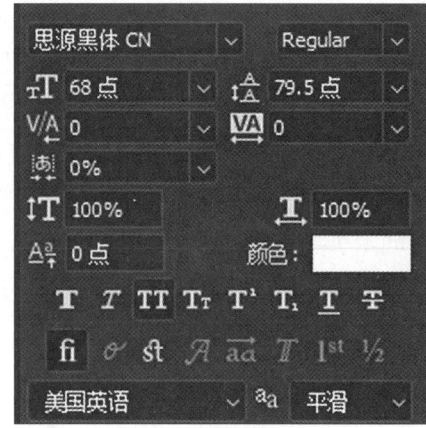

图7-32 设置字体(满200元减10元)

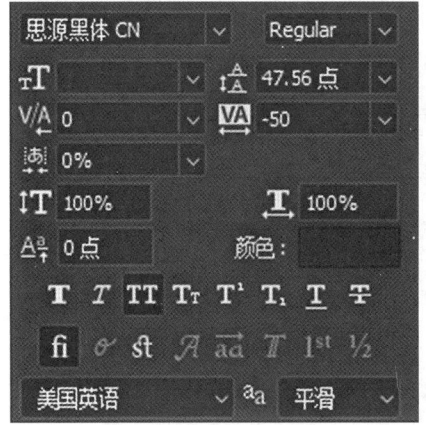

图7-33 设置字体(¥39.9)

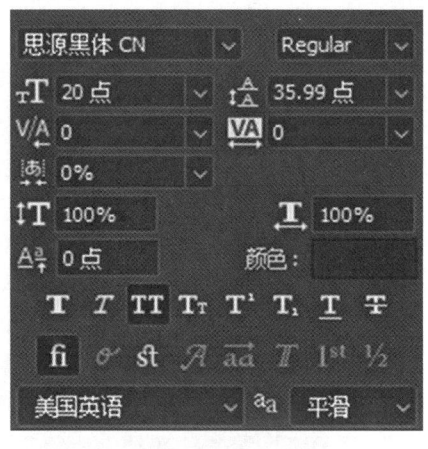

图7-34 设置字体(活动价)

体,字体大小为42点,字体颜色为白色(ffffff),参数如图7-31所示;输入产品文案"满200元减10元",在属性栏设置字体格式,设置字体为思源黑体,字体大小为68点,字体颜色为白色(ffffff),参数如图7-32所示;输入产品文案"¥39.9",在属性栏设置字体格式,设置字体为思源黑体,设置"¥"字体大小为20点,"39.9"字体大小为65点,字体间距为−50,字体颜色为红色(b8010d),参数如图7-33所示;输入产品文案"活动价",在属性栏设置字体格式,设置字体为思源黑体,设置"活动价"字体大小为20点,设置字体颜色为红色(b8010d),参数如图7-34所示;底部促销文案添加设置完成后,效果如图7-35所示。

图7-35 底部促销文案设置

完成底部促销文案设计之后,选中底部促销文案设计所有图层,使用快捷键Ctrl+G进行编组,并将其命名为底部促销文案。

步骤3:完成广告制作

完成图片和文字的设计后,选中所有图层,使用快捷键Ctrl+G进行编组,并将其命名为荔枝广告图。设计的荔枝广告效果图,如图7-36所示。

图7-36　荔枝广告效果图

知识拓展

网络广告设计的原则

(1)目标导向:网络广告设计应该明确目标,并根据目标来确定设计策略。例如,如果网络广告旨在提高销售量,设计应该侧重于突出产品特点和购买行为的呼吁,如果网络广告旨在提高品牌认知度,设计应该注重品牌形象的展示。

(2)简洁明了:网络广告的设计应该尽量简洁明了,避免过多冗余的信息和视觉元素。通过简洁的设计,能够更好地传达网络广告的主要信息,让观众一目了然。

(3)引人注目:网络广告设计应该具有视觉吸引力,通过鲜艳的颜色、独特的图形、高质量的图片等方式来吸引用户的注意力。网络设计要能够与众不同,与其他广告相比具有独特性。

(4)一致性:网络广告的设计应保持与品牌形象的一致性。使用品牌色彩、字体和风格等元素,使网络广告与品牌形象相统一,帮助用户快速识别网络广告的来源和品牌。

(5)清晰的信息传达:网络广告设计应该能够清晰地传达主要信息,避免信息过于复杂或混乱。通过简洁明了的文字、鲜明的图像和简洁的排版,使观众能够快速理解网络广告的内容。

(6)呼吁行动:网络广告设计应包含明确的呼吁行动,告诉用户应该采取怎样的行动,例如点击链接、购买产品、填写表单等。呼吁行动应该简洁、明确,使用户能够轻松理解并采取相应的行动。

任务思考

网络广告制作时,应当注意哪些问题?

任务四　营销效果监控与分析

任务背景

　　在完成荔枝广告图的设计后，老板将荔枝广告图在小红书平台进行了7天的推广，老板想要了解此次广告的营销效果，因此，他安排小静对广告营销效果进行监控和分析。

知识准备

一、营销效果监控

　　目前，常用的网络广告效果的评估指标有：网络广告曝光次数、点击次数与点击率、网页阅读次数、转化次数与转化率以及网络广告收入。

（一）网络广告曝光次数

　　网络广告曝光次数是指网络广告所在的网页被访问的次数，这一数字通常用计数器来进行统计。假如广告发布在网页的固定位置，那么在刊登期间获得的曝光次数越高，表示该网络广告被看到的次数越多，获得的注意力就越多。

（二）点击次数与点击率

　　点击次数是用户点击网络广告的次数。点击次数能够客观准确地反映网络广告的效果。点击次数除以网络广告曝光次数，就可得到点击率（click through rate，CTR）。这项指标也可以用来评估网络广告效果，是网络广告吸引力的一个指标。

（三）网页阅读次数

　　用户对网络广告中的产品产生了一定的兴趣之后进入广告主的网站，在了解产品的详细信息后，其可能会产生购买欲望。当用户点击网络广告之后进入介绍产品信息的主页或者广告主的网站，用户对该页面的一次浏览阅读称为一次网页阅读。而所有用户对这一页面的总的阅读次数就称为网页阅读次数。

（四）转化次数与转化率

　　网络广告的最终目的是促进产品的销售，而点击次数与点击率指标并不能真正反映网络广告对产品销售情况的影响。于是，可引入转化次数与转化率的指标。"转化"是受网络广告影响而形成的购买、注册或者信息需求；转化次数是由于受网络广告影响所产生的购买、注册或者信息需求行为的次数；转化次数除以广告曝光次数，即得到转化率。

（五）网络广告收入

　　网络广告收入就是指消费者受网络广告的影响，产生购买而给企业带来的销售收入。

网络广告收入越高,说明网络广告的投放效果越好。

二、营销效果分析

网络广告效果分析是衡量广告质量的重要手段,通过广告效果分析可以发现广告存在的问题,方便企业针对性地调整广告策略,是企业提高网络广告营销活动效果的有效方法。通常情况下,网络广告效果分析的流程如下:

(1)确定效果分析的关键指标。

(2)分析关键指标数据的趋势和具体时间点,找出优势和劣势。

(3)进行不同渠道效果的数据对比,分渠道多维度细化分析关键指标。

(4)设计新的广告投放方向,并制订优化方案,使整个营销活动进入正向发展循环,充分挖掘市场的潜力。

任务实施

步骤1:获取营销效果数据

小静在小红书后台的数据中心获取了近7日荔枝广告的推广数据,包括观看数据、互动数据和转化数据,分别如图7-37、图7-38、图7-39所示。

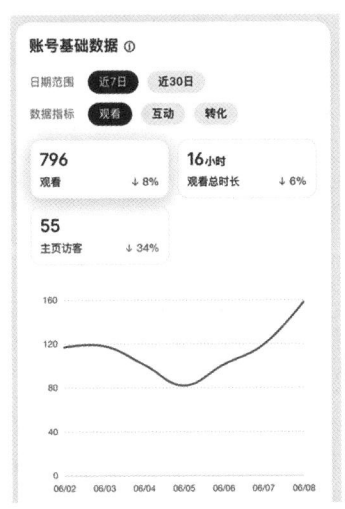

图7-37　观看数据　　　图7-38　互动数据

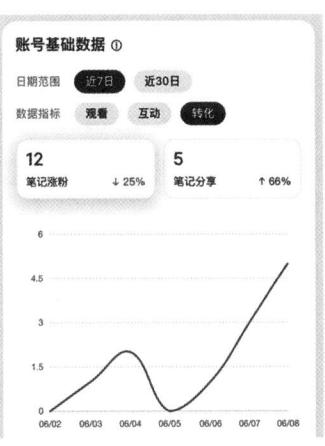

图7-39　转化数据

步骤2:分析营销效果

通过对荔枝广告在小红书平台近7日的推广数据进行分析,小静可以得出以下结论:

(1)近7日的观看量为796次,每日观看量均在100次以下,每日观看量较少。

(2)近7日的观看时长共为16小时,观看时长较短。

(3)近7日的广告转化率有上升的趋势,被分享过5次,涨粉12人,较同期相比,涨粉量下降25%。

针对以上结论,小静对广告营销效果提出了以下优化建议:

（1）在不同时段增加广告投放次数,加大广告的曝光量;

（2）可以设计视频形式的广告,增强广告的吸引力,提升广告的阅读量和观看量;

（3）多平台投放广告,例如微信朋友圈、微信公众号、抖音、快手、微博等平台,增加广告的转化率。

知识拓展

网络广告效果监测方法

1. 通过网络软件统计

网络广告可以统计广告被浏览的总次数、每个广告被单击的次数,还可以详细、具体地统计出每个访问者的访问时间、IP地址等数据。这些数据可以帮助广告主分析市场与受众,有针对性地投放广告,并根据用户特点来做定点投放和跟踪分析,对广告效果作出客观准确的评估。

2. 通过广告评估机构评估

网络广告效果评估是一个全新的领域,广告客户一旦选择了网络广告这一方式,就将质询广告访问量的真实性和准确性,以评估效果。无论是站点流量审计,还是广告服务审计,都是非常严谨的商业行为。如果没有准确、全面的统计结果,广告客户无所适从,那么很可能断送网络广告这一新兴产业。专业的评估应包括两个方面:首先是量的评估,比较计划和执行在量上的区别;其次是研究广告的衰竭过程,方法是将同一广告的每天的点击率在坐标轴上连成线,研究每个创意衰竭的时间,为设定更换广告创意间隔提供依据。

3. 通过网络广告效果评估软件评估

目前已经出现多种把网络广告报价和广告效果评估集成起来的网络广告管理软件,常用的有"CMM""康赛广告监测系统""中国媒体指标（SAC Nielsen）"等。广告主可以向有关软件研究公司购买。在投入广告之前,广告主可以根据它提供的媒体各方面的情况制订计划。在投入广告之后,提供软件的公司将把广告效果的各种数据通过软件分类汇总,从而使广告主了解到广告的效果。

🎙 **任务思考**

影响广告营销效果的因素有哪些?

 **素养提升**

尊重他人创作成果，坚持原创，共同营造健康的广告创作环境

近年来，随着互联网的高速发展，网络普遍一体化已成为社会的重要特征，人们可以通过网络获取信息，生活质量提高，在依赖网络获取信息时，经营者看到这个巨大商机，即通过网络推销商品或服务，不少经营者通过在各大平台投放广告以提高知名度，然而，令人意想不到的是，经营者们辛苦设计的广告也可能被模仿与抄袭。2022年5月21日，某汽车品牌"小满"的一则营销广告刷爆了朋友圈。这则广告没有介绍某款车型，只是以该品牌为题，请著名影星讲述了个人人生哲理。该影星温情脉脉的讲述，引发了网友的广泛共鸣，被誉为广告营销的"清流"。不过，很快画风反转。网名为"北大满哥"的网友在视频下评论该广告的视频文案几乎全篇抄袭其2021年发布的视频文案。5月22日，"北大满哥"晒出两个文案的对比视频。对比显示，"查重率"几乎99%。

为了规范广告活动，保护消费者的合法权益，促进广告业的健康发展，维护社会经济秩序，国家制定了《中华人民共和国广告法》。该法律禁止广告含有虚假或者引人误解的内容，或欺骗、误导消费者。抄袭、模仿性质的广告属于虚假广告，不具备广告所必须具有的真实性、合法性以及诚挚性的法律特征。

模仿自由是市场竞争的必然要求，但如果对模仿自由不加限制，则会打击经营者创新的积极性，从而妨碍市场竞争。因此，作为广告创作者，要尊重其他创作者的创作成果，也给予保护，禁止随意抄袭，坚持自己原创，营造一个健康的广告创作环境。

 **技能自测**

一、单项选择题

1. 出现在网站或APP的顶部、底部等位置，以条形图文（包括动态图）形式展示的广告属于（　　）。

    A. 网幅广告　　　　　　B. 文本链接广告　　　　　C. 开屏广告　　　　　D. 信息流广告

2. 用户在网站或者APP上进行暂停、切换等动作时触发的广告属于（　　）。

    A. 开屏广告　　　　　　B. 文本链接广告　　　　　C. 插屏广告　　　　　D. 信息流广告

3. 选择网络广告的第一步是（　　）。

    A. 确定广告预算　　　　　　　　　　　B. 明确网络广告受众群体

    C. 分析竞争对手　　　　　　　　　　　D. 确定网络广告营销目标

4. 下列选项中,属于搜索引擎广告投放平台的是(　　　)。

    A. 百度推广　　　　　B. 微信公众号　　　　　C. 爱奇艺　　　　　D. 微博

5. 通过突出产品或服务与竞争对手的差异化来吸引目标受众的广告设计策略属于(　　　)。

    A. 品牌形象策略　　　B. USP策略　　　　　C. 定位策略　　　　　D. 情感共鸣策略

二、多项选择题

1. 网络广告预算费用主要包括(　　　　　)。

    A. 媒介费用　　　　　B. 数字广告费用　　　C. 创意制作费用　　　D. 推广费用

2. 下列属于展示类广告的有(　　　　　)。

    A. 网幅广告　　　　　B. 文本链接广告　　　C. 开屏广告　　　　　D. 信息流广告

3. 下列选项中,属于线上广告投放平台的有(　　　　　)。

    A. 百度推广　　　　　B. 爱奇艺　　　　　　C. 地铁广告屏　　　　D. 微信公众号

4. 有吸引力的广告创意通常具有(　　　　　)。

    A. 可信性　　　　　　B. 复杂性　　　　　　C. 趣味性　　　　　　D. 独特性

5. 下列选项中,属于网络广告排版方式的有(　　　　　)。

    A. 中心分布版式　　　　　　　　　　　　B. 左右分布版式

    C. 上下分布版式　　　　　　　　　　　　D. 对角线分布版式

三、判断题

1. 在进行网络广告投放时,可以选择在夜晚进行推广,投放效果会更好。　　　　　(　　　)

2. 网络广告在线下平台的投放效果一定比线上平台投放效果差。　　　　　　　　(　　　)

3. 信息流广告依托海量的用户数据和信息流生态体系,可精准捕捉用户意图,有效降低用户干扰。　　　　　　　　　　　　　　　　　　　　　　　　　　　　　　　　　(　　　)

4. 广告创意需要与广告目标相关联,即广告需要能够明确地传递广告主的信息,并且让用户更好地理解广告的目的。　　　　　　　　　　　　　　　　　　　　　　　　　(　　　)

5. 完成网络广告投放后,为了能够及时改进优化过程中存在的问题,还需要对网络广告进行监控和分析。　　　　　　　　　　　　　　　　　　　　　　　　　　　　　　(　　　)

四、技能训练题

    请根据所学知识,利用Photoshop CC或美图秀秀等工具,设计并制作一个与零食相关的网络广告,形式不限。

网络营销数据分析

学习目标

 **知识目标**
❖ 了解网络营销数据的获取渠道
❖ 熟悉网络营销数据分析的主要指标
❖ 熟悉网络营销数据分析的方法
❖ 了解网络营销数据优化的方法

 **能力目标**
❖ 能够通过营销数据获取渠道进行营销效果数据采集
❖ 能够根据营销数据进行营销效果分析
❖ 能够根据营销效果分析得出的结论进行优化

 素养目标
❖ 培养遵纪守法意识,合法合规获取商业数据
❖ 具备细致严谨的工作态度,保持诚实守信的职业操守

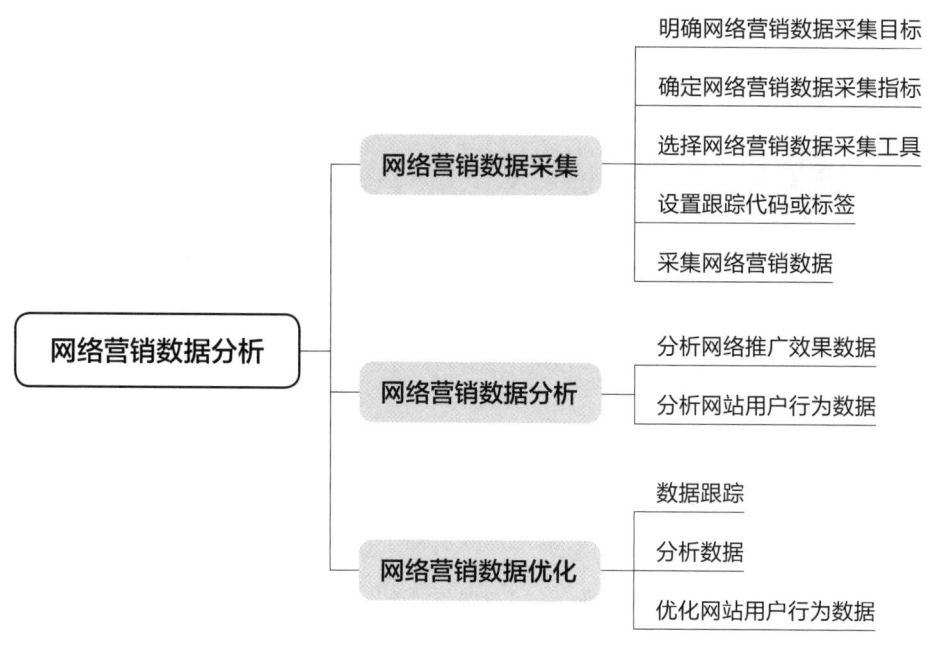

2022年2月15日下午,元气森林官方微博发文表示"押三中三,小元气可太有福气了！在这里坐等一个夸夸",并发布了转发抽奖活动。原来元气森林在北京冬季奥运会前签约的三位"元气新青年"徐梦桃、谷爱凌、苏翊鸣均在本次奥运会中夺冠。元气森林因这一条发文引来网友关注并留言"元气森林赢麻了",相关词条也迅速冲上热搜。在此之前,元气森林还发布了元气新青年广告片,随着品牌热度递增,各种平面广告也出现在抖音、微博、小红书等平台。元气森林通过整合各渠道资源,优化营销内容,实现品牌曝光和销售额的双重突破。

博文发布仅一小时,转发量就达8 816次,留言量2 352条,点赞量5 394次。"元气森林赢麻了"迅速登上微博热搜第二位、抖音热搜第一位。#元气新青年#话题总阅读次数1.9亿次,讨论次数120.1万次,在2月14—15日达到最高峰值。微博官微增粉3 w、曝光超过2 000 w。

转发量、点评量、点赞量、话题度是微博内容营销分析的关键指标,通过监控分析这些指标,能够了解用户喜好、找到其兴趣敏感点,优化博文内容方向。有些企业在微博营销方面,存在内容单一、缺乏话题度、传播力度有限、营销转化不理想等问题,元气森林给出了借鉴方向:

（1）紧跟时事热点，发布营销内容。元气森林紧抓三位代言人冬奥会夺冠的热度及时发布内容，并设置抽奖活动，将冬奥会的热度、夺冠的热度与品牌有力结合，顺势出圈。

（2）博文风格迎合消费群体，引发粉丝互动，形成热度。元气森林的消费群体集中在18—30岁，有着良好的互联网基础，深谙网络用语，幽默、诙谐、充满活力，该博文语言轻松、幽默、风趣，很好地激发了粉丝的讨论热度。

案例思考：

通过阅读案例，思考并回答以下问题：

（1）元气森林是如何实现品牌曝光和销售额突破的？

（2）通过案例分析，影响网络营销效果的因素有哪些？

任务一　网络营销数据采集

任务背景

某网络课堂是一款在线实用技能学习平台，2019年通过教育部备案，主要为用户提供实用软件、IT与互联网、外语学习、生活家居、兴趣爱好、职场技能、金融管理、考试认证、中小学教育、亲子教育等十余大门类的学习课程。为更好地服务院校教师和学生，在2022年3月中旬，该网络课堂对平台进行了改版升级。网站运营专员小静需要采集网站推广数据，为后续的网站升级优化提供数据支撑。

知识准备

一、网络营销数据采集渠道

（一）社交媒体平台后台

社交媒体的网络营销数据可以直接在社交媒体平台后台获取，如微博、微信公众号、抖音等平台后台，可以获得粉丝互动、社交分享、点击率等信息，以及对广告投放效果的跟踪分析。如果需要分析的数据已经放在社交媒体平台后台，则无须花费时间进行统计与挖掘，直接在后台复制或下载数据即可。目前可直接获取的数据包括微信公众号用户数据、微博阅读数据、抖音短视频观看数据等。

（二）第三方工具

在社交媒体平台后台无法对某项数据进行统计时，可以借助第三方数据采集工具，在授权后利用第三方数据工具进行数据挖掘与获取,随后直接下载第三方数据工具得到的数据。常见的第三方数据采集工具有八爪鱼、数据专家、百度统计。目前可获取的第三方数据包括网站点击数据、网站跳出数据、访问来源数据、用户属性数据、微信评论采集数据等。

（三）公共资源

公共资源数据包括政府及相关部门网站、行业协会、行业网站、其他公开数据源。常见的公共资源数据采集网站有艾瑞网、国家统计局等。

（四）人工统计

还有些数据来源于调研,如调研问卷、线下活动的现场登记及一些即兴反馈等,这些数据需要人工手动录入来获得。只是单纯的调研问卷目前可以在很多线上调查网站进行,例如问卷星,可以将烦琐的传统纸质问卷转化为简单快捷的在线问卷调查,具有轻松导入问卷、多渠道分发问卷、完美适配移动端等特点,并且提供原始数据下载、自动生成图表等后期功能,十分方便。

二、网络营销数据采集流程

网络营销数据采集是指在进行网络营销活动的过程中,通过收集、记录和分析相关数据来评估和优化营销策略和效果的过程。通过网络营销数据采集,可以了解用户访问行为、点击率、转化率、受众特征、购买偏好等信息,帮助企业监测营销活动的效果,洞察用户需求,调整营销策略并优化用户体验。

网络营销数据采集的一般流程如下。

（一）明确网络营销数据采集目标

在采集网络营销数据前,首先要明确网络营销数据采集的目标。网络营销数据采集的目的通常与网站运营的目标相关,如统计访客的来源、访客在网站的停留时间、跳出率等数据,通过分析数据,优化营销策略,可增加品牌知名度、提高新增用户或提升用户活跃度等。

（二）确定网络营销数据采集指标

在确定好网络营销数据采集目标后,根据目标,应确定需要收集和分析的关键指标。常见的指标可以包括网站访问量、页面浏览量、点击率、转化率、社交媒体参与度等。正确选择指标对于衡量网络营销活动的成效非常重要。例如,如果网络营销数据采集的目标是提高网站流量,那么可能关注的指标包括独立访客数量、页面浏览量、平均停留时间等。

（三）选择网络营销数据采集工具

根据目标和指标选择合适的数据采集工具。市场上有很多专业的数据采集工具可供选择,如百度统计、艾瑞网、社交媒体平台等提供的分析工具等。应根据需求和预算选择能够满足要求的工具。

（四）设置跟踪代码或标签

对于网站数据采集,通常需要在网站上插入相应的跟踪代码或标签。这些代码或标签用于追踪用户的访问行为和其他有关数据。通过数据采集工具提供的代码片段或标签管理系统,将其插入到网站的适当位置中,以实现数据的采集。

（五）采集网络营销数据

进入网络营销数据采集工具后台，找到目标指标，获取目标指标相关的数据，下载数据或录入数据，完成网络营销数据的采集。

任务实施

步骤1：明确网络营销数据采集目标

1. 明确网站运营功能

学生可通过该课堂平台进行在线学习，从而全面提升自身知识和技能。同时，教师则可以在任何PC端或移动设备上轻松管理班级，随时通知和开展课堂活动。网站不仅能够帮助学生提供课程相关内容，同时能帮助老师做好课程、课堂管理。

随着该网络课堂的改版升级，其功能更加丰富，如直播授课功能可还原线下课堂场景，教师可灵活设置课堂时间，支持多人同步听课。在线直播还提供了众多互动功能，包括提问答疑，课后录播巩固，多媒体共享播放等。此外课堂还附带了公告、签到、抽奖、答题卡、问卷、红包、AI智能助手、AI口语教练等多样化的趣味互动方式，可丰富课堂体验，提升学生体验。

2. 确定具体目标

为了使更多师生能体验并参与新功能的使用，该网络课堂网站运营专员小静需要对推广数据进行跟踪，适时调整推广方式，引导网站访问用户参与其中。

该网络课堂网站运营专员小静根据网站情况制定了以下具体目标：

（1）本期流量目标：周访客数UV > 13 000（上期10 010）；周网页浏览量PV > 407 000（上期307 221）。

（2）网站用户行为目标：参与"叮咚！某网络课堂升级改版，找不同赢好礼，速来参与！"活动人数占总访问人数的95%；新版该网络课堂功能介绍的点击率提升95%。

步骤2：确定网络营销数据采集指标

在明确网络广告营销的主要目标后，小静可以确定此次网络营销数据采集的主要指标有访客数、浏览量、点击率、访问人数等。

步骤3：选择网络营销数据采集工具

网站数据是网站运营、推广工作实施及效果评定的重要参数，因此在网站开发完毕之后，该网络课堂研发人员便确定了对网站添加数据统计插件。通过数据统计插件，可对网站访问数据进行收集。该课堂选择了系统更为稳定的百度统计作为网站数据采集的工具。

步骤4：设置跟踪代码或标签

百度统计设置跟踪代码的步骤如下：

第一步，注册百度统计账号。

第二步，点击"管理"，点击"+新增网站"，如图8-1所示。

第三步，点击"代码获取"—"复制代码"，如图8-2所示。

图8-1　添加网站

图8-2　代码获取

第四步,将代码添加至网站header.php类似的页尾模板页面中安装。网易云课堂之所以添加至这个文件中,是因为该文件为页头文件,所有页面均有调用,这里达到一处安装,全站皆有的效果。

第五步,安装完成后,点击代码安装检查,查看代码是否安装成功。安装成功后,网站会提醒"代码安装正确"。如图8-3所示,这样某网络课堂便可以开始对网站访问数据进行统计了。

步骤5:采集网络营销数据

在完成网站统计代码添加之后,需要对主栏目页面布局进行分析,查看结构布局是否合理,帮助网站开发后期展开页面工作。因此,网站运营人员小静决定在网站主要监控栏目添加统计代码,查看用户数据情况,具体操作如下:

第一步,点击"基础报告"→"页面点击图"→"新增点击图",添加对应页面地址,即可查看网站点击情况,如图8-4所示。

完成对应统计添加后,点击"网站概况"即可查看网站访问流量概况,如图8-5所示。

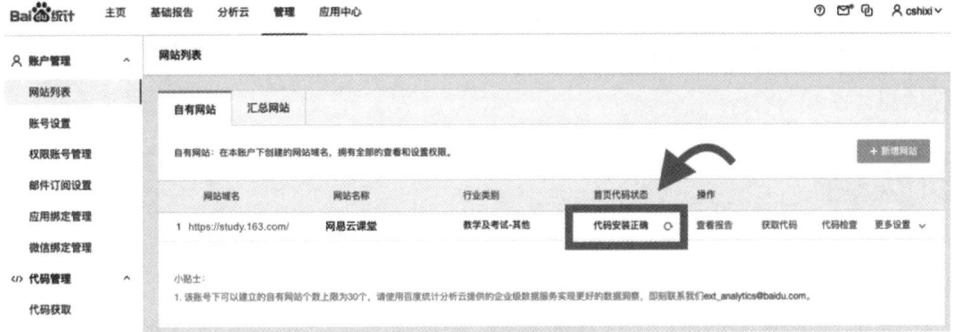

图8-3　代码安装检查

图8-4　添加页面点击图

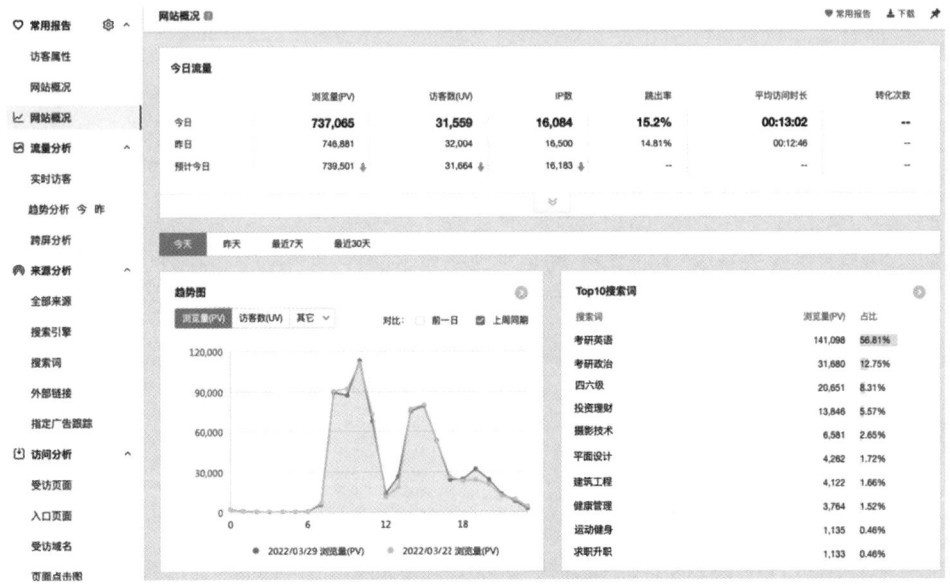

图8-5　网站概况页面

百度统计收集的是网站访问数据,通过对相关数据指标的监控,能够对网站用户行为进行分析,包括访问来源、访问路径、访问页面、停留时间等,从而间接辨别用户对页面的喜好程度等信息。

网络爬虫
不越界

任务思考

选择网络营销数据采集工具时,需要考虑的因素有哪些?

任务二　网络营销数据分析

任务背景

网络课堂升级后,通过多种网络营销方式进行了市场推广,最终的实施效果如何,客户对于新版的反馈如何,网站流量是否因为推广活动而得到提升,都亟须进行分析。这时,网站运营专员小静需要特别关注推广前后的数据变化,对数据进行统计分析,从而对该网络课堂的网络推广方式、运营方式、活动效果是否合理作出判断。

知识准备

一、网站营销数据分析指标

在网络营销过程中,数据监控和分析是必不可少的,营销活动整个过程需要对核心数据进行监控,并根据监控结果对营销策略进行优化。常用的数据分析指标可分为网站内部数据指标和网站外部数据指标。

（一）网站内部数据指标

（1）PV（page view）页面浏览量：指某段时间内访问网站或某一页面的用户的总数量。通常用来衡量一篇文章或一次活动带来的流量效果，也是评价网站日常流量数据的重要指标。PV可重复累计，以用户访问网站作为统计依据，用户每刷新一次即重新计算一次。

（2）UV（unique visitor）独立访客：是指来到网站或页面的用户总数。需要注意的是，此指标统计的同一用户在不同时段访问网站只算作一个独立访客，不会重复累计，通常以PC端的Cookie数量作为统计依据。

（3）着陆页（landing page）：是指用户从外部链接来到网站，进入的第一个页面。

（4）跳出率（bounce rate）：是指用户通过链接来到网站，在当前页面没有任何动作就离开网站的行为，这就算作此页面增加了一个"跳出"，跳出率一般针对网站的某个页面而言。跳出率＝（在这个页面跳出的用户数 ÷ PV）× 100%。

（5）退出率：一般针对某个页面而言。是指用户访问某网站的某个页面之后，从浏览器中将与此网站相关的所有页面全部关闭，就算此页面增加了一个"退出"。退出率＝（在这个页面退出的用户数 ÷ PV）× 100%。

（6）点击数（click）：一般针对付费广告而言，是指用户点击某个链接、页面、banner的次数，可重复累计。

（7）平均停留时长：是指某个页面被用户访问，在页面停留时长的平均值，通常用来衡量一个页面内容的质量。

（8）点击率（click through rate，CTR）：是指某个广告、Banner、URL被点击的次数和被浏览的总次数的比值。点击率＝（点击数 ÷ 被用户看到的次数）× 100%。

（9）转化率（conversion rate）：是指用户完成设定的转化环节的次数和总会话人数的百分比，通常用来评价一个转化环节的好坏，如果转化率较低则需优化该转化环节。转化率＝（转化会话数 ÷ 总会话数）× 100%。

（二）网站外部数据指标

除以上内部指标外，还有网络广告浏览率，文章被转载率，微信、微博关注数等。

（1）网络广告浏览率：是指为本次活动进行付费的网络广告，起到推广和强化品牌的作用。网络广告浏览率越高说明投放效果越好。

（2）文章被转载率：一般情况下，在活动开始之前，企业会通过公众号或其他新媒体账号，撰写一篇与活动有关的推广文章，往往高质量的文章转载次数会较多，查看转载次数也可以作为网络营销效果的依据之一。

（3）微信、微博关注数：在活动期间查看微信、微博关注人数是否增加，也可以作为网络营销最终效果的依据之一。

二、网站营销数据分析维度

（一）网站推广效果数据分析

网站在进行了一定阶段的运营推广之后，运营人员需要围绕运营目标，进行量化考核,即对推广效果进行全方位的评估,以此判定网站在上一阶段的运营决策是否有效,以及是否有提升空间,并调整、优化后续的网站运营决策,以保障网站长期有效的数据增长。

网站推广效果数据分析通常指的是对网站从用户获取到用户转化的过程和结果的分析,即用户通过搜索引擎、宣传页、自主访问等渠道进入网站,访问网站相关网页,产生互动并形成转化。网站推广效果分析指标包括:

(1)流量指标:包括网站总访问量、独立访客数、页面浏览量等,用于衡量网站的流量状况。

(2)访问来源:了解用户是通过搜索引擎、直接输入网址、外部链接还是社交媒体等途径访问网站,从而确定哪些渠道对网站推广起到了关键作用。

(3)关键词排名:通过监测关键词在搜索引擎中的排名情况,了解网站在搜索结果中的曝光度和竞争力,从而评估网站的SEO效果。

(4)社交媒体互动指标:如粉丝增长、转发和评论数等,用于评估社交媒体平台上的推广效果和用户参与度。

(二)网站用户行为数据分析

网站指标数据往往只能反映网站的大体数据情况,但无法对用户的行为进行细致分析,通过对用户行为监测获得的数据进行分析,可以帮助运营人员更加详细、清楚地了解用户的行为习惯,从而找出网站、推广渠道等企业营销环节中存在的问题,有助于运营团队发掘高转化率页面,让团队的营销更加精准、有效。

用户行为分析,是指在获取网站的基本数据的情况下,对其进行统计和分析,从中发现用户访问网站的规律,并将这些规律与网络营销策略结合,从而对网络营销活动提出意见或建议,并为制定网络营销策略人员提供依据。

用户行为分析可以从以下几个角度进行分析:

(1)访客的来源地区、来路域名和页面、设备类型。

(2)访客在网站的停留时间、跳出率、新访问者、回访次数。

(3)注册用户和非注册用户的浏览习惯是否不同。

(4)访客所使用的搜索引擎、关键词、关联关键词和站内关键字。

(5)访客访问网站流程,用来分析页面结构设计是否合理。

(6)访客在页面上活动的热力图和行为数据分布。

(7)访客在不同时段的访问量情况等。

(三)网站营销效果数据分析

网站统计分析通常按日、周、月、季度、年或围绕营销活动的周期为采集数据的周期。单纯的网站访问统计分析是不够的,在实际的分析报告中需根据网站流量的基本统计数据和可采集的第三方数据的基础上,对网站运营状况、网络营销策略的有效性及其存在的问题等进行分析,并提出有效可行的改善建议,才是网站访问统计分析报告的核心内容。网站访问统计分析报告应该包括以下几方面的内容:

（1）网站访问量信息统计的基本分析。

（2）网站访问量趋势分析。

（3）在可以获得数据的情况下，与同行竞品进行对比分析。

（4）用户访问行为分析。

（5）网站流量与网络营销策略关联分析。

（6）网站访问信息反映出的网站和网站营销策略的问题诊断。

（7）对网络营销策略的相关建议。

 任务实施

步骤1：分析网络推广效果数据

为了提升网站学习课程的点击率与网站访问量，并帮助更多学生学习更多知识和技能，该网络课堂网站运营人员小静制定了前期的网络推广方案，通过该网络课堂官方微信、该网络课堂官方微博发布课程报名信息。在经过一段时间的推广之后，网站运营人员小静着手对网站访问数据进行统计并分析，检查该阶段的营销推广是否达到推广预期目标。

该课堂在微博、微信推广宣传一周之后，网站运营人员小静对网站数据进行了统计，如图8-6所示。并与网站两周之内的网站访问指标数据进行了对比，如图8-7所示。值得注意的是，要对比最近的数据是否高于之前的，需要将首要对比的时间段放在前面，次要对比时间段放在后面，这样统计数据中较显眼的颜色和阴影都将指向主要对比时间段的数据，更加方便查看。

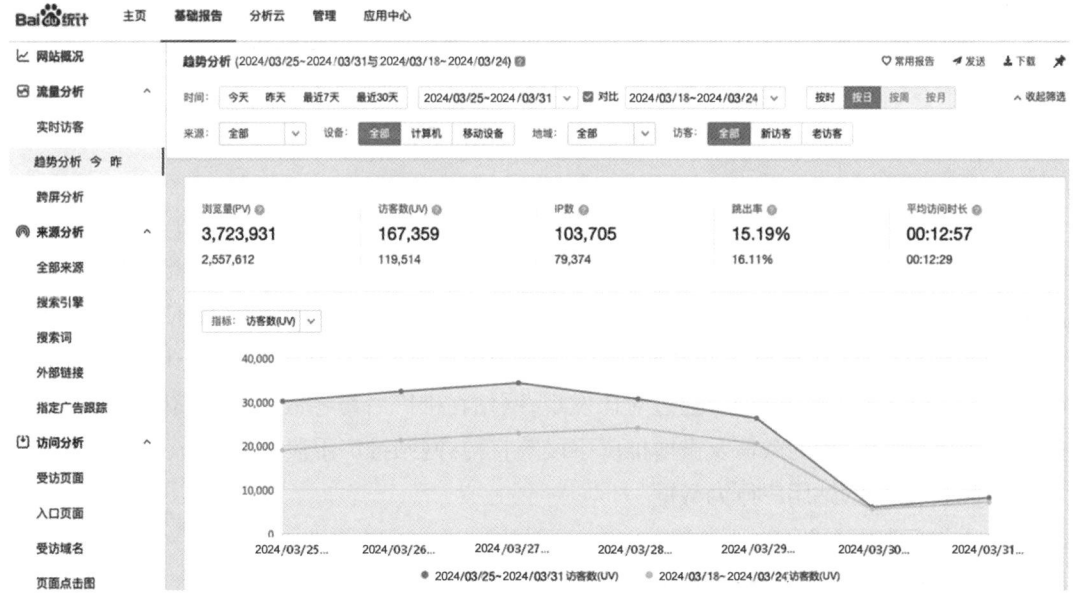

图8-6　网站访问趋势分析

日期 ↓	网站基础指标			流量质量指标	
	浏览量(PV)	访客数(UV)	IP数	跳出率	平均访问时长
当前汇总					
2024/03/25 - 2024/03/31	3,723,931	167,359	103,705	15.19%	00:12:57
2024/03/18 - 2024/03/24	2,557,612	119,514	79,374	16.11%	00:12:29
变化率	45.6%	40.03%	30.65%	-5.71%	3.74%

图8-7　网站运营指标对比

通过对比发现,网站在推广后访客数、IP数均有上升,并达到预期目标。说明近一周通过微信及微博等的宣传,网站的推广方案有效。

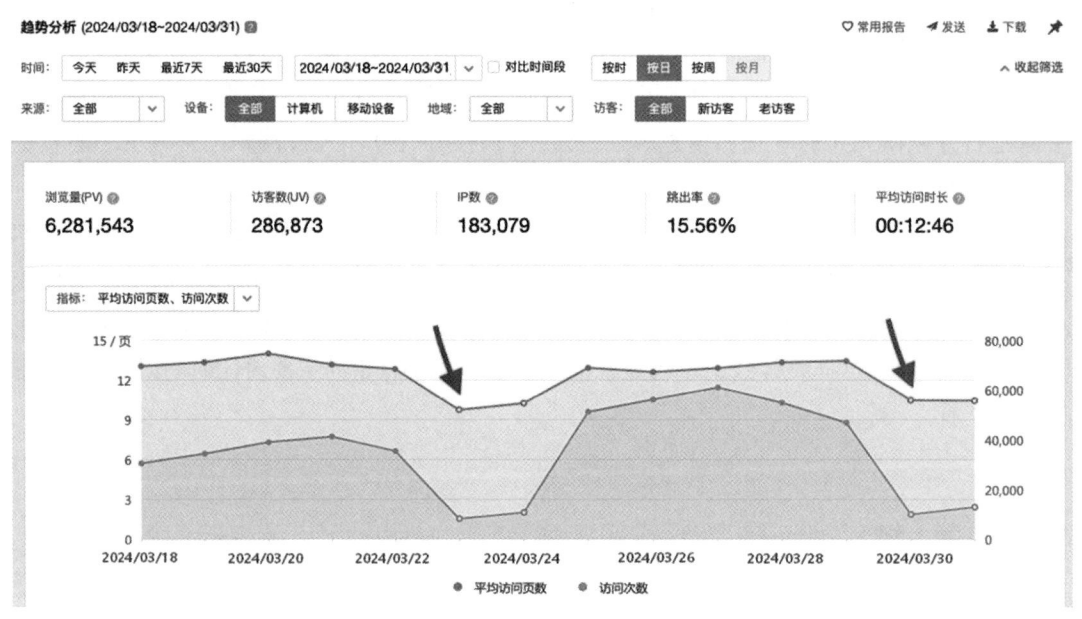

图8-8　网站浏览指标表现

本段时间的访问次数变化趋势呈现一定的规律性,如图8-8所示。在网站访问低谷期时,网站的运营团队采取了微信、微博营销策略,网站访问流量迅速爬升,因此,网站的运营团队决定在出现"低谷"趋势前,采取一定的营销策略来遏制流量流失。同时,通过网站平均访问页数数据反馈,可以看到某网络课堂平均访问页数为12.06(基准13-12),网站提供内容较为优质,导航设置合理。通过对比发现,网站在推广后访客数、IP数均有上升,达到预期目标,说明通过一周的微信及微博推广手段等宣传,网站推广手段有效。

步骤2:分析网站用户行为数据

(一)访问来源分析

目前主要的网站访问来源方式有:

(1)搜索引擎:由搜索引擎的链接访问网站。

（2）其他网站：由非搜索引擎的其他网站链接访问网站。

（3）直接输入网址和标签：访客通过在地址栏、收藏夹、书签等方式直接访问网站。

（4）站内跳转：访客在网站内部的页面之间进行跳转，产生的流量。

首先，进入百度统计后台，点击"来源分析"—"全部来源"，进入网站流量来源分析页面，如图8-9所示。

图8-9　网站流量来源分析

如图8-9所示，该网络课堂网站流量中搜索引擎占比54.97%，说明该网络课堂网站用户有一半来自搜索引擎，因此该网络课堂网站在搜索引擎优化方面完成度相对较高，继续保持即可。另外，外部链接用户页面跳出率相对较高，需保持在15%左右，其中直接访问及外部链接导入的流量来源跳出率相比搜索引擎流量导入来源要高，说明入站页面landing page在内容与导航设计上存在一些优化空间，可以针对入站页进行网页改版或重新设计。

点击"搜索引擎"，查看各搜索引擎流量来源占比及跳出率，如图8-10所示，可以看到基于百度、360搜索引擎来源访问的跳出率高于搜狗搜索引擎，需要基于所有搜索引擎的访问关键字针对landing page进行针对性内容优化。

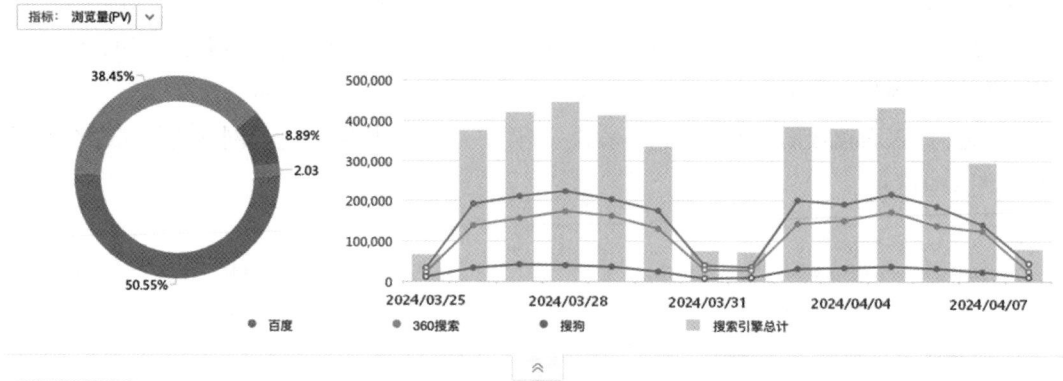

指标: 浏览量(PV)

● 百度　● 360搜索　● 搜狗　■ 搜索引擎总计

38.45%
8.89%
2.03
50.55%

自定义指标

搜索引擎			网站基础指标			流量质量指标	
			浏览量(PV) ↓	访客数(UV)	IP数	跳出率	平均访问时长
+ 1	百度		2,084,320	79,453	37,536	11.06%	00:12:58
+ 2	360搜索		1,585,331	53,683	25,880	11.28%	00:12:57
+ 3	搜狗		366,379	16,483	11,091	9.63%	00:14:49
+ 4	Bing		83,708	3,171	1,561	18.67%	00:11:20
+ 5	神马搜索		2,912	416	418	37.26%	00:04:00
+ 6	Google		896	122	125	49.3%	00:11:34
	当前汇总		4,123,546	153,328	76,611	11.25%	00:13:04

图8-10　搜索引擎流量来源占比及跳出率

接下来,点击"关键词",查看用户搜索关键词,如图8-11所示。

搜索词			网站基础指标			流量质量指标	
			浏览量(PV) ↓	访客数(UV)	IP数	跳出率	平均访问时长
1	▨▨课堂		1,293,898	80,902	81,234	8.58%	00:13:08
2	▨▨课堂学习		240,843	14,549	14,562	5.34%	00:13:49
3	▨▨课堂报名		126,455	7,490	7,529	11.27%	00:12:28
4	▨▨课程报名活动		113,088	6,830	6,896	6.96%	00:13:40
5	▨▨课程如何报名		57,409	3,201	3,216	8.37%	00:14:08
6	www.study.▨▨.com		38,467	2,118	2,194	26.02%	00:09:06
7	www.▨▨▨▨.com		29,598	1,339	1,343	6.65%	00:14:17

图8-11　搜索关键词

从图中可以看出,90%搜索用户通过该"网络课堂""网络课堂学习"等专有词汇访问网站,因此该网络课堂已经拥有一定品牌效应,可以围绕该品牌关键词进行优化,在landing page内加强品牌名称漏出,并进行内容与导航链接的调整与优化。

之后点击"外部链接",查看外部链接流量来源,如图8-12所示。

外部链接		网站基础指标			流量质量指标	
		浏览量(PV) ↓	访客数(UV)	IP数	跳出率	平均访问时长
+ 1	http://cn.bing.████	114,202	4,714	4,374	10.86%	00:14:47
+ 2	http://www.dsdasai.████	28,900	2,004	1,810	45.64%	00:08:58
+ 3	http://m.baidu.████	12,973	1,409	1,470	16.89%	00:05:53
+ 4	http://www.xiandaiyuwen.████	12,716	467	436	22.29%	00:12:52
+ 5	http://mail.qq.████	7,442	221	214	5.53%	00:15:53
+ 6	http://weibo.████	6,996	198	179	11.95%	00:16:37
+ 7	http://baidu.████	6,524	578	577	27.09%	00:13:13
+ 8	http://dsdasai.████	6,114	526	513	46.86%	00:07:13
+ 9	http://mp.weixin.qq.████	4,726	164	120	19.02%	00:05:19
+ 10	http://www.baidu.████	3,075	250	236	27.96%	00:15:33

图8-12　外部链接流量分析

由图8-12的数据表现可以看出,从该网络课堂学习课程大赛报名官网和邮箱跳转至某网络课堂官网比例较多,这说明有不少新用户注册某网络课堂账号并参赛报名。其次,通过新浪微博以及微信访问该网络课堂的流量也占了不少比例,说明前期微博、微信的运作起到了对网站的推广作用。

（二）用户偏好分析

点击"访问分析"—"受访页面"—"退出页分析",查看退出页,如图8-13所示。

指标概览	页面价值分析	入口页分析	退出页分析		

浏览量(PV) ⓘ	访客数(UV) ⓘ	退出页次数 ⓘ	退出率 ⓘ
17,154,092	8,853,276	1,434,984	8.37%

页面URL		网站基础指标		流量质量指标	
		浏览量(PV)	访客数(UV)	退出页次数 ↓	退出率
1	http://www.study.163.████/Member/login.html	688,562	402,378	68,144	9.9%
2	http://www.study.163.████/User/index.html	1,123,131	451,326	59,791	5.32%
3	http://www.study.163.████	550,546	346,878	37,624	6.83%
4	http://www.study.163.████/Mobile/login.html	295,800	118,646	31,724	10.72%
5	http://www.study.163.████/User/Appliance.html	368,889	131,993	26,653	7.23%
6	http://www.study.163.████/User/Appliance/ls/id/32.html	50,948	23,262	24,250	47.6%
7	http://www.study.163.████/User/Appliance/Index/category_type/kuajing.html	42,740	22,110	21,761	50.91%
8	http://www.study.163.████/User/Appliance/ls/id/39.html	43,738	19,512	20,881	47.74%
9	http://www.study.163.████/User/ClassesIndex.html	659,383	295,206	18,866	2.86%

图8-13　网站退出页分析

如图8-13所示,点击进入退出率较高的页面链接,发现"应用中心"的两个栏目退出率较高,说明这些栏目网页内容以及网页导航链接、推荐内容等对访客缺乏吸引力,造成用户纷纷离开网站,栏目内容、网页布局、导航系统需要重新设计。

在对网站退出页进行分析之后,接下要着手用户偏好的分析,即用户对网站栏目关注度进行分析。在之前的工作中,网站运营团队给网站各个栏目添加了热力点击图。通过网站热力图和链接点击图,可查看网站栏目的访问情况。点击导航栏"页面点击图"—"链接点击图"进行查看。如图8-14所示,为网站课程链接点击图,可以看到"班级"栏目点击率较高,其次为"课程",说明用户较为关心班级和课程情况,因此可以通过丰富栏目内容,吸引访客深入浏览与持续回访,并提高发布频率,增加网页数,提升用户黏度。

图8-14 网站链接点击图

在对网站用户行为分析之后,开始对目标用户行为进行分析。网站后台用户参赛等数据经过统计如表8-1所示。

表 8-1　目标用户行为分析

目标用户	目标行为	目标值	网站现状	目标实现率
网站访客	访问网站	210 000次	174 696次	87.34%
	浏览量	4 070 000次	3 827 835次	95.69%
参加活动	活动主页	95%	124 503	153.7%(191 361)
	点击功能介绍学习	95%	38 446	82.73%(31 806)

从用户行为来看,网站访问量及浏览量因比赛有所上升,接近预期目标。剩余优化空间可用于改善网站页面版式,以及优化推广方案。

(三)访客属性分析

访客基本属性包含性别比例、年龄分布、学历分布、职业分布几个方面,该网络课堂访客基本属性如图8-15所示。

如图8-15所示,该网络课堂主要访客为年龄18—24岁的学生及从事教育行业的相关人群。由此可以得出,该网络课堂网站受众人群明确,因此网站在设计风格和使用习惯时更需要考虑这个年龄段的用户习惯。

点击"访客分析"—"地域分析",可查看网站访客的地域分布,如图8-16所示。通过地域分布,可以针对性地展开地域性线下推广活动。

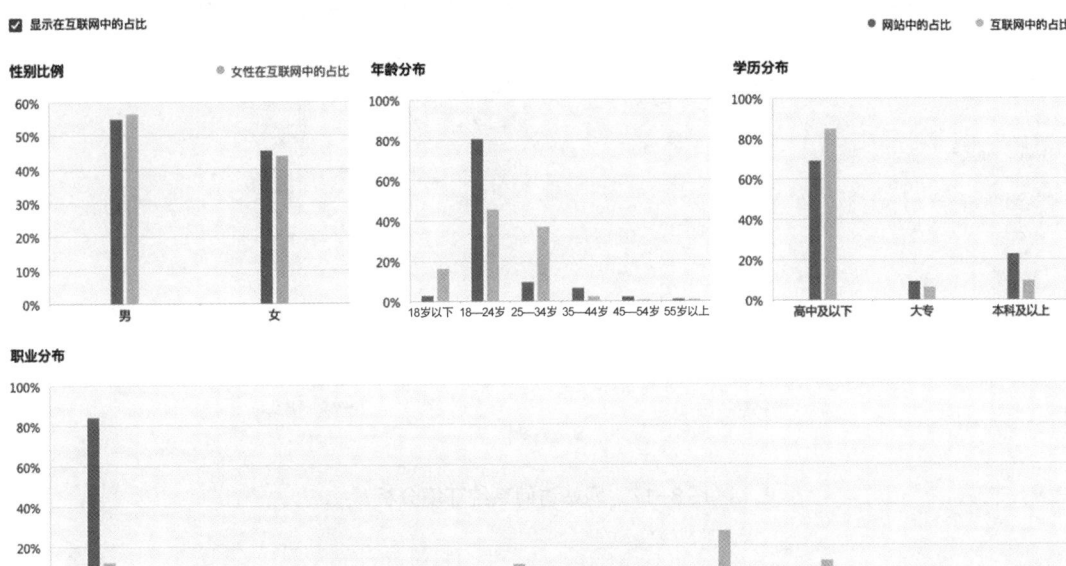

图 8-15　网站访客属性

按省　按国家

访客数(UV)	新访客数	新访客比率	IP数	跳出率	平均访问时长
922,440	554,088	60.07%	536,059	14.54%	00:13:57

指标：浏览量(PV)

	省份	浏览量(PV)	占比
1	广东	3,965,702	23.13%
2	广西	1,319,866	7.7%
3	浙江	1,239,159	7.23%
4	山东	1,045,550	6.1%
5	河北	1,003,162	5.85%
6	湖北	775,135	4.52%
7	四川	770,788	4.5%
8	江西	741,557	4.32%
9	安徽	734,346	4.28%
10	其余地区	5,551,715	32.38%

图 8-16　访客地域分布

　　点击"访客分析"—"系统环境",进入网站访问系统环境分析界面。系统环境一般就是PC端和移动端。PC端和移动端的访客进入网站以后的行为是有天壤之别的,该网络课堂移动端APP还处于初期,所以对于网站运营团队而言,网站运营与维护的重点是PC端的引导。

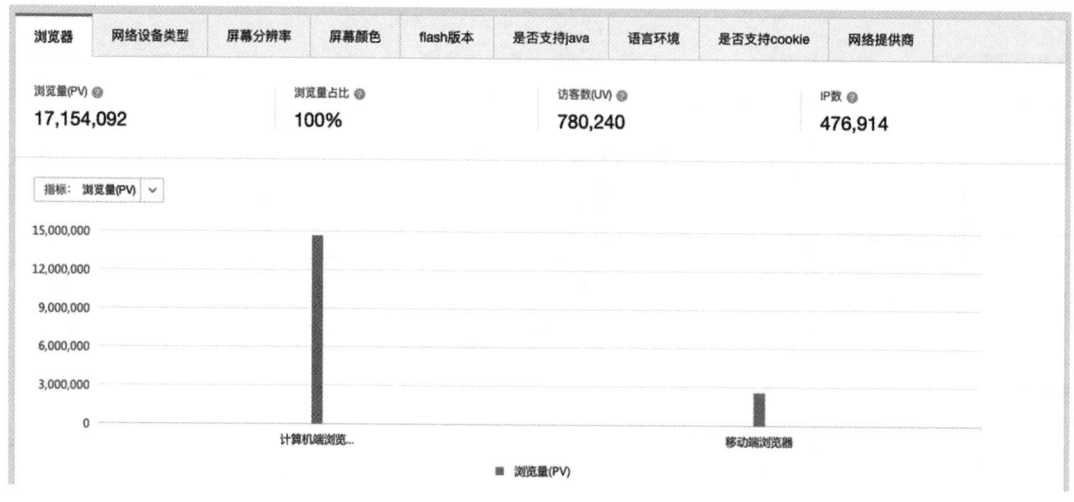

图8-17　网站访问系统环境分析

新访客比例越高,说明网站的推广做得越好;老访客比例越高,说明网站的黏性越高。对于该网络课堂而言,新老访客比例目标为6∶4,即新用户占60%,老用户占40%。由于该网络课堂网站升级的缘故,点击"访客分析"—"新老访客",可以看到该课堂的新老访客比例,得知新访客的比例为59.34%,老访客的比例为40.66%,达到运营目标。

此外,点击"访客分析"—"忠诚度",可对用户访问的忠诚度进行分析,如图8-18所示。用户访问忠诚度主要表现在用户每次访问页面的数量,数量越多,用户忠诚度越高,该网络课堂网站平台的课程丰富,各个页面间链接的黏度高,因此用户平均访问页数较高。

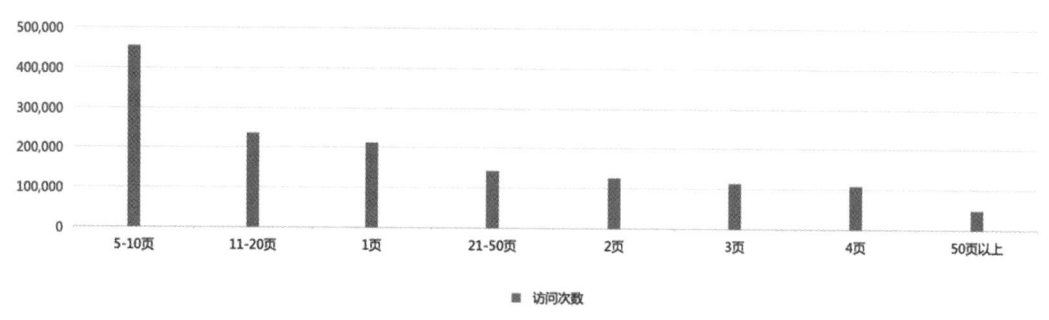

图8-18　网站忠诚度分析

通过对访客以上五个方面的属性分析,可以较为清晰地分辨出网站的访客数据是否符合站点运营需求。如果发现某些方面与运营目标相差较多,则需要马上调整策略,以尽快达到目标。

网络营销数据分析的流程

网络营销数据分析通常需要五个步骤,包括设定目的、采集数据、数据处理、数据分析、数据总结。

1. 设定目的

网络营销数据分析人员在数据分析前的首要工作是明确需要解决的具体问题,并找到问题关键点,提炼出最准确清晰的目的。

2. 采集数据

在这一环节,网络营销数据分析人员需要围绕第一步中设计出的目的,有针对性地采集数据。对于网站、新媒体平台后台或第三方数据分析工具中已有的数据,可以直接在后台找到相应数据;而对于更加精细化的数据,在网站、新媒体平台后台或第三方数据分析工具中无法获取,需要网络营销数据分析人员进行手动统计汇总。

3. 数据处理

在采集数据环节得到的数据通常属于原始数据,这样的数据无法直接使用。因此,需要对原始数据进行处理,得到可被分析的数据。对于网络营销数据的加工与处理,主要包括数据剔除、数据合并和数据计算。

4. 数据分析

经过处理的数据具有可分析的价值,网络营销数据分析可以进行分析。常见的网络营销数据分析包括流量分析、销售分析、内容分析及执行分析。

5. 数据总结

在数据分析完成后,需要将数据进行总结,一方面便于内部沟通,另一方面便于分析结果或规律的应用。数据总结对于网络运营团队甚至企业整体营销都具有指导意义。

任务思考

网络营销数据分析的工具有哪些?

提升数据
素养 赋能
营销应用

任务三 网络营销数据优化

任务背景

在对某网络课堂的网络推广方式、运营方式和活动效果数据进行分析后,为了进一步提升某网络课堂的网站升级效果,小静需要对网站存在的问题提出优化建议。

知识准备

一、网络营销数据跟踪

网络营销数据跟踪，是对网络营销数据运营执行过程进行监督和控制，了解网络营销数据的执行情况和结果，及时发现方案执行过程中的数据异常，并展开数据分析，发现和解决问题的过程。

常用的数据跟踪方法有两种：官方数据跟踪和第三方数据跟踪。

（一）官方数据跟踪

官方数据跟踪是利用平台后台查看和监控数据，例如淘宝卖家可通过生意参谋后台跟踪数据，如图8-19所示，京东卖家可通过京东商智后台跟踪数据等。通过官方后台，运营方案执行监控人员能够跟踪到比较全面的数据，如概况数据、流量数据、实时数据、产品数据、交易数据、服务数据、营销数据、物流数据、财务数据、市场数据、竞争数据等，通过有针对性地选择并跟踪这些数据，运营方案执行监控人员能够及时发现方案执行过程及执行结果中存在的问题，并及时反馈发现的问题，便于数据分析人员找到产生问题的原因并有针对性地解决问题。

图8-19 官方数据跟踪示例图——生意参谋市场板块

（二）第三方数据跟踪

除了使用官方内置后台跟踪网络营销执行过程的数据，企业还可以使用第三方平台工具进行数据跟踪。第三方平台在进行数据跟踪时，可以采用数据埋点跟踪和无数据埋点跟踪两种数据跟踪方式。

1. 数据埋点跟踪

（1）认识数据埋点跟踪。

数据埋点是数据采集跟踪的重要形式之一，被用来记录、跟踪、采集终端客户的操作行为数据，其原理是在终端上部署SDK代码，当客户行为满足设定的某个条件时，系统会自动跟踪和存储该行为产生的数据，然后将这些数据收集并传输到终端供应商。例如当客户进入企业店铺点击某个链接按钮时，该行为产生的数据会被自动记录并存储。

第三方数据跟踪平台可以通过埋点的方式，帮助企业有针对性地跟踪运营数据。在为企业部署埋点时，第三方数据跟踪平台会结合企业需求，有针对性地对客户产生的各个行为对应的位置进行埋点，然后跟踪、采集相应的数据，采集到数据后，通过对数据进行处理、分析，企业能够得到相应的指标数据，比如客户活跃度、企业访客数、产品销售额等，帮助企业了解运营情况和运营效果，进而指导数据化运营方案优化，最终达到优化运营效果的目的。埋点获取客户行为数据示例图如图8-20所示。

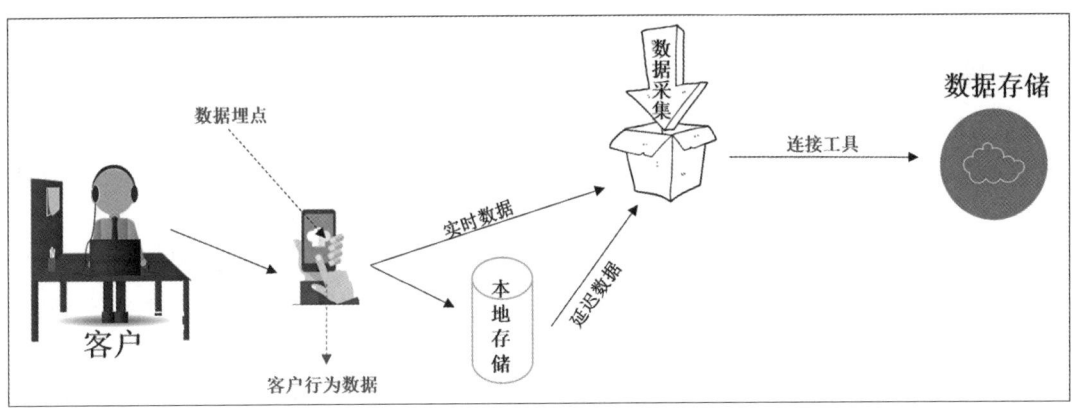

图8-20　埋点获取客户行为数据示例图

（2）数据埋点的主要类型。

常见的数据埋点类型包括：曝光数据埋点、点击数据埋点、页面停留时间数据埋点。其埋点的页面通常包括首页、列表页、详情页。

① 曝光数据埋点。曝光数据埋点用来跟踪采集客户因打开页面产生的数据，客户成功打开、刷新或加载几次页面，就统计几次数据。

② 点击数据埋点。点击数据埋点用来跟踪采集客户因点击行为产生的数据，客户点击页面按钮即触发点击数据，无论点击后是否产生其他结果。客户点击几次任意按钮，就统计几次数据。

③ 页面停留时间数据埋点。页面停留时间数据埋点用来跟踪记录客户在某页面的停留时长。例如客户在18:35进入了企业某款商品的商品详情页，并于18:36离开该商品详情页，则该商品详情页的页面停留时间为：18:36—18:35，1分钟。通过页面停留时间数据埋点，当客户在18:35进入商品详情页时，分析工具开始为客户记录一个session（会话），当

客户在18：36离开商品详情页时，该session结束，产生一个详情页页面的停留时间数据。

2. 无埋点数据跟踪

无埋点数据弥补了埋点数据跟踪部署成本高的缺陷，用相对低的成本在企业网页、APP等一次性集成SDK，企业就可以智能监控、分析、预测数据化运营执行过程和结果。

数据无埋点跟踪的优点主要有以下几点：

（1）提升数据采集跟踪效率。与传统数据采集跟踪方式相比，数据无埋点跟踪流程短、耗时少，代码一次部署，即可采集跟踪页面访问、点击、客户特征等全量数据。

（2）实现跨平台数据跟踪与分析。无埋点数据跟踪支持Web、Android、ios、小程序等多种渠道跨平台数据跟踪与分析，能够帮助企业实现灵活的自定义数据跟踪。

（3）实时采集客户行为数据。数据无埋点跟踪可以实现智能跟踪、分析和预测客户行为，帮助企业发现网络营销数据运营过程中客户行为的异常点，协助优化网络营销数据。

二、网络营销数据优化策略

网络营销数据优化可以帮助企业更好地了解用户、优化营销策略、提升用户体验，从而实现更有效的营销和业务增长。网络营销数据优化的策略如下。

（1）网站设计与用户体验优化：确保网站设计简洁、清晰，并提供良好的用户体验。包括易于导航的页面结构、快速加载速度、响应式设计、适合各种设备访问等，以吸引并留住访问者。

（2）SEO（搜索引擎优化）：通过优化网站的关键词、元标签、标题和页面内容，提高网站在搜索引擎结果中的排名。这包括选取适当的关键词、创建有价值的内容、改进网页结构和内部链接等方面。

（3）内容优化：发布高质量、有价值的内容，吸引目标受众。内容可以是文章、博客、视频、图像等形式，关注用户需求和痛点，解决问题或提供有用的信息，建立专业声誉和品牌认知度。

（4）推广方式优化：积极利用社交媒体平台推广网站和品牌。建立并维护社交媒体账号，与用户互动、分享有趣或有用的内容，并将其链接到网站。这可以增加曝光率、扩大受众群体，并促使更多的用户访问网站。

（5）关键页面的设计和布局优化：优化关注网站的转化过程，从关注者到潜在客户再到实际购买者的转化路径。关键页面的设计和布局优化，使其更具吸引力和易于操作。通过A/B测试、优化表单设计、添加明确的呼叫行动等手段，提高转化率。

（6）推广渠道优化：将网站与其他营销渠道（如电子邮件营销、线下活动等）相结合，形成互补和协同的效果。例如，在电子邮件中提供网站链接，通过线下活动宣传网站等。

 任务实施

步骤1：数据跟踪

某网络课堂运营专员小静首先需要对该网络课堂的网络推广方式、运营方式、活动效果

数据进行追踪，了解该网络课堂网络营销数据的执行情况和结果，及时发现方案执行过程中的数据异常，并展开数据分析，发现和解决问题。

小静统计的该网络课堂营销活动数据如表8-2所示。

表8-2　该网络课堂营销活动数据

活 动 名 称	活 动 前 数 据	活 动 后 数 据
PV	956 598	1 165 014
UV	917 048	1 097 706
活动入口点击数	229 262次	285 552次
活动参与人数	41 267人	60 228人
活动购买人数	3 301人	8 509人

步骤2：分析数据

跟踪获取到该网络课堂营销活动数据后，小静可以计算出活动前转化率、活动后转化率和提升率，根据计算出的数据结果，分析此次该网络课堂网络推广情况的好坏，再提出优化建议。

小静根据以下公式计算出了该网络课堂网络推广的活动前转化率、活动后转化率和提升率：

（1）活动入口点击数转化率为：点击数 ÷ UV × 100%；

（2）活动参与人数转化率为：参与人数 ÷ 点击数 × 100%；

（3）活动兑换人数转化率为：购买人数 ÷ 参与人数 × 100%；

（4）提升率数据为：（活动后数据－活动前数据）÷ 活动前数据 × 100%。

小静计算出的该网络课堂营销活动的所有数据如表8-3所示。

表8-3　网络课堂营销活动所有数据

活 动 名 称	活动前数据	活动前转化率	活动后数据	活动后转化率	提升率
PV	956 598	31%	1 165 014	28.63%	21.8%
UV	917 048	27%	1 097 706	27.55%	9.7%
活动入口点击数	229 262	25%	285 552	26.16%	24.6%
活动参与人数	41 267	18%	60 228	21.15%	45.9%
活动购买人数	3 301	8%	8 509	14.02%	61.2%

经过对网站升级改版推广期间的数据分析,网站运营人员对分析结果进行总结。网站在活动后,网站页面浏览量、访客、活动入口点击量、活动参与人数、活动购买人数都有了一定的提升,说明活动内容设置十分吸引新用户。但网站访客数提升幅度较小,说明活动在内容、推广方式等方面需要进行进一步优化。

步骤3:优化网站用户行为数据

为了达到更好的推广效果,该网络课堂可以采取以下优化措施。

(1)内容优化:可发布高质量、有价值的内容,吸引目标受众。同时可优化创新内容呈现的方式,例如可以用短视频、直播、链接等方式,吸引用户在网站停留的时间。

(2)推广方式优化:积极利用社交媒体平台推广课堂网站和品牌。建立并维护课堂社交媒体账号,例如抖音账号、知乎账号、小红书账号等,与用户互动、分享有趣或有用的内容,并将其链接到网站。这可以增加曝光率、扩大受众群体,并促使更多的用户访问网站。

(3)将网站与其他营销渠道结合:将该网络课堂网站与其他营销渠道(如电子邮件营销、线下活动等)相结合,例如在电子邮件中提供网站链接、举办该网络课堂线下课程推介会,形成互补和协同的效果。

(4)提升该网络课堂平台相关关键词排名及收录量,围绕特有功能如"新课推荐""精选好课""免费好课"这些专有词汇对全站进行SEO优化与文字描述调整,同时建议基于该网络课堂网站自有关键词等词汇,对Landing Page进行内容与导航链接的调整与优化。

(5)可以扩展课程栏目内容,如在首页、课程栏目页、课程内容页等点击率高的页面中添加优质课程推荐等,或通过侧边栏、弹出框等形式来提醒用户点击。同时,通过丰富栏目内容,吸引访客深入浏览与持续回访,并提高发布频率,增加网页数,提升用户黏度。

知识拓展

网络营销数据优化思路

(1)设定明确的目标:首先要明确网络营销数据优化的目标,例如提高转化率、增加网站流量、提高品牌知名度等。目标要具体、可量化,并与业务目标相一致。

(2)数据收集与整理:收集与网络营销相关的数据,包括网站流量、用户行为、广告效果等。整理数据以便后续分析使用,确保数据的准确性和完整性。

(3)数据分析与解读:对收集到的数据进行分析和解读,找出关键指标、趋势以及潜在问题。通过各种分析工具和方法,如用户行为分析、转化漏斗分析、关联性分析等,深入理解数据背后的含义和影响因素。

(4)数据优化:基于数据分析的结果,制定决策和优化措施。根据数据来调整广告投放、改进网站设计、调整定价策略等,确保决策的科学性和有效性。

(5)数据持续监测与改进:营销数据优化是一个迭代的过程,需要持续监测和改进。定期评估和分析数据,发现问题和机会,并及时调整策略和优化营销活动,以不断提升效果。

 **任务思考**

网络营销数据优化后还需要对数据进行持续跟踪吗？为什么？

素养提升

打击防范虚假数据，营造真实可靠的网络营销环境

近些年来，伴随着互联网的普及，以及微信、微博、抖音等社交媒体软件的大量应用，信息传播呈现出渠道多元化和传播主体多元化，使得信息传播速度和数量有了飞跃性发展。移动互联时代，新媒体犹如雨后春笋迅速大量涌现，媒体竞争异常激烈。信息发布呈现出信源个人化、手段多样化、交互自由化和传播匿名化的特点，各类信息纷至沓来，真假难辨的信息充斥着社会和网络空间，虚假数据和流量造假如影随形、层出不穷，严重影响了网络营销环境的影响力和公信力。

针对网络营销环境中的各种虚假数据和流量造假问题，国家互联网信息办公室2021年1月22日发布新修订的《互联网用户公众账号信息服务管理规定》，重点强调打击虚假信息、虚假流量等违法违规行为。

在打击虚假流量问题方面，新规定指出，公众账号信息服务平台应当建立公众账号监测评估机制，防范账号订阅数、用户关注度、内容点击率、转发评论量等数据造假行为。平台对用户注册后超过六个月不登录、不使用的公众账号，可以根据服务协议暂停或者终止提供服务。

公众账号生产运营者不得操纵利用多个平台账号，批量发布同质信息内容，生成虚假流量数据，制造虚假舆论热点；不得编造虚假信息，伪造原创属性，标注不实信息来源，歪曲事实真相，误导社会公众；不得以有偿发布、删除信息等手段，实施非法网络监督、营销诈骗、敲诈勒索，牟取非法利益。

作为网络运营人员，应该自觉担当起社会责任，积极传播主流价值，坚决守住网络营销信息的"真"，诚实守信，遵守网络营销行业的职业道德，持之以恒把揭露和打击虚假数据和流量造假的大旗扛到底，守护"网络营销净土"，努力营造出一个真实可靠的网络营销环境。

 技能自测

一、单项选择题

1. 用来跟踪采集客户因点击行为产生的数据属于（　　　）。

　　A. 曝光数据埋点　　　　　　　　　　　　　　B. 点击数据埋点

C. 页面停留时间数据埋点   D. 无埋点数据

2. 下列选项中,不属于网站用户行为数据分析指标的是(　　　)。

    A. 访客的来源地区、来路域名和页面、设备类型

    B. 访客在网站的停留时间、跳出率、新访问者、回访次数

    C. 网站总访问量、独立访客数、页面浏览量

    D. 访客所使用的搜索引擎、关键词、关联关键词和站内关键字

3. 某段时间内访问网站或某一页面的用户的总数量,这个指标是(　　　)。

    A. 点击率   B. 独立访客数

    C. 平均停留时长   D. 页面浏览量

4. 如果想要获取微信公众号用户数据,可以选择的数据采集渠道是(　　　)。

    A. 微信公众号后台   B. 权威网站

    C. 问卷   D. 第三方工具

5. 将网站与其他营销渠道(如电子邮件营销、线下活动)相结合,形成互补和协同的效果属于(　　　)。

    A. 搜索引擎优化   B. 推广渠道优化

    C. 内容优化   D. 推广方式优化

二、多项选择题

1. 下列选项中,属于第三方数据采集工具的有(　　　　)。

    A. 八爪鱼   B. 百度统计

    C. 数据专家   D. 社交媒体平台后台

2. 下列选项中,属于网络营销外部数据指标的有(　　　　)。

    A. 页面浏览量   B. 文章被转载率

    C. 微信、微博关注数   D. 文章被转载率

3. 下列选项中,属于数据无埋点跟踪优点的有(　　　　)。

    A. 实现跨平台数据跟踪与分析   B. 提升数据采集跟踪效率

    C. 降低数据采集成本   D. 实时采集客户行为数据

4. 数据埋点的页面通常包括(　　　　)。

    A. 首页   B. 店招

    C. 列表页   D. 详情页

5. 下列选项中,属于网络营销数据优化策略的有(　　　　)。

    A. 网站设计与用户体验优化   B. 搜索引擎优化

    C. 内容优化   D. 推广方式优化

三、判断题

1. PV(页面浏览量)是评价网站日常流量数据的重要指标。PV不可重复累计。   (　　　)

2. 确定网络营销数据采集指标是网络营销数据采集的首要工作。　　　　（　　）

3. 通过监测关键词在搜索引擎中的排名情况,可以了解网站在搜索结果中的曝光度和竞争力。　　　　（　　）

4. 与传统数据采集跟踪方式相比,数据无埋点跟踪流程短、耗时少,代码一次部署。（　　）

5. 完成网络营销推广后,为了能够及时改进优化过程中存在的问题,还需要对网络营销数据进行跟踪和分析。　　　　（　　）

四、技能训练题

请根据所学知识,选取一个比较熟悉的企业网站,分析该网站的网络营销数据并提出优化建议。

主要参考文献

［1］惠亚爱，乔晓娟．网络营销：推广与策划［M］．3版．北京：人民邮电出版社，2024．

［2］方玲玉．网络营销实务［M］．2版．北京：高等教育出版社，2020．

［3］尚德峰，王世胜．网络营销［M］．2版．北京：中国人民大学出版社，2020．

［4］于丽娟．网络营销［M］．2版．北京：高等教育出版社，2018．

［5］高晖．网络营销［M］．西安：西安交通大学出版社，2012．

［6］陈广明．网络营销实战［M］．3版．西安：中国人民大学出版社，2022．

感谢您使用本书。为方便教学，我社为教师提供资源下载、样书申请等服务，如贵校已选用本书，您只要关注微信公众号"高职财经教学研究"，或加入下列教师交流QQ群即可免费获得相关服务。

"高职财经教学研究"公众号

资源下载：点击"**教学服务**"—"**资源下载**"，或直接在浏览器中输入网址（http://101.35.126.6/），注册登录后可搜索相应的资源并下载。（建议用电脑浏览器操作）

样书申请：点击"**教学服务**"—"**样书申请**"，填写相关信息即可申请样书。

样章下载：点击"**教学服务**"—"**教材样章**"，即可下载在供教材的前言、目录和样章。

试卷下载：点击"**题库申请**"—"**试卷下载**"，填写相关信息即可下载试卷。

师资培训：点击"**师资培训**"，获取最新会议信息、直播回放和往期师资培训视频。

联系方式

高职电商营销教师教学交流QQ群：177267889

联系电话：（021）56961310　　电子邮箱：3076198581@qq.com